Jerónimo de Cáncer

Doce entremeses nuevos

CLÁSICOS HISPÁNICOS
Nueva época, n°. 18

Directores:
Abraham Madroñal (Université de Genève / CSIC, Madrid)
Antonio Sánchez Jiménez (Université de Neuchâtel)

Consejo científico:
Fausta Antonucci (Università di Roma Tre)
Anne Cayuela (Université de Grenoble)
Santiago Fernández Mosquera (Universidad de Santiago de Compostela)
Teresa Ferrer (Universidad de Valencia)
Robert Folger (Universität Heidelberg)
Jaume Garau (Universitat dels Illes Ballears)
Luis Gómez Canseco (Universidad de Huelva)
Valle Ojeda Calvo (Università Ca' Foscari)
Victoria Pineda (Universidad de Extremadura)
Yolanda Rodríguez Pérez (Universiteit van Amsterdam)
Pedro Ruiz Pérez (Universidad de Córdoba)
Alexander Samson (University College London)
Germán Vega García-Luengo (Universidad de Valladolid)
María José Vega Ramos (Universitat Autònoma de Barcelona)

Jerónimo de Cáncer

Doce entremeses nuevos

Estudio y edición crítica de
Juan C. González Maya

Iberoamericana-Vervuert

Madrid – Frankfurt
2019

Cualquier forma de reproducción, distribución, comunicación pública o transformación de esta obra solo puede ser realizada con la autorización de sus titulares, salvo excepción prevista por la ley. Diríjase a CEDRO (Centro Español de Derechos Reprográficos) si necesita fotocopiar o escanear algún fragmento de esta obra (www.conlicencia.com;
91 702 19 70 / 93 272 04 47).

Derechos reservados

© Iberoamericana, 2019
Amor de Dios, 1 – E-28014 Madrid
Tel.: +34 91 429 35 22 - Fax: +34 91 429 53 97

© Vervuert, 2019
Elisabethenstr. 3-9 – D-60594 Frankfurt am Main
Tel.: +49 69 597 46 17 - Fax: +49 69 597 87 43

info@iberoamericanalibros.com
www.iberoamericana-vervuert.es

ISBN 978-84-9192-064-9 (Iberoamericana)
ISBN 978-3-96456-848-9 (Vervuert)
ISBN 978-3-96456-847-2 (e-book)

Depósito Legal: M-28775-2019

Imagen de la cubierta: Jacob Cats (1577-1660): *Deux sots ne peuvent etre portez sur une asne*. Imagen cedida por el profesor Antonio Bernat Vistarini.

Diseño de la cubierta: Rubén Salgueiros

Impreso en España
Este libro está impreso íntegramente en papel ecológico sin cloro.

A mi madre

ÍNDICE

Prólogo por Javier Huerta 11

A modo de presentación 15

I. Estudio preliminar 19
1. Jerónimo de Cáncer: una vida dedicada al teatro 19
2. Los engranajes de la risa 32
    a. «Dinero hay aquí»: la acción dramática 33
    b. «¡Ay que se ha vuelto loco!»: las máscaras de Cáncer 40
    c. «¿Qué lengua es esta, hermana?»: la parodia lingüística 51
3. Elementos de la representación 59
4. Apunte métrico 73

II. Estudio textual 91
1. Repertorio de piezas 94
2. Criterios de esta edición 112

III. Bibliografía general y abreviaturas 117

IV. Texto crítico de los entremeses 133
1. Este lo paga 135
2. El francés 147
3. El gigante 157
4. Los golosos de Benavente 171
5. Juan Rana mujer 179
6. Juan Ranilla 191
7. Las lenguas 209

8. *El libro de qué quieres, boca* 221
9. *La mariona* 235
10. *La regañona y fiesta de toros* 247
11. *El sí* 263
12. *El tamborilero* 275

V. Aparato crítico 285

VI. Índice de personajes 305

VII. Índice de voces anotadas 309

PRÓLOGO

Jerónimo de Cáncer es uno de los geniales segundones de nuestro teatro clásico. Dedicado fundamentalmente a la literatura festiva —poesía burlesca, comedias de disparates, entremeses y jácaras, etc.—, ha sido en exceso marginado, cuando no olvidado, por la crítica. De ahí que en la *Historia del teatro español* que me cupo el honor de dirigir, en 2003, para la editorial Gredos, consideré necesario que su nombre encabezara el capítulo consagrado a la comedia burlesca y del que se ocupó Carlos Mata Induráin[1]. Asimismo, en la *Historia del teatro breve en España,* Pietro Taravacci escribió un estupendo trabajo sobre la faceta entremesil de nuestro autor[2]. Además, al frente del Seminario de Estudios Teatrales, me ocupé de dirigir ya hace años la edición crítica de dos de sus comedias burlescas: *Las mocedades del Cid* —acaso la mejor del género— y *La muerte de Valdovinos,* una de las más atrevidas y transgresoras, hasta el punto de que mereció la censura inquisitorial en el siglo XVIII[3].

Cáncer aplicó su ingenio a la chanza en una época que fue dorada para la burla, la que se corresponde con el reinado de Felipe IV, un monarca al que cierta tradición mostrenca ha menospreciado, hasta el punto de caracterizarlo como indolente y pasmado, pero que con el tiempo ha ido creciendo en la estimación

---

[1] C. Mata Induráin, "Cáncer y la comedia burlesca", en J. Huerta Calvo (dir.), *Historia del teatro español,* vol. I, Madrid, Gredos, 2003, pp. 1069-1096.

[2] «Cáncer», en *Historia del teatro breve en España,* Javier Huerta Calvo (dir.), Madrid/Frankfurt, Iberoamericana/Vervuert (Teatro Breve Español, III, siglos XVI-XX), 2008, pp. 315-343.

[3] "Edición de una comedia burlesca del siglo XVII: *Las mocedades del Cid,* de Jerónimo de Cáncer", en *Cuadernos para Investigación de la Literatura Hispánica* 23 (1998), págs. 243-298; y "La comedia burlesca del siglo XVII: *La muerte de Valdovinos,* de Jerónimo de Cáncer (ed. y estudio)", en *Cuadernos para Investigación de la Literatura Hispánica,* 25 (2000), pp. 101-164.

general. Recomiendo a este respecto la lectura de la muy reciente y documentada biografía de Alfredo Alvar[4], así como la aproximación de Julio Vélez al entramado cortesano del monarca[5], gran aficionado al teatro y, sobre todo, a las comediantas, pero verdaderamente grande por la protección que dispensó a artistas y literatos, entre ellos al propio Cáncer. En un romance dirigido «Al Rey nuestro Señor, pidiéndole una ayuda de costa», el poeta confiesa con su habitual desparpajo las necesidades materiales que lo acuciaban. Gracias a esa confesión sabemos que llegó a actuar en una de sus comedias de disparates, junto a los criados del rey, entre los que es probable figurara también alguno de sus bufones más histriónicos:

> Yo me hice por vos gigante,
> siendo muy chico de cuerpo,
> que estando en vuestra presencia
> era fuerza hallar mi aumento.
> Gigante, Señor, me visteis,
> y parece que había puesto
> dos mil montes sobre montes,
> según me llegaba al cielo.[6]

El autorretrato degradante, ya en lo físico, ya en lo moral, es propio del bufón. Aunque no lo fuera en puridad, Cáncer gusta de ponerse su traje y ejercer de chocarrero. Por ello, puede integrarse con todos los honores en la que el admirado maestro que fuera Francisco Márquez Villanueva llamó literatura del 'loco', típicamente española[7], frente a otras de nuestro entorno, donde existe el personaje —llámese *fol* o *fou*, *clown* o *fool*, *nar*, *matto* o *pazzo*, etc.—, pero no se da el tipo de bufón escritor, como lo fue don Francés de Zúñiga, a quien se le debe la *Crónica burlesca del emperador Carlos V*, o el todavía misterioso creador del *Estebanillo González*, o el loco don Amaro y sus sermones festivos en la Sevilla del XVII. A imitación de ellos, ciertos poetas adoptaron el rol del truhan para expresarse con la desinhibición y desvergüenza de aquellas sabandijas de corte. Ahí podríamos mencionar una larga nómina, que empezaría con Antón de Montoro, el ropero de Córdoba, y llegaría a nombres menores del siglo XVII como León Merchante, Suárez de Deza, Monteser y, desde luego y por encima de todos, Jerónimo de Cáncer.

---

[4] *Felipe IV: el Grande*, Madrid, La Esfera de los Libros, 2018.
[5] *El rey planeta*, Madrid/Frankfurt, Iberoamericana/Vervuert, 2017.
[6] Juan Carlos González Maya, *Jerónimo de Cáncer y Velasco. Poesía completa*, Madrid, Fundación Universitaria Española, 2007, p. 153.
[7] Véase el monográfico que coordinó en la *Nueva Revista de Filología Hispánica*, 34/2 (1986).

Ha de agradecerse por ello el esfuerzo que Juan Carlos González Maya, profesor de la Universidad de las Islas Baleares, lleva haciendo desde hace años por vindicar la figura de Cáncer en la literatura de burlas del Siglo de Oro. En 2000, bajo la dirección de dos apreciados colegas de aquella universidad, los profesores José Servera y Jaume Garau, presentó su tesis doctoral sobre su producción poética: una magnífica edición crítica que vio la luz siete años después en las prensas de la Fundación Universitaria Española. En ella apuntaba ya el autor a un posible nacimiento de Cáncer no en Barbastro, como se creía, sino en algún lugar de las Indias, idea que investigaciones posteriores han corroborado, encontrando su origen nada menos que en Isla Margarita[8].

A pesar de haber escrito un buen número de piezas breves, Cáncer no estimó reunirlas en colecciones de autor, a diferencia de colegas suyos como Luis Quiñones de Benavente, Manuel Coelho Rebelho, Gil López de Armesto o Vicente Suárez de Deza, de modo que casi todas ella fueron a parar, luego de su muerte, a colecciones que debieron alcanzar notable popularidad, como *Laurel de entremeses* (1660), *Rasgos del ocio en diferentes bailes, entremeses y loas* (1664), *Flor de entremeses, bailes y loas* (1676), *Floresta de entremeses y rasgos del ocio* (1691), etc. González Maya reúne aquí doce entremeses, verdaderamente magistrales en cuanto al despliegue de esa comicidad verbal y escénica tan característica del teatro breve. Mención particular tienen los dos protagonizados por Juan Rana, el proverbial cómico que en sí mismo simboliza el mundo al revés del entremés. Al igual que Quiñones de Benavente, Avellaneda o Calderón de la Barca, Cáncer lo coloca en las situaciones más extremas e inverosímiles, como la de hacerlo pasar por mujer. Suscita la risa solo imaginar lo mucho que, en punto a la práctica de la *festivitas* oral, darían de sí los encuentros entre el poeta y el comediante, tan afines en el físico —dos retacos andantes— y, desde luego, en la vis cómica, respecto de la cual no estará de más un aviso para quienes navegan en las aguas turbias de la corrección política, esa nueva *Stultifera Navis* de nuestros días: los entremeses y las jácaras se acogen a una filosofía de la vida que se da de bruces con las modas, los modos y los modelos que hoy se propugnan: por ejemplo, la falsa tolerancia, en realidad, una nueva forma de intolerancia; por ejemplo, la incomprensión con que se contempla el pasado, fruto de un absurdo complejo de superioridad y de una mirada anacrónica, todo lo cual ha conducido a rescatar el espíritu inquisitorial so capa de un presunto progresismo; por ejemplo, la fobia hacia los grandes hechos de la historia y la cultura, ninguneados en nombre de vicisitudes banales e ilustres mediocridades. Que el autor de este libro haya de puntualizar, en su anotación al texto, sobre la posibilidad de

---

[8] Elena Martínez Carro y Alejandro Rubio San Román, «Documentos sobre Jerónimo de Cáncer y Velasco», *Lectura y Signo*, 2, 2007, pp. 15-32.

que algún chiste o situación entremesil hiera la sensibilidad de los lectores indica a qué grado de censura y autocensura estamos llegando.

Por último, quisiera destacar el pulcro trabajo filológico llevado a cabo por el autor En horas bajas para la Filología, el concienzudo y riguroso trabajo de González Maya nos reconcilia con la disciplina, cada vez más arrinconada por los estudios de género, identidad y afines, que alienta la modernidad líquida (Baumann *dixit*) y la mencionada corrección política, a cuyos muchos defectos hay que sumar la carencia de cualquier sentido del humor, el mismo que rebosa, libre y gozosamente carnavalesco, en los entremeses de Jerónimo de Cáncer.

Javier Huerta
Catedrático del Instituto del Teatro de Madrid
(Universidad Complutense)
Director del Seminario Menéndez Pelayo
(Fundación Universitaria Española)

A MODO DE PRESENTACIÓN

Mi relación con la literatura de Cáncer y Velasco se remonta al año de finalización de la carrera, 1983, cuando decidí que mi memoria de investigación la iba a dedicar a su poesía. Desde entonces ha sido un nombre recurrente en mi línea investigadora. Una vez leída la tesis doctoral, una edición crítica de su poesía y prosa completas en febrero de 2000, y publicada en 2007, se sucedieron diversas entregas sobre su vejamen, la edición de algún entremés suelto, las jácaras a lo divino, poesías inéditas descubiertas o la entrada al *Diccionario filológico del Siglo de Oro*, donde se relacionaba toda su producción literaria conocida hasta ese momento. Fueron unos años de incansables visitas a archivos y bibliotecas (así, a la antigua) y de lucha en pos de que algún día vieran la luz. Y fue entonces cuando me introduje en el mundo del teatro breve con la publicación de una de las colecciones más interesantes de entremeses de todo el siglo XVII, los *Entremeses nuevos de diversos autores para honesta recreación* de 1643. Ello constituyó una excelente oportunidad para conocer y entender los mecanismos y las posibilidades de este tipo de entretenimientos, paso ineludible para el crecimiento de esta propuesta.

Desde entonces mi línea investigadora se trasladó a Bartolomé Jiménez Patón, del que ya han salido publicados algunos artículos y alguna monografía, pero siempre con el aliento de Cáncer detrás. El motivo fundamental, y vieja aspiración, seguía siendo la publicación de algunas piezas del género en el que más destacó: el entremés; pues consideraba un auténtico despropósito que en una época como la actual, donde se revisan y ponen al día tantas obras del teatro áureo, todavía no se dispusiera de un corpus representativo del teatro breve de uno de los ingenios más celebrados y representados de su tiempo. Es cierto que durante el pasado siglo han ido desgranándose en antologías varias, algunas piezas suyas, pero todavía seguía faltando lo más importante, reunirlas en un único formato con la aspiración de dar a conocer una obra representativa, unas inquietudes, una técnica o el contexto en el que fueron escritas. De ahí el valor de esta entrega.

La colección que ahora tiene el honor de presentarse al gran público es una muestra muy significativa de una forma de hacer teatro, a pesar de incluir piezas poco conocidas de su repertorio, y de no haber visto la luz desde el ya lejano siglo XVII. Algunas, como en el caso de *La regañona*, solo han circulado manuscritas. Ha sido un reto hacerlas brillar con todo su esplendor tal como ya lo hicieron en su tiempo. Además, el hecho de que nunca hayan circulado modernamente, pone de relieve el valor de su descubrimiento y la necesidad de su divulgación. De ahí el título de *Doce entremeses nuevos*.

No es intención de este estudio, por otro lado, extraer unas conclusiones generales de un reducido, aunque significativo, corpus de piezas por el riesgo que entraña este tipo de apreciaciones. El lector especializado las sabrá tomar en su justa medida, aunque hallará en ellas las fórmulas características del género entremesil.

En el estudio preliminar se ha intentado abarcar los fundamentos de la transmisión y de la representación. Desde los avatares de las piezas, sus fuentes y sus temas hasta elementos tan específicos como las acotaciones, los decorados, el vestuario o los espacios, pasando por las máscaras, la parodia lingüística, las estructuras típicas de este tipo de piezas o la métrica. La intención era escudriñar en todos los recovecos posibles del engranaje de este tipo de piezas, y extraer algunas conclusiones representativas de una forma de hacer teatro.

En cuanto a su trayectoria biográfica, se inicia esta con un pequeño recorrido diacrónico de la crítica para pasar, a continuación, a explicar sobre todo su perfil más relacionado con el teatro; sabedor de que tanto las biografías incluidas en las ediciones de su *Poesía completa* (González Maya, 2007) como de sus *Obras varias* (Rus Solera, 2005), ya eran bastante significativas, y tampoco era cuestión de repetir datos ya volcados. Desde este punto de vista, se ha reordenado su trayectoria en función de esa correlación, intentando poner al descubierto sus vínculos con una sociedad de amigos en la escena madrileña de la que fue un miembro muy activo, al menos, desde la celebración del primer certamen del Buen Retiro en 1637. Su participación en academias literarias, su inclusión en vejámenes varios o su escritura de comedias en colaboración, dan buena muestra de esta faceta.

Con esta edición se da un paso adelante en el conocimiento del arte entremesil de Cáncer y Velasco, pero todavía quedan retos pendientes. El teatro colaborado, otra de sus grandes especialidades, todavía está buscando su lugar en el mundo de las letras. Un análisis de conjunto de estas obras o la publicación de alguna de ellas, serviría, sobre todo, para desmentir los tópicos vertidos tradicionalmente por una crítica poco rigurosa sobre su pereza, falta de inventiva o desaliño, al tiempo que pondría al día su técnica y su valor.

En fin, con el estudio y la edición de las piezas que ahora se presentan, más la poesía ya editada, se cubre un vacío inexplicable en la historia de nuestra literatura. Sirva ello para colocar a don Jerónimo de Cáncer y Velasco en el lugar que le ha hurtado el tiempo, el de uno de los pioneros del entremés moderno, junto a Quiñones de Benavente, Quevedo o Antonio Hurtado de Mendoza. Labor que luego proseguirían Bernardo de Quirós, Calderón o Moreto, entre otros.

No podemos terminar estas palabras liminares sin agradecer a Abraham Madroñal su fe en este proyecto. Solo gracias a su aliento y a su apoyo ha podido salir adelante un trabajo largamente codiciado. Y a Ignacio Arellano y a María José Martínez su lectura crítica; sus pertinentes observaciones han iluminado, pulido y redondeado el esfuerzo y la dedicación de quien firma estas líneas.

Puerto de Alcudia, octubre de 2018

I

ESTUDIO PRELIMINAR

1. Jerónimo de Cáncer: una vida dedicada al teatro

Breve panorama crítico

Debemos a don Emilio Cotarelo y Mori el primer intento serio de acercarse al conjunto de biografía y obra breve de Cáncer en el ya lejano 1911[1], con la aportación de documentos inéditos hasta la fecha. Suyas son la carta de dote y arras, la partida de desposorios y la de defunción (1625 y 1655, respectivamente), ambas procedentes de la madrileña parroquia de San Sebastián, que zanjaban no pocas elucubraciones, la del nacimiento de una hija suya y algunas cartas de pago. Aunque su apunte biográfico peca de lo mismo que adolecían todos los que le precedieron e incluso posteriores: su excesiva dependencia de la ficcionalización a que somete su figura el autor en su poesía y en su vejamen; si bien no se puede negar que de ahí procede la fuente primera y más conocida, aquella que abrió el camino a los futuros investigadores, aunque con informaciones sesgadas, no confirmadas documentalmente. Y de ahí procede, también, el retrato amable, entre simpático y seductor que la crítica nos ha legado tradicionalmente.

Pero, haciendo un poco de historia, el primero en abrir camino fue el erudito sevillano y contemporáneo Nicolás Antonio, probablemente el primer

---

[1] En NBAE, 17, *Colección de entremeses, loas, bailes, jácaras y mojigangas...*, tomo I, vol. I, pp. LXXXIV-LXXXIX, hoy ya todo un clásico en los estudios del teatro breve. Incluía, además, tres entremeses suyos (vol. 18).

bibliógrafo de la literatura española, con su *Bibliotheca Hispana nova* (1672)[2]. Con un apunte encomiástico, pero poco riguroso, fue el primero en emitir algunas informaciones biográficas. Cien años más tarde, otro repertorio generalista, el de Félix de Latassa y Ortín[3], sigue la misma línea elogiosa que el anterior, pero con datos tan escasos que apenas sirven de lacónicas introducciones. A partir de aquí las pocas noticias volcadas son repetidas continuamente sin ningún rigor ni contraste. No fue hasta el catálogo de Barrera y Leirado[4], ya en el siglo XIX, cuando se intentó completar el perfil biográfico con el añadido de títulos publicados, aunque, una vez más, se pecaba en exceso de su imagen literaria. Muy poca cosa en su conjunto. Lo que bien venía a demostrar el grado de postración y olvido en que había caído el autor a partir del siglo XVIII, y la ausencia de verdaderas noticias de interés, a pesar de su fama en la centuria anterior.

Es, precisamente, a partir de esa mitad de siglo y hasta finales del mismo cuando la figura de Cáncer vuelve a surgir con fuerza. En primer lugar, y, sobre todo, al ser incluido en varios volúmenes de la BAE, entre 1849 y 1861, por sus comedias colaboradas[5] y por su poesía y prosa[6]. Por esas fechas, y hasta finales de siglo, la Biblioteca del Instituto del Teatro de Barcelona, se nutre de numerosas copias manuscritas de sus entremeses y comedias, la mayoría provenientes de las colecciones de Cotarelo y Mori, Fernández Guerra y Joaquín Montaner.

A principios del siglo XX su nombre vuelve a sonar gracias a un artículo reivindicativo de Narciso Díaz de Escovar en 1901, que nos transmite con bonhomía una imagen simpática del autor; y a la edición de su famoso vejamen por Adolfo Bonilla y San Martín, con el seudónimo de «El Bachiller Mantuano» (1909). Al texto le precede una «Advertencia histórico crítica» que bien poco tiene de esto último, donde el discípulo de Menéndez Pelayo, dirigiéndose en

---

[2] Entrada «Hieronymus Cancer», pp. 570-571.

[3] *Biblioteca nueva de los escritores aragoneses que florecieron desde el año de 1641 hasta 1680*, vol. III, 1799. Fue, probablemente, el que puso en circulación la ciudad de Barbastro (Huesca) como patria del poeta, y el primero que se topó con su fecha de nacimiento (propone finales del siglo XVI, fecha mayoritariamente aceptada por la crítica posterior), muro contra el que también ha chocado la tradición investigadora. Al igual que la mayoría, justifica su lugar de nacimiento por el parentesco con otros «Cáncer» ilustres aragoneses (entrada «D. Geronimo Cancer, y Velasco, 1655», pp. 224-225). Tesis sostenida por el cronista de Barbastro Saturnino López Novoa (1861, p. 50).

[4] *Catálogo bibliográfico y biográfico del teatro antiguo español, desde sus orígenes hasta mediados del siglo XVIII*, 1860. Es el intento más completo de los antiguos por cuanto es el primero en recopilar su obra conocida, aunque repite datos de Latassa, como el lugar y la fecha de su nacimiento o su parentesco con el jurisconsulto Jaime Cáncer (entrada «Cáncer y Velasco [Don Gerónimo de]», pp. 62-64).

[5] Nº 14, con edición de J. E. Hartzenbusch; 39, Luis Fernández Guerra; y 43, 45, 47 y 49, de Mesonero Romanos.

[6] Nº 10 y 16, ed. Agustín Durán; 42, ed. Adolfo de Castro. Este último incluye su vejamen.

segunda persona al lector, recoge en un estilo gracioso, pero poco serio, todos los tópicos que encontramos en su obra, e incluye algunas noticias biográficas de los vejados[7].

Hasta mediados de siglo poco más se sabe de él. En 1943, Federico C. Sainz de Robles edita *La muerte de Valdovinos*, precedida por una breve semblanza biográfica basada una vez más en la imagen que exporta el autor en sus poemas, con algunas descalificaciones y comentarios sin rigor[8]. Pero no es hasta la aparición del *Nuevo ensayo de una Biblioteca Española de libros raros y curiosos*, de Homero Serís, entre 1964 y 1969, cuando se encuentra el primer intento de síntesis bibliográfica crítica sobre el autor; enmienda erratas anteriores («de quienes acostumbran copiar los datos sin comprobarlos, y así toman cuerpo de veracidad, noticias erróneas», p. 272), desaconseja la consulta de los poemas de la BAE, por «modernizados y a veces alterados» (p. 274) e incluso apunta líneas de investigación, como la desaparecida partida de nacimiento. De todos, sin duda, el acercamiento crítico más importante (pp. 269 y 274), al no limitarse, como la mayoría, a repetir datos conocidos. Durante la segunda mitad del siglo XX ya empiezan a multiplicarse las alusiones al autor, bien en antologías poéticas, en historias de la literatura o en determinados estudios. Nada relevante añaden desde el punto de vista biográfico, tan solo se limitan a repetir los conocidos tópicos ya vertidos por la crítica; no obstante, cabe decir que, en general, el tratamiento dispensado es positivo, a pesar de algunas críticas. Eso sí, la publicación de entremeses sueltos en colecciones varias[9] y de las dos comedias burlescas[10], al menos consiguen mantener su nombre fuera del anonimato, pero no aportan nada desde el punto de vista biográfico. Para ello hay que cruzar ya el umbral del siglo XXI.

En el mes de febrero del año 2000, leyó su tesis doctoral sobre Cáncer el profesor González Maya[11]. En su apartado biográfico este procuró una síntesis de

---

[7] Dada su fama, el vejamen ya había merecido la consideración de la crítica con sus publicaciones de 1847 en la *Revista Literaria de "El Español"* (pp. 108-111) y de 1857 en la BAE, tomo 42 (pp. 435-437), donde A. Castro vierte encendidos elogios. En 1917, Bonilla vuelve a acordarse de Cáncer al incluirlo en una antología poética con dos composiciones (*Flores de poetas ilustres de los siglos XVI y XVII*, pp. 200-204 y 233).

[8] 1943, p. 822.

[9] Buendía (1965), Bergman (1970), García Valdés (1985), Huerta Calvo (1985 y 1999), Buezo (1992). Ya en el siglo XXI: García Valdés (2005 y 2012), Arellano (2005), Sáez Raposo (2005), González Maya (2007), Pallín (2008), Thompson (2009), Azcune (2015).

[10] *La muerte de Valdovinos*, Sainz de Robles (1943) y Seminario de Estudios Teatrales (2000); *Las mocedades del Cid*, Seminario de Estudios Teatrales (1998) y Rodríguez Rípodas (2003). Interesante, por lo novedoso, el artículo de A. Madroñal sobre la múltiple autoría de esta última comedia en *La comedia escrita en colaboración* (2017, pp. 45-57).

[11] *Jerónimo de Cáncer y Velasco. Poesía y prosa completas*, edición crítica, Universitat Illes Balears, 2000.

lo aportado por la tradición crítica hasta el momento al tiempo que, fruto de las consultas de varios archivos y bibliotecas, contribuyó con alguna documentación novedosa. Con la reunión y ordenación de tan diversos materiales, se intentaba recomponer un perfil biográfico muy fragmentado a lo largo de los tiempos que tampoco daba una idea cabal de su figura, fuera de los tópicos consabidos. Tarea similar fue la acometida por Rus Solera con la edición de las *Obras varias* en 2005, antes de que el editor publicara su poesía y prosa completas en 2007. Tiene esta el interés añadido de un estudio diacrónico bastante completo de la opinión crítica y otro de su relación con la poesía aragonesa. No cuestiona su origen aragonés a pesar de las dudas razonables, y se equivoca al considerar que solo tuvo una hija: «No se han encontrado registros documentales que certifiquen la existencia de más descendencia»[12]. Posiblemente, la citada investigadora no tuvo la oportunidad de consultar los libros de bautismos de la madrileña parroquia de San Sebastián donde aparece la existencia de seis vástagos más[13], tenidos entre 1626 y 1634.

La última aportación importante, hasta el presente, viene de la mano de los profesores Elena Martínez y Alejandro Rubio con interesantes apuntes sobre los hijos de Cáncer[14], su relación con Rojas Zorrilla[15] y, sobre todo, el lugar y su fecha de nacimiento[16], largamente codiciados. De particular interés, este último. Sostienen los investigadores una teoría que González Maya ya sugirió en su tesis doctoral[17]. Que no nació en Barbastro, tal como la crítica había sostenido hasta la fecha sin pruebas[18], sino en Indias, ya que su padre fue gobernador de Isla Margarita entre 1602 y 1608. La razón viene dada por los documentos encontrados en el Archivo General de Indias, concretamente el legajo de «Contratación,

---

[12] 2005, p. XX.

[13] Se reproducen las partidas de nacimiento en la tesis doctoral de González Maya (2000).

[14] En *Lectura y Signo*, 2007, pp. 15-32, se limitan a reproducir las partidas de bautismos de sus hijos y la de defunción de su mujer, encontradas en la parroquia de San Sebastián en Madrid, documentos que ya había exhumado González Maya en su tesis doctoral; en *Lectura y Signo*, 2009, pp. 61-77, reproducen el testamento y la partida de defunción de una de sus hijas.

[15] En *Arbor*, 2007, pp. 461-473. Basan los investigadores la amistad de ambos ingenios en las alusiones literarias en sus respectivos vejámenes y por aparecer la firma de Rojas en la declaración de herederos que Cáncer y su hermana solicitaron a la muerte de su madre, documento que transcriben.

[16] *Revista de Literatura*, 2015, pp. 585-595. El más interesante de sus cuatro artículos.

[17] Al no encontrar su partida de nacimiento en ninguna de las parroquias consultadas de Madrid, ni en Barbastro, ni en otras localidades de Aragón, apuntábamos entonces hacia el Archivo General de Indias por los cargos desempeñados por el padre en ultramar. Investigación que entonces quedó pendiente.

[18] Sin duda porque el apellido es originario de Huesca, y allí se encontraba la localidad de Cáncer, hoy parcialmente anegada por el pantano Joaquín Costa o de Barasona (Huesca); porque, además, Barbastro es la cuna de conocidos posibles parientes suyos (*Poesía completa*, 2007, p. 14); y porque Félix Latassa lo incluyera en su biblioteca de escritores aragoneses.

5327, n. 17», con fecha 23 de febrero de 1612, donde se especifica el traslado del padre de Cáncer, don Fadrique, como corregidor de la ciudad de Trujillo (Perú)[19]. En ese documento consta no solo los nombres de los hijos, sino que en una anotación al margen aparecen las edades. Para Jerónimo, cuatro años; por tal circunstancia deducen los investigadores que el poeta debió de nacer en Isla Margarita en 1608, fecha algo tardía si se tiene en cuenta que se casó en Madrid en 1625, ¿a los diecisiete años?[20] Además, en ninguna de sus obras o escritos el escritor hace la más mínima referencia al continente americano. No obstante, como a día de hoy se carece de alternativa por la ausencia de otros documentos justificativos, parece más razonable apostar por una fecha concreta (1608) que por la archirrepetida de finales de siglo, pero sin base documental. Ello daría un saldo de 47 años de vida. Si la primera composición fechada de su obra data de 1635[21] y sabemos que murió en 1655, el escritor desarrolló toda su actividad literaria durante esos veinte años.

Dos notas más. Se sabe que, al menos, don Fadrique fue corregidor de Trujillo (Perú) hasta septiembre de 1623[22] y que en enero de 1625 ya había muerto, por una carta de pago a su mujer de 2000 pesos anuales como viudedad[23]. Y que en 1624 Cáncer ya estaba en Madrid, por una carta de pago que descubrimos en el Archivo Histórico de Protocolos de Madrid[24]. Esto explicaría el vacío o la ausencia de datos con que los investigadores se han topado hasta 1624. Parece lo más plausible, dando por cierto que nació en Isla Margarita, que la familia de Cáncer volviera a Madrid a la muerte del progenitor.

Otra cuestión interesante es la valoración de su figura. Para este propósito resulta esclarecedor abrir el comentario con una cita de la defensa a ultranza de Díaz Escovar en su artículo citado:

> Cáncer ha sido calumniado y justo es que a su defensa salgan los que, estudiando sus producciones, han estimado que es más digno del nombre de poeta que otros muchos de sus contemporáneos elevados al templo de la fama por el agradecimiento de alguno de sus compañeros o por la adulación de sus amigos[25].

---

[19] Martínez-Rubio, 2015, pp. 592-594.

[20] Ni en la partida de desposorios ni en la carta de dote, pago y arras, aparece mención de la edad de los contrayentes (ambas custodiadas en los archivos de la citada parroquia de San Sebastián).

[21] Unas quintillas al nacimiento de la infanta Ana María Antonia de Austria.

[22] Castañeda, 1996, p. 163.

[23] A. H. P., Protocolo 8352, f. 684.

[24] Protocolo 2349, f. 36. Sainz de Robles considera que ya estaba en Madrid en 1620, pero no aporta ninguna prueba (1943, p. 821).

[25] «Don Jerónimo de Cáncer y Velasco», en *Revista Contemporánea*, 1901, 121, pp. 392-409. Curioso, en cambio, que este mismo autor escribiera lo siguiente a propósito de sus dos

Es meritorio el intento de reivindicar una trayectoria tan maltratada, pero no de hiperbolizarlo a costa de afirmaciones algo más que dudosas, que pueden entenderse por el contexto de la época. Que se sepa, Cáncer nunca fue vilipendiado por sus contemporáneos, más bien al contrario, aunque sí es posible aplicar esa adjetivación a parte de la tradición crítica[26]. La prueba más fehaciente son los preliminares de las *Obras varias*, intento de reunión de toda su poesía más el vejamen y una comedia burlesca, donde plumas tan célebres como las de Calderón o Juan de Zabaleta ponen todo su empeño en alabar su celebridad, su estilo, su creatividad, su ingenio, sus agudezas…, el «hijo legítimo de Apolo», con encendidas palabras que, aunque parecen dictadas por lo formulístico del género y por la relación personal que mantuvieron entre ellos, también recogen una apreciación colectiva de buen hacer. Que era un hombre respetado[27], lo demuestran sus numerosas colaboraciones teatrales y su integración en el mundo académico de la primera mitad de siglo. Sin embargo, a su muerte parece que nadie se acordó de él, a juzgar por la ausencia de composiciones elegíacas en su honor, quizás debido a que no fuera tan admirado como otros[28]. Y eso fue lo ocurrido a partir del siglo XVIII y parte del XIX donde la crítica no le prestó la atención merecida, pero no que se le calumniara.

Entre los escritos de sus contemporáneos lo más destacable son las apreciaciones sobre su físico (nada agraciado, al parecer) y su carácter chistoso u ocurrente. Juan de Orozco, a propósito de su estatura, en un vejamen que se leyó en una academia madrileña alrededor de 1640: «Don Jerónimo de Cáncer es tan pequeño, que parece que le han hurtado el cuerpo»[29]; su proverbial fama

---

comedias burlescas unos años más tarde: «fueron justamente perseguidas por el Santo Oficio, como engendros monstruosos punibles en el doble concepto poético y religioso» (*Historia del teatro español. Comediantes-escritores-curiosidades escénicas*, 1924, tomo I, p. 199). Quizá le influyera la opinión de Mesonero Romanos, quien ya indicaba que la Inquisición prohibió «justísimamente» algunas comedias (BAE, 47, p. XLVII).

[26] A no ser que se refiera a las expurgaciones de algunos poemas de las *Obras varias* (1651) en los índices inquisitoriales y suplementos de 1707, 1747, 1756, 1790 y 1805 (Solera, 2005, p. CLXVIII) y de fragmentos de *La muerte de Valdovinos* por los índices de 1756 y 1790. Estudia pormenorizadamente el asunto Rus Solera en su edición de las *Obras varias*, pp. CLIX-CLXVIII. Ricardo del Arco alude a la envidia de sus contemporáneos por sus sátiras, opción poco creíble (1923, p. 73).

[27] También lo era para Bernardo de Quirós en sus *Obras… y aventuras de don Fruela* (1656), para el que escribió una décima en sus preliminares, alabando su fama, incluyéndolo en el cortejo de Apolo (p. 303 de la ed. de García Valdés, 1984).

[28] Solera, 2005, p. LXXI.

[29] Lo recoge A. Paz y Meliá en *Sales españolas o agudezas del ingenio nacional*, 1964 (e.o. 1890), p. 330. El mismo poeta incide también sobre ello en su poesía: «Mas pasando a mi persona, / soy tan chico y tan retaco, / que yo mismo no me llego / a la barba con un palmo» (*Poesía completa*, 51, 33-36).

de gracioso la recoge Baltasar Gracián en un conocido pasaje del *Criticón*: «Oyeron una muy gustosa zampoña, mas por tener Cáncer la musa que la tocaba, a cada concento se le equivocaban las voces»[30]; y su fama de pedigüeño, en el mismo vejamen de Orozco: «...que D. Jerónimo de Cáncer a cualquiera que le pide una copla se la jura, porque dice que se la ha de pagar»[31]. Años después de su muerte, todavía recogen su fama poetas como Vicente Suárez de Deza o Vicente Sánchez, el polifacético Manuel García Bustamante[32] o el clérigo Andrés Ferrer de Valdecebro[33], en ligeros apuntes, pero que sirven para mantener viva la llama en el diecisiete. Ya Cotarelo y Mori, para quien «en nada cede como entremesista a Calderón, antes le sobrepuja en fuerza satírica», se hacía eco de ello[34]. La inclusión de numerosas piezas suyas en las colecciones de entremeses de la segunda mitad del siglo, una vez muerto, son buena muestra también de la permanencia de su obra.

Una vida dedicada al teatro

A partir de 1624, Cáncer fijó su residencia en Madrid, y se puede decir que de la capital del reino solo salió en contadas ocasiones, no por ello sus contemporáneos lo consideraran como autor madrileño, antes bien sus orígenes aragoneses lo acercaban más a esa región, como lo demuestra su aparición en varias antologías poéticas editadas en las prensas de Zaragoza, como los *Romances varios*, de Pedro Lanaja (1640), el *Certamen poético de Nuestra Señora de Cogullada*, de Andrés de Uztarroz[35] (1644) o las *Poesías varias de grandes ingenios españoles* de José Alfay[36] (1654). Hoy en día la crítica suele adscribirlo, por lo general, como perteneciente al grupo aragonés, tal como sugiere el estudio de Aurora

---

[30] Ed. Romera Navarro, II, p. 138. El historiador aragonés Ricardo del Arco y Garay lo consideraba amigo de Cáncer (1934, p. 151), aunque es una afirmación harto dudosa, a pesar de su aparición en esta cita y en la antología de Alfay de 1654.

[31] Ed. cit., p. 330.

[32] Por un conocido vejamen de 1674. Hay noticias suyas en la introducción de Luis Antonio González a su obra *El robo de Proserpina y sentencia de Júpiter*, 1996, pp. 13-16.

[33] Insistiendo en las mismas apreciaciones de Gracián «Otra estatua, que equivocaba a cuantas la miraban, hacía paso a la pasada, y decía la tarjeta, *Cancer*, único en equívocos, y el primero que les dio alma, que el cuerpo lo dio Orozco» (*El templo de la fama*, 1680, p. 111).

[34] 1911, p. LXXXIV.

[35] Pero es curioso que Uztarroz no lo incluyera en su *Aganipe de los cisnes aragoneses* (manuscrito, primera publicación en 1781). Es posible, en este caso, que se desplazara a Zaragoza a la celebración del certamen.

[36] Con numerosos autores aragoneses. Son varios los especialistas que consideran que esta compilación es obra en realidad de Baltasar Gracián (Arco y Garay, 1934, p. 151; Romera Navarro, 1950, p. 103; Correa Calderón, 1970, p. 102; Nadine Ly, 2000, p. 42).

Egido, *La poesía aragonesa del siglo XVII* o la antología de José Manuel Blecua, *La poesía aragonesa del Barroco*[37].

Sea como fuere, su vida familiar y literaria siempre giró en torno a un conocido barrio madrileño, el de la demarcación territorial de la Parroquia de San Sebastián, hoy conocido como barrio de las letras[38], por la cantidad de ingenios que vivieron en esa feligresía por los mismos años que don Jerónimo: Bernardo de Quirós, Juan Matos Fragoso, Juan Vélez de Guevara, Antonio Coello, Juan Zabaleta, por citar solo colaboradores artísticos de Cáncer; el corrector de las *Obras varias*, el famoso Francisco Murcia de la Llana, o el librero de sus dos primeras ediciones Pedro Coello[39]. Escribe al respecto el cronista madrileño José del Corral:

> Siendo Madrid, por esta centuria, la residencia más o menos fija del conjunto magnífico de los mejores poetas de nuestro mejor momento literario, es lógico que dejaran su rastro por las calles de la Villa, especialmente por determinados puntos. Así, podemos hablar de un barrio literario en el Siglo de Oro, en Madrid.
>
> Precisamente de la calle del León más cercana a la del Prado, se reunían los comediantes y los *autores*, que no eran entonces los escritores de las comedias, sino los directores de las compañías teatrales. Allí se veían, como en círculo o casino, y allí también se concertaban contratos y formaciones teatrales, bien para los corrales de la Corte o para salir por las distintas provincias del reino[40].

Este último dato es importante sobre todo para un hombre de teatro como don Jerónimo. Alude el cronista a una plazoleta en la confluencia de las calles del León y de las Huertas, que tomó el popular nombre de «Mentidero de Representantes», el epicentro de los comediantes. Por aquellas calles vivían actores famosos como Alonso de Olmedo, María Riquelme, María Calderón o Antonio de Prado, muerto en la calle de las Huertas en 1651 el mismo año que se publican las *Obras varias* de Cáncer con el añadido en algunos ejemplares de una

---

[37] En la misma dirección, Rus Solera tiene un capítulo de su edición de las *Obras varias* titulado «Un autor aragonés en la corte» (2005, pp. LVII-LXV), donde tampoco aporta documentos definitivos de su vinculación a sus orígenes familiares.

[38] Las partidas de bautismo de sus hijos, más la de defunción así lo atestiguan: 1626 y 1627, calle Atocha; 1628, Santa María; 1629-1631, Huertas; 1632, Prado; 1655, Huertas (*Bautismos de la Parroquia de San Sebastián, desde el 4 de febrero de 1625 hasta fin de diciembre de 1630. Libro 9º*; y *Bautismos de la Parroquia de San Sebastián, desde 2 de enero de 1631 hasta 30 de diciembre de 1637. Libro 10º*. En diferentes folios).

[39] Fernández García, 1995. Lope de Vega fue enterrado en el cementerio de San Sebastián, muy cerca del domicilio de Cáncer; y, Cervantes, en el convento de las Trinitarias Descalzas, donde profesó Marcela, la hija de Lope. Quevedo también tuvo casa en este mismo barrio.

[40] 1994, p. 105.

Loa que representó Antonio de Prado, difícilmente suya[41]. Sin embargo, el trasiego por todas estas calles no tiene reflejo en los entremeses estudiados, donde se opta por una ambientación más bien neutra. No sucede así en su poesía, donde se encuentran alusiones continuas a personajes de la corte, iglesias, plazas, fuentes, palacios, modas, entretenimientos populares, costumbres…, que daban buena cuenta de la perfecta integración del poeta en la capital del reino[42]. Además de participar en certámenes poéticos, ser miembro de la Academia de Madrid, para quien leyó su famoso vejamen[43], escribir versos laudatorios a personajes de la nobleza, acudir a fiestas, a profesiones de monjas, a traslados de reliquias, representar en palacio… Nada en sus versos, ni en el teatro estudiado, hace recordar su pasado familiar. Que era un hombre con una intensa vida social, lo demuestran también sus conocidos versos como poeta «pedigüeño»[44].

Pero la faceta que más emolumentos dispensó a Cáncer fue la de comediógrafo. Se tiene constancia de que escribió, al menos, treinta y una comedias en colaboración y solo una en solitario[45] y unos treinta y dos entremeses, algunos de paternidad dudosa, junto a sus comedias burlescas, depositarios quizás de su mayor fama, aparte de bailes, loas y mojigangas. Rivalizó con el mayor entremesista del siglo, Luis Quiñones de Benavente, y colaboró con los más variados ingenios de la escena en la época de esplendor de la comedia escrita en colaboración. Con el que más, Agustín Moreto, en once ocasiones, con quien parece formó un tándem perfectamente compenetrado. La graciosa caricatura que ofrece en su vejamen, acusándolo de plagiario, sugiere cierta intimidad en el trato. También cruzó su pluma con Pedro Rosete Niño (7), A. Martínez de Meneses (6), Juan Matos Fragoso (5), Juan de Zabaleta (3), Sebastián de Villaviciosa (3), Antonio Sigler de Huerta (3), Juan Vélez de Guevara (3), Calderón (2), Luis Vélez de Guevara (2), Luis de Belmonte Bermúdez (1) y Francisco de Rojas Zorrilla (1). Ingenios, pues, de primerísima fila como Moreto, Calderón o Rojas Zorrilla, y otros no tan conocidos, pero que pueden mostrar el complejo mundo de relaciones entre los escritores que muchas veces iba más allá del mero compañerismo, tal como el mismo Cáncer atestigua en su vejamen: «Escribimos

---

[41] La loa ya se había publicado antes a nombre de Quiñones de Benavente en su *Jocoseria* (1645), escrita en 1635 (ed. GRISO, 2001, p. 724).
[42] González Maya, 2000, pp. 43-49.
[43] Editado modernamente por González Maya en *Criticón*, 96, 2006, pp. 87-114.
[44] Vejamen de Orozco, *apud* Paz y Meliá, 1964, p. 330.
[45] Se puede consultar la entrada de González Maya en el *Diccionario filológico de Literatura Española, siglo XVII*, vol. I. Para las tres comedias burlescas también García Lorenzo, 1977, pp. 131-146; Taravacci, 1999; SET, 2000, pp. 101-164; Madroñal, 2017, pp. 45-57.

tres amigos / una comedia a un autor»[46]. Lo cierto es que la repetición de la mayoría de los nombres en el vejamen[47], su adscripción a la academia madrileña o academia poética de Madrid y su participación en los certámenes del Buen Retiro (1637 y 1638), sugiere ciertos vínculos de amistad. Además, el grupo casi al completo aparece en *La luna africana*, escrita alrededor de 1643, una rareza que lleva hasta el extremo la fórmula de colaboración, aquí juntando nueve plumas, a saber, por este orden: Belmonte Bermúdez, Luis Vélez, Juan Vélez, Alfonso Alfaro, A. Moreto, Martínez de Meneses, A. Sigler de Huerta, Cáncer y Rosete Niño. Menos los que ya habían muerto (Alfaro y Luis Vélez), el resto aparece en el vejamen. La obra cosechó un notable éxito y aún siguió representándose al menos hasta 1798[48].

Por otro lado, la fórmula de agrupación más repetida en el género y en nuestro autor es la reunión de tres personas. Así consta en dieciséis ocasiones; pero también exploró otras: con dos compañeros en cuatro ocasiones; con seis, siete y nueve, en una; y con no sabe cuántos, en cuatro.

La escritura de comedias en colaboración[49] es uno de los fenómenos más característicos del teatro del Siglo de Oro y Cáncer, uno de sus representantes más notables, con gran habilidad para este tipo de escritura. Estuvo de moda durante largos años y suponía un modo de escritura rápida y circunstancial, en función de la demanda del poder institucional[50], del público, de los autores de comedias o incluso de algunas fiestas ocasionales. Esta misma particularidad ha llevado a parte de la crítica a poner en duda la calidad de muchas de estas obras[51]. Esto, no obstante, no justifica opiniones como la de Sainz de Robles, quien sin estudiar el teatro colaborado de nuestro autor se atreve a opinar tan alegremente:

---

[46] 2006, p. 104 (de la edición de González Maya para *Criticón*). Para Rus Solera, en cambio, «la amistad entre colegas seguramente era infrecuente, y la relación entre escritores respondía, en buena parte, a razones económicas» (2005, p. LXVI).

[47] Según las averiguaciones de González Maya, escrito entre finales de 1647 y primeros días de 1648 (*Criticón*, 96, pp. 87-114).

[48] Carrasco Urgoiti, 1964, p. 255. En la copia manuscrita de 1680 se indicaba «vista y representada muchas veces».

[49] De particular interés es el volumen *La comedia escrita en colaboración en el Siglo de Oro* (2017, Colección Olmedo Clásico, 14) a cargo de Juan Matas Caballero fruto de las aportaciones al congreso de León de 2013, y la página web del proyecto de investigación del mismo título, hoy ya no operativo, con abundante bibliografía.

[50] Regularmente, las comedias colaboradas lo eran por encargo y, en Cáncer, aunque se encuentran asuntos variados, predominan los religiosos y los históricos.

[51] En su propio vejamen, Cáncer llegó a escribir la siguiente opinión sobre una comedia suya colaborada perdida, *San Isidro labrador*: «…que tan mala comedia no se ha escrito en los infiernos» (2006, p. 104). A pesar de la hipérbole y la caricatura, notas características a todo el vejamen, el propio autor no duda en disculparse, exonerando, posiblemente, al género, como corrobora el verso «y echamos por esos trigos», a propósito de la finalización de la comedia.

No encontrándose él inventiva para escribir originalmente, encontró fórmulas de simpatía para decidir a sus amigos a que colaborasen con él. ¿Qué bienes aportaba Cáncer a la comandita? Inventiva ya he dicho que no. Ni lenguaje poético. Ni pensamientos profundos. Ni dominio de la técnica. Ni delicadeza sentimental. Aportaba él el chiste espontáneo, el matiz burlesco, la gramática parda, el osado latiguillo, la suspicacia cazurra, el cinismo edulcorado[52].

Díaz de Escovar, quien tampoco estudió el teatro colaborado de Cáncer, manifestó, en cambio, al principio de su artículo: «Si hubiera sido tan poco inspirado, es seguro que ni D. Pedro Calderón, ni D. Agustín Moreto, ni el ecijano Vélez de Guevara le hubieran admitido por su colaborador, ni hubieran reunido su nombre al del autor de *La muerte de Valdovinos*»[53]. Juan de Zabaleta, en el prólogo a las *Obras varias*, se deja llevar por la amistad en sus elogios: «Las jornadas de comedias que le han tocado, qué revueltas, qué cortesanas, qué decorosas. Nadie entendió mejor los versos teatrales»[54]. Valbuena Prat, quien sí estudió *El mejor representante San Ginés*, escrita junto a Rosete Niño y Martínez de Meneses, la consideraba una obra maestra, y el primer acto de Cáncer de «verdaderamente magnífico»[55]. En cambio, Cotarelo y Mori insistió en su pereza para escribir[56], y Bonilla y San Martín en su miedo a ir solo en escena[57]; opiniones muy respetables, pero también muy discutibles.

Cáncer fue un asiduo de la corte al menos desde 1635, cuando se tiene constancia de su primera composición poética a propósito del nacimiento de la infanta Ana María Antonia de Austria[58]. En 1637 ya colaboró en el primer Certamen del Retiro, y al año siguiente repitió su asistencia en el segundo Certamen. De 1644 es su canción funeral a la muerte de la reina Isabel de Borbón; y, en fin, de años anteriores y posteriores son numerosas composiciones a nacimientos, bodas o funerales de personajes de la nobleza bajo cuyo amparo intentó resguardarse. Posiblemente debido a su fama, fue de los que frecuentaron Palacio. En este sentido hay una composición clave titulada «Al rey nuestro señor,

---

[52] 1943, p. 822. Mesonero Romanos en su edición sobre *Dramáticos posteriores a Lope de Vega*, no se atreve a incluir las comedias burlescas de Cáncer por «excesivamente burlescas y chocarreras» (BAE, 47, 1951, p. XXXI).

[53] 1901, p. 392.

[54] Por la edición de R. Solera, 2005, p. 9.

[55] 1937, p. 457.

[56] 1911, p. LXXXVI. F. Buendía, quien editó dos entremeses suyos, insiste en esta misma idea (1965, p. 611). J. L. Alborg lo tilda de «perezoso ingeniosísimo, al que solo hacían trabajar la invitación y estímulo de otros escritores que le buscaban por la gran estima que tenían de su talento» (1987, p. 813). Opiniones que parecen contradecirse con la fecundidad de la obra recogida.

[57] 1909, p. 8.

[58] *Poesía completa*, nº 19.

pidiéndole una ayuda de costa, habiendo representado el poeta en la comedia que hicieron los criados de Su Majestad»[59], festiva, irreverente, donde, en trato familiar, confiesa «yo soy comediante vuestro» (v. 34), dirigiéndose al Rey. Es este un divertido romance donde, en forma de memorial, el poeta se queja al Rey de estar «mal pagado», y es forjador de su faceta más pedigüeña y, quevedescamente, archipobre y protomiseria, como describe en estos versos conceptistas tan del gusto de su estilo:

> Mi familia lo más días
> se suele pasar con versos,
> y mi mujer dice a todos
> que come platos compuestos.
>
> Mi vestido es tan mañoso
> que sabe engañar al tiempo;
> y el tafetán del verano
> da el nombre y pasa el ivierno.
>
> Si el alquiler de mi casa
> pago, destruido quedo...
> (vv. 37-46)

Su lectura no solo delata un inusual trato familiar con la corona sino un conocimiento interno de los mecanismos de la tesorería del reino por los juicios emitidos en los versos. Los títulos de algunas de sus comedias remiten también a los salones de palacio. Junto a la *Comedia burlesca La renegada de Valladolid. Escrita por tres ingenios*[60]. *Representose a su Majestad en el salón del Buen Retiro día de San Juan, año 1655* se representaron dos obrillas de Cáncer: el *Baile entremesado de los hombres deslucidos que se pierden sin saberse cómo ni cómo no*, entre la segunda y la tercera jornada; y el *Entremés de la noche de San Juan y Juan Rana en el Prado con escribano y alguacil*, al final de la tercera y última jornada, según especificaciones del mismo manuscrito[61]. De fecha incierta es la única comedia que escribió en solitario, la *Comedia famosa Las Mocedades del Cid, burlesca. Fiesta que se representó a Sus Majestades martes de Carnestolendas*, aunque por el contenido se deduce que el Rey estaba casado con su segunda esposa, Mariana de Austria, matrimonio efectuado en 1649. Es posible que se escribiera cerca

---

[59] *Poesía completa*, nº 5.
[60] Francisco Antonio de Monteser, Antonio Solís y Diego de Silva.
[61] BNE, ms. 17192. Para el baile, ff. 61-66; para el entremés, ff. 85r-94v. Cáncer murió en octubre de ese año.

de ese año[62]. Por su parte, J. E. Varey y N. D. Shergold documentan una obra escrita con Agustín Moreto, *La Virgen de la Aurora*[63], representada el 11 de septiembre de 1650 en el Cuarto de la Reina de Palacio Real[64], pero posiblemente escrita en 1648 a propósito del Certamen de la Virgen de la Aurora en el que Cáncer participó con una composición poética[65]. Mesonero Romanos cree que las obras de Cáncer, por su contenido burlesco o satírico, eran muy adecuadas para la diversión que se buscaba en esos actos. Cita, concretamente, *La muerte de Valdovinos* como ejemplo de comedia de hacer reír, aunque no da fecha de representación[66]. No obstante, parece ser que tuvo al menos una función el viernes 12 de febrero de 1638, en el marco de las segundas fiestas del Buen Retiro, aprovechando los carnavales[67]. En 1651 apareció publicada *Los siete infantes de Lara* escrita junto a Juan Vélez de Guevara, en cuyo título consta «Fiesta burlesca que se representó a Su Majestad el año 1650»[68]. Por tanto, no solo comedias colaboradas suyas fueron habituales en palacio, sino también las tres burlescas y algunos entremeses ya mencionados, o este otro de la *La Zarzuela. Fiesta que se representó a Su Majestad*[69], impreso en 1659, aunque se desconoce la fecha de la representación.

Las obras de Cáncer siguieron representándose en Palacio años después de su muerte. Rosita Subirats, en un estudio de conjunto sobre las representaciones teatrales en el Palacio Real durante los reinados de Felipe IV y Carlos II, llega a contabilizar un total de siete, escenificadas entre 1674 y 1695[70]. Díaz de Escovar, en su artículo de 1901, manifiesta que todavía se representaban entremeses suyos, y cita concretamente *Pelicano y Ratón* y *El gigante*[71].

Hacia 1650, cinco años antes de morir, Cáncer ya gozaba de un reconocido prestigio y popularidad. Fue entonces cuando decidió que había llegado el momento de publicar la mayor parte de su poesía, reuniéndola en un único tomo

---

[62] Se publicó en 1673 en la *Parte treinta y nueve de comedias nuevas...* Luciano García Lorenzo, quien estudió la obra (1977, pp. 131-146), no se atrevió a dar fecha alguna.

[63] Primera impresión en *Parte treinta y cuatro de comedias nuevas...*, 1670.

[64] 1968, p. 236. En su estudio se relacionan otras, pero ya a la muerte del poeta.

[65] *Poesía completa*, n° 28.

[66] 1858-1859, 49, p. XII.

[67] Aparece, incompleta, en el ms. de la Biblioteca Nacional de Lisboa FG 3788, junto a otros papeles poéticos leídos en el certamen burlesco de 1638. Se hace eco de ello Hannah E. Bergman en su artículo sobre el certamen (1975, p. 553).

[68] En *El mejor de los mejores libros de comedias nuevas*. Hay edición de P. Taravacci de 1999.

[69] En la colección facticia de García de la Iglesia de 1659, *Once entremeses*.

[70] 1977, pp. 401-479. Por orden cronológico: *Los mártires de Madrid, El arca de Noé, La fuerza del natural, Hacer remedio el dolor, El rey Enrique el enfermo, La razón hace dichosos* y *Los siete infantes de Lara*.

[71] Pág. 408.

al que puso, o le pusieron, por título *Obras varias*, en 1651, a cargo de Diego Díaz de la Carrera. El adjetivo «varias» ha dado lugar a cierta polémica porque, además de su poesía, se incluyeron, en una primera tirada, su famoso vejamen en prosa; una comedia burlesca, *La muerte de Valdovinos*, quizás para intentar asegurarse así el éxito del libro; y, lo más particular, dos obras que no son suyas: el entremés atribuido a Moreto, *El pleito de Garapiña* y la *Loa que representó Antonio de Prado*, de Quiñones de Benavente. De este ejemplar se hicieron dos tiradas más el mismo año que suprimieron los dos añadidos últimos, pero mantuvieron la comedia burlesca[72].

Poco se sabe de las representaciones de su teatro breve por la ausencia de documentación precisa, salvo lo ofrecido por algún título. El *Entremés de Juan Ranilla* tiene el honor, hasta el momento, de ser la primera de sus piezas que llegó a la imprenta, en los *Rasgos del ocio en diferentes bailes, entremeses y loas de diversos autores. Segunda parte*, de 1644. La mayoría de sus piezas, en cambio, se publicaron a su muerte.

Hasta la fecha, no hay un estudio de conjunto de su arte entremesil, tal como el que se propone para estos Clásicos Hispánicos[73]; sin embargo, el autor ha sido reconocido mayoritariamente por su aportación al género con palabras encomiásticas, situándolo incluso por encima de su producción poética. En palabras de Sainz de Robles, para terminar, puede considerarse como el precursor del moderno teatro de humor[74].

2. Los engranajes de la risa

Al ser un teatro de corte popular, los intermedios que se escribieron para el corral de comedias tenían como objetivo básico entretener a los espectadores en un tiempo breve, no estaban pensados para ser leídos. Dos rasgos estos, diversión y brevedad, a los que se podría añadir la cercanía, como elementos subyacentes a este tipo de producciones, aunque tampoco se puede descartar otros subsidiarios como la sátira, la alegoría o el cuadro de costumbres, casi siempre bajo el amparo de la traza cómica; o sea, entretenimiento en mayúsculas, nada de pretensiones intelectuales ni profundidades de ningún tipo. Tampoco se trataba de inventar

---

[72] Estudia el asunto de las diferencias entre las tres tiradas de 1651, Guillermo Gómez Sánchez en su artículo «"Mire usted, señor letrado, / un ciego verá este robo": problema bibliográfico y conflicto ideológico en las *Obras varias* de Jerónimo de Cáncer», 2013, pp. 200-206, y Rus Solera en su edición (pp. CLII-CLVIII).

[73] Si descontamos la relación de entremeses de Pietro Taravacci para la *Historia del teatro breve en España* de Huerta Calvo, pp. 320-343.

[74] 1943, p. 823.

nada novedoso, sino de servirse del tratamiento cómico a partir de escenas cercanas a los espectadores, entre las que se podían mezclar ingredientes de diferentes procedencias (literarias o no).

¿Entonces, de qué se reían los espectadores del corral de comedias ante estas propuestas? Aunque la respuesta podría ser múltiple, la materia ridícula que emanaba especialmente de los tipos risibles que salían a escena y, en particular, de aquellos que eran burlados, configuraba el primer y más importante núcleo cómico de la *turpitudo et deformitas* ciceroniana. Y ahí el trabajo de los actores o representantes y de todas las habilidades paralingüísticas y gestuales que eran capaces de desplegar, resultaba fundamental, tanto o más que en la comedia. A través de ellos, se llegaba a la parodia y la caricatura, convirtiéndose así estos en auténticos agentes cómicos[75]. Para ello, el escritor no se entretenía en el trazo de complicados perfiles sicológicos, no tenía tiempo. La brevedad le obligaba a subordinarse a un arquetipo perfectamente reconocible, o a una serie de acciones fuertemente codificadas[76]. Estos llegan a estereotiparse tanto que su entrada en escena ya era sintomática del tipo de acción a desarrollar, no importaba presentaciones previas; pero también lo eran porque el público los relacionaba con sus homónimos de la comedia, de los que de alguna manera ejercían de contrafiguras[77], de modo que podían llegar a convertirse en auténticas figurillas de retablo. De la misma manera, el lenguaje, partiendo de un uso coloquial o callejero, también trasciende el posible costumbrismo inicial, como en las figuras, para proyectarse hacia un uso más expresivo, lúdico o paródico.

Todos estos elementos se fundirán en un plano de igualdad y, en su repaso, servirán para entender mejor el mundo de la risa como elemento integrante de la fiesta teatral barroca: la estructura de las piezas, el elenco de personajes, el lenguaje y los elementos de la representación.

a) «Dinero hay aquí»: la acción dramática

El hecho diferencial del entremés frente a otros géneros breves es el ingrediente principal de la acción burlesca, estamos sobre todo ante un teatro cómico. La puesta en escena de algún tipo de juego en el que unos personajes quieren engañar a otros, aunque no siempre lo consiguen, determina el progreso dramático de gran parte de este tipo de entretenimientos. Para ello debe darse como consustancial a estas tretas ingeniosas una acción no violenta o, que al menos los espectadores, no la presientan como tal; el afán de sacar un provecho material,

---

[75] Arellano, 2006, p. 353.
[76] «la originalidad no es un valor relevante en este género» (González Cañal, 2006, p. 311).
[77] Huerta Calvo, 2004, p. 489.

pecuniario, afectivo o de simple pasatiempo por parte de los burladores; y que, a su vez, el público lo entienda como algo festivo, lúdico, estridente, quizás, pero no virulento o agresivo. Paralelamente, siendo la risa el fin último, los escritores también suelen proyectar bajo este paraguas, donde corrientemente se subvierte el orden establecido, sus aceradas críticas contra los vicios, las costumbres o cualquier otro lance susceptible de ello en la sociedad que les tocó vivir, impensable en otros géneros.

Desde este punto de vista donde la óptica burlesca lo domina todo, la crítica moderna ha intentado establecer una serie de tipologías donde pudiera tener cabida el ingente número de piezas que se escribieron durante la edad de oro del género, en aras a facilitar su estudio. Misión harto complicada con resultados dispares según el especialista, pero también con puntos en común. No es pretensión de este estudio desglosar ahora las diferentes propuestas, pero sí apuntar, al menos, una tripartición bastante consensuada. Aquella que distingue entre entremeses donde predomina el enredo o la acción, aquellos en los que la nota dominante es la descripción de ambientes, de tipo costumbrista, aunque no por ellos carentes de acción, y los que proponen una revista de personajes al modo de un desfile carnavalesco. A esta tipología apuntada por Bergman y Asensio en sus estudios[78], Javier Huerta añadiría una más, la del debate, porque consideraba que el enfrentamiento verbal podía considerarse también una categoría[79]. En cambio, otros como María Luisa Lobato reconocía insatisfactorio este tipo de clasificaciones y optaba por otra centrada más en las funciones que configuraban la estructura y se repetían consecutivamente al estilo de la cuentística clásica, a propósito del teatro breve de Moreto[80].

Si tenemos en cuenta lo apuntado anteriormente en cuanto al predominio de algún elemento constitutivo sobre otro y no la exclusión, las piezas que se presentan en esta antología se adscribirían entre aquellas en que la acción burlesca aparece como ingrediente casi único ('de enredo o acción', nueve de doce piezas); aquellas en que esta se combina con algún cuadro de costumbres (*Mariona* y *Tamborilero*); y, por último, la única que se ajusta a la revista de figuras (*Lenguas*). En estos dos últimos casos, la burla y el engaño conviven con otras intenciones y no siempre hay triunfo de unos sobre otros.

---

[78] Hannah E. Bergman, 1970, p. 13; Eugenio Asensio, 1970, pp. 18-19.

[79] Aunque no lo especifica se entiende que esta debe ser dominante a lo largo de todo el texto y no ceñida a unos fragmentos. Las estructuras las expone en *El nuevo mundo de la risa*, 1995, pp. 52-66, y las repite en otros estudios suyos como en su *Antología del teatro breve español* (1999, pp. 23-29). Clasificación que recoge Héctor Urzaiz para el teatro breve de Luis Vélez de Guevara, 2002, pp. 45-46.

[80] 2003, p. 41 y entre 44 y 59.

Entremeses de engaño y burlas

Los entremeses de acción, de enredo o de burlas eran los más frecuentes del género y en Cáncer no podía ser de otra manera. Nueve de los doce aquí presentados pertenecen a esta tipología: *Paga, Francés, Gigante, Golosos, Rana mujer, Ranilla, Libro, Regañona* y *Sí*. Lo prototípico en ellos es la lucha entre dos bandos, el de los burladores y sus cómplices (más activos) y el de los burlados y sus acompañantes (más pasivos), bien sea para sacar algún provecho o por el simple hecho de reírse de alguien. Por ello las tramas no suelen exigir ningún tipo de complicación, adoptando una estructura bastante repetitiva.

Dado que el entremés, a diferencia de la comedia, no consta de partes, su organización depende más de una cadena de escenas anunciadas por las entradas o salidas de los personajes, muy a menudo acompañadas por cambios métricos[81], dando así lugar a las diferentes secuencias textuales. Como estos movimientos son, sin duda, una de las claves de la comicidad, al ser lo esperado por el público, parece conveniente desentrañar ahora los mecanismos o acciones que soportan el progreso dramático de estas piezas para así comprenderlas mejor.

Los inicios suelen ser muy similares en todos los casos, pues gustan de partir de algún tipo de acción enérgica que atrape al espectador desde los primeros diálogos, por lo que son habituales las entradas *in medias res*; es decir, la rapidez, nada de presentaciones demoradas. El espectador entra fácilmente en situación porque ya intuye lo sucedido con anterioridad, y más si a los personajes los identifica la vestidura. Por ello, las conversaciones que inician las piezas de acción o burlas, suelen gustar de introducir situaciones de tensión entre los interlocutores bajo dos formatos: el de riña y el de queja. De riña, para los vejetes descontentos con sus criados (*Paga, Golosos*); y de queja cuando aparecen galanes enamorados con diferentes preocupaciones (*Francés, Gigante, Regañona*), esposas descontentas con sus maridos (*Rana mujer*), alcaldes ridículos que no son tomados en serio (*Ranilla*) o ladrones (parejas masculinas y femeninas) quejosos por la carestía de la vida y lo mal que se roba (*Libro, Sí*).

El planteamiento incluye dos momentos: el de la presentación rápida de los personajes y sus preocupaciones y, en la mayoría de los casos (seis de nueve), el de los preparativos de la burla-engaño a realizar. Los asuntos de riña son los más dinámicos e, incluso, violentos, como en *Paga*, donde un vejete está pegando en la cabeza a su criado nada más empezar la obra. Los de queja dejan la puerta abierta para, más adelante, tomar algún tipo de decisión que restituya la tranquilidad por parte de los entes contrariados o irritados, por ello su entrada suele

---

[81] En el «Apunte métrico» se da cuenta con más detalle de la relación entre el verso y el progreso de la acción. Aspecto sobre el que ahora no se incide.

ser más tibia, a excepción del sacristán de *El gigante* que quiere quitarse la vida porque no puede ver a su dama.

En un segundo momento, una vez que los personajes ya se han dado a conocer, se introduce las intenciones de burlar o la de dirigir alguna acción contra aquellos que serán objeto de burla. Como las quejas no se producen en solitario, estos preparativos suelen necesitar siempre de colaboradores, bien por la incapacidad del denunciante, bien por la solidaridad de los compañeros. Estos planes llegan a explicitarse en la mayoría de los casos, pero en otros algún ayudante anuncia solo intenciones a concretar en el desarrollo posterior. En los dos entremeses de riña, en cambio, los planes consisten en la decisión de un vejete de poner a prueba a sus criados, bien ausentándose bien confiándoles algún encargo que corrobore sus sospechas. En seis de los nueve casos, antes de que todo esto suceda, en este segundo momento se procede a presentar al personaje que será objeto de burla una vez conocidas las intenciones.

El desarrollo de la acción (segundo tiempo del progreso dramático) es el que concentra todas las fuerzas de la industria, del ingenio, de los que quieren triunfar. Es el momento más cómico de la obra, y aquel en el que el espectador puede llegar a convertirse incluso en cómplice de la intriga, al poseer información que desconocen otros personajes, y que le pueden situar en un plano de superioridad frente a estos. Aquí es donde las máscaras necesitan desarrollar toda su creatividad para vencer todos los obstáculos que se vayan presentando y así lograr el beneficio esperado. Para ello resultará crucial la creatividad y credibilidad de la propuesta y la habilidad de los burladores para engañar y no ser descubiertos.

El análisis de los mecanismos de progreso en la parte central de estas piezas, permite encontrar una serie de partes constitutivas, internas, casi inherentes al género, repetibles indistintamente con el único cambio de los personajes. Por ello, al descomponer para el estudio esta parte de la obra, la relativa a la puesta en práctica del ingenio burlador, se observan, a pesar de las realidades diferentes, los siguientes elementos constitutivos.

El primer momento del desarrollo se da con el preparativo de la burla-engaño si no se ha explicitado en la parte inicial (*Paga, Golosos, Libro*). Como ya se ha apuntado, aunque esta suele partir de la propuesta de una persona, nunca se da en solitario y se necesita del concurso de dos o más colaboradores para llevarla a buen puerto. El segundo momento corresponde, pues, a la parte central de la obra, la de la puesta en práctica de la traza que reportará beneficios a los burladores, algunos de los cuales ya huelen el negocio: «dinero hay aquí», clama uno de ellos en *Paga*. Esta depende de cada pieza, y su finalidad oscila entre comer, robar o engañar a algún incauto. En la materialización de los preparativos, cobra especial relevancia el medio más empleado en esta industria: el uso del disfraz. Aparece en siete entremeses, tres para aparentar personajes de alta alcurnia que se introducen en las casas para robar en una tienda (*Sí*) o para robar y, al mismo tiempo, dar escarmiento a una dama malcontenta (*Francés, Regañona*). En *El gigante*, para vencer el cerco al que tiene sometido un padre a su hija (un sacristán enamorado disfrazado de gigante de la villa). En *Rana mujer*, para zafarse de un marido que tiene enclaustrada a su mujer (esposa disfrazada de hombre). En *Paga* para comer sin pagar (de sargento, trasunto del soldado fanfarrón). En *Ranilla* para cobrarse una cena un barbero se disfraza de convidado de piedra, en clara parodia metateatral. Aquí brilla el ingenio de don Jerónimo, especialmente dotado para las parodias, como demuestran sus comedias burlescas *La muerte de Valdovinos* y *Las mocedades del Cid* y tantos lances repartidos por toda su obra.

Junto al disfraz, el otro artilugio usado por los burladores de este grupo es la presentación de un libro con propiedades mágicas o sobrenaturales, que hace creer a un alcalde pueblerino que brotará la comida con su lectura (*Libro*). En cierto modo, el falso boleto para los toros de *La regañona* juega un cometido similar, solo que aquí la estrategia se desbarata al no caer la dama en la trampa urdida por el galán. Pero la agudeza se puede desarrollar también sin necesidad de trajes o papeles mágicos. En *Los golosos* es la astucia de unos hambrientos criados la que consigue solucionar las dificultades a que son sometidos por parte de su amo para desembarazarse de los impedimentos que maniatan sus manos para que no puedan comer la mercancía.

El papel de los cómplices en la ejecución de la burla es en estos casos fundamental. Su entrada en escena simboliza el triunfo del trabajo en equipo, pero sobre todo son necesarios para poder seguir el juego, bien como elementos corroboradores de la mentira urdida (*Rana mujer*), bien oficiando de ejecutores (*Ranilla*), disfrazándose (*Ranilla, Regañona*) o urdiendo alguna estrategia para rematar el engaño (*Paga*).

En ocasiones, antes de la materialización de la burla, se ofrece una pequeña presentación doméstica con la inclusión de alguna escena que ilustre y justifique el timo posterior (*Gigante, Golosos, Ranilla, Regañona, Sí*). Con el mismo objetivo, en otras ocasiones, en paralelo a la acción principal, surge otra secundaria aparentemente desgajada de ella, pero que no lo es tanto porque pone de manifiesto algún defecto del personaje a escarmentar, sirviendo así para completar su retrato (*Gigante, Libro*).

Antes de llegar al desenlace, la burla-engaño puede ser descubierta o no. Este es uno de los momentos álgidos de la obra y buena parte de su comicidad depende de ellos. En los casos en que es descubierta antes sirve para poner de manifiesto algún pecado o descuido que delata al delincuente y desbarata la estrategia, como la barba que se le cae a un burlador mientras huye (*Francés*), un gigante de la villa que, muerto de hambre, empieza a comer (*Gigante*) o un disfraz y su representación poco creíble (*Regañona*). En algunas de esas situaciones, como esta última, el ser descubierto puede provocar que la burla se vuelva en su contra y el burlador pase a ser burlado; pero lo más habitual es el triunfo de esta y que el desenlace sirva para corroborarlo.

Los finales, más que los principios, suelen presentar un desencadenamiento rápido de los hechos, a veces incluso sin transición, y requieren la vuelta de los protagonistas a escena, si no lo estaban. En los entremeses de este tipo se ofrecen varias alternativas según la situación en que quede el sujeto burlado: puede no sospechar el engaño hasta el final y ahí mostrar diferentes actitudes ante la situación desencadenada: rechazo (*Regañona, Paga*), intentos de revertir la estafa (*Libro*) o reaccionar violentamente (*Sí*); puede ser advertido por los propios burladores del engaño y perdonar implícitamente, conformándose con bailar (*Francés*); ser derrotado por las fuerzas que lo combaten (*Gigante, Golosos, Ranilla*); o, lo que es peor, no dar muestras de haber sido engañado y aceptar una realidad distorsionada (*Rana mujer*). En algunos casos la burla no quedará finiquitada hasta que los burladores quedan al descubierto, se quitan el disfraz y muestran su verdadera cara de pícaros (*Francés, Sí, Gigante*). Sospechas de engaño con intención de querer desenmascarar la chanza en el transcurso de la obra, no se ofrecen. Como esta se resuelve al final, es solo ahí donde se puede originar alguna petición de castigo. Lo cual viene a corroborar la credulidad de los burlados.

En los finales la música o las seguidillas son ingrediente sancionador, pues garantizan el triunfo de la diversión por encima de todas las cosas, permiten finiquitar cualquier rastro de violencia y pueden representar una opción para eliminar desenlaces. Solo en cuatro no aparece: en dos para sustituirla por los característicos palos y el escarmiento subsiguiente (*Paga* y *Golosos*), y en otros dos para acabar con algún tipo de enseñanza o moraleja (*Libro, Regañona*). En los ocho restantes del total, una vez reunidos en escena los protagonistas, tres optan por cantar (*Francés, Rana mujer, Ranilla*) y cinco prefieren la fiesta total, cante y baile (*Gigante, Lenguas, Mariona, Sí, Tamborilero*). Los que alientan el baile pueden ser tanto personas burladas como burladores o músicos independientes.

Entremeses de acción y ambiente

Estos tienen un arranque más violento producto de las riñas conyugales. Siendo en la comedia uno de los temas más serios y poco dado a las bromas[82], el entremés, en cambio, lo toma todo a broma. Como la sangre no puede llegar al río, se escenifican violentas escenas domésticas con intercambio de pullas o esposas que claman venganza (*Mariona*) o maridos que persiguen a sus esposas

---

[82] Chauchadis, «Risa y honra conyugal en los entremeses», 1980, p. 165.

para pegarles con la baqueta (*Tamborilero*), de probada vis cómica, que no necesitaban de ningún tipo de presentación.

Al no ser estos entremeses puramente de acción y burlas, en su desarrollo combinan alguna intención de herir al adversario (la dama-esposa) junto a escenas domésticas o judiciales, llegando incluso a representar el pequeño desfile de bailes personificados que tiene secuestrados la protagonista de *La mariona*. También, como en los anteriores, aparecen colaboradores necesarios que pueden aportar bien notas de cordura o sabiduría (el escribano de *Mariona*), o bien dotes de apaciguador ante una tormentosa relación (*Tamborilero*). Como los dos casos presentan maridos infieles, el recurso, cómico, utilizado para los requiebros extraconyugales es el mismo: el de un cómplice soplando palabras al oído a un bobo que no sabe repetirlas. Este es, posiblemente, el momento más cómico de ambas piezas y el que aboca al desenlace.

Los desenlaces no siempre son iguales que los de acción y burlas. En *Mariona*, por ejemplo, el litigio conyugal queda diluido en un baile donde todos danzan al son de un estribillo misógino, muy al uso de la época: «Hoy se ha vengado a su salvo / de amor un hombre de bien. / Albricias hay quien engañe / las mujeres una vez». *El tamborilero* abunda en esos finales antifemeninos: la esposa perdona los coqueteos de su marido, pero este acaba su participación con un «ruego yo a Dios / que presto se muera». Se incide sobre el hecho de la venganza masculina y pasa a un segundo plano la resolución del conflicto, nada se logra saber sobre la continuidad del matrimonio, a pesar de que es ese el argumento de la pieza. Son estos finales donde no queda claro si la acción finaliza, ya que esta podría continuar añadiendo nuevos episodios. El autor opta, en estos casos, por la fórmula del baile para acabar los conflictos con alegría, aunque en el fondo se plantea un difícil equilibrio entre conceptos como castigo y perdón. La música viene a erigirse así en involuntaria protagonista.

Entremés de figuras

Si partimos de la definición de I. Arellano de que «el término *figura* designaba en la literatura jocosa del Siglo de Oro toda una gama de deformidades corporales y extravagancias morales o intelectuales que provocaban la risa o el desprecio»[83], todos, o casi todos los personajes entremesiles, cabrían en esta categoría. Pero ahora no es el momento del catálogo de estos personajes (ver apartado siguiente) sino de definir el subtipo de entremés de figuras, llamado también «revista de figuras», que en esta colección solo tiene una muestra, *Las lenguas*. Representa esta un ejemplo más de engaño-burla, aquí asociado a una

---

[83] 2016, p. 292.

sucesión de entes ridículos, ampliando así el espectro satírico-cómico de la parada. El medio utilizado es un papel mágico que hace creer a quien lo lee que aparecerán bailes famosos. El asunto de los objetos con propiedades mágicas, de origen folclórico, siempre ha dado mucho rédito a la cuentística tradicional, y en el entremés tampoco escapó de esta influencia.

El desarrollo de la pieza viene determinado por el desfile de entes grotescos, a modo de adición de historias independientes con el único objetivo de poner en solfa algún vicio o tópico de cada uno de los estereotipos que van entrando y saliendo a escena (moros, negros, gallegas, franceses, amoladores, silleros, estudiantes…), mascullando su idioma propio. Aquí la sucesión de personajes marca la progresión dramática cronológica, que tiene como interés adicional saber al final quién ha resultado vencedor. Es esta una fórmula de éxito y de larga tradición entre los entremesistas y la que más muestra su dependencia carnavalesca.

El final toma forma de veredicto por parte del alcalde-bobo engañado. Es la consecuencia lógica de la marcha. Aquí, a diferencia de las otras piezas, la intriga se mantiene a lo largo de toda la obra, pues la resolución no se ofrece sino en los últimos versos.

b) «¡Ay que se ha vuelto loco!»: las máscaras de Cáncer

Recuerda el epígrafe el primer verso de *El tamborilero* porque es indicador de tres importantes procedimientos característicos de la máquina burlesca: los principios metidos en el conflicto, la fórmula de acción y el carácter entre grotesco y caricaturesco de las máscaras, siempre de trazos rápidos. Centrémonos ahora en estas últimas, la primera fuente de comicidad. Sus antecedentes son heterogéneos, aunque en el siglo XVII, son deudoras, en gran parte, de la tradición literaria de la comedia y, quizás, de dos manifestaciones nada literarias: el espectáculo carnavalesco[84] y las celebraciones del Corpus[85]. De la primera de ellas

---

[84] Asunto este ampliamente tratado por la crítica, desde los ya clásicos *El carnaval* de Caro Baroja (1979) y el monográfico sobre el entremés de Eugenio Asensio (1971, especialmente, pp. 15-23, para quien «en la atmósfera del Carnaval tiene su hogar el alma del entremés originario», p. 20), hasta aportaciones más recientes como las de Huerta Calvo en su monográfico sobre *Teatro y carnaval* (1999c), en *Formas carnavalescas en el arte y la literatura* (1989), quien considera el carnaval como el microcosmos de esta cultura (1982, p. 151), o en «*Stultifera et festiva navis* (De bufones, locos y bobos en el entremés del Siglo de Oro)» (1986); Catalina Buezo en *Prácticas festivas en el teatro breve del siglo XVII* (2004), en *Entremés y tiempo de carnaval* (2003) o en *La mojiganga dramática* (1993); o Luis Estepa, *Teatro breve y de Carnaval en el Madrid de los siglos XVII y XVIII* (1994), entre otros. Sobre su relación con otros modelos o géneros colindantes, ver Huerta Calvo, «Para una poética de la representación en el siglo de oro; función de las piezas menores» (1980).

[85] Sobre el teatro breve cómico y la celebración del Corpus, se puede consultar «El entremés y la fiesta del *Corpus*» de A. de la Granja (1988).

se toma el desfile de personajes como uno de sus recursos distintivos, los tipos sociales, estereotipos o máscaras, los característicos matapecados y el mundo al revés como principio generador de la acción; de la segunda, su relación con una fiesta que tiene alrededor mucho de espectáculo (*El gigante* incide sobre ello) y con algunos de sus personajes representativos como el sacristán.

Una primera peculiaridad corresponde a la lectura de las denominaciones de los elencos iniciales y al número de personajes por pieza. A simple vista ya se observa que Cáncer se muestra cómodo incluyendo un buen número de ellos sobre las tablas[86]. El hecho es relativamente fácil de explicar, pues la economía de la técnica fomentaba esta frecuencia. Donde más se visibiliza su presencia es, lógicamente, en el cierre de la obra, a veces provocando incluso cierto desbarajuste por la ocupación del espacio de un número inexacto, como sucede con los corales «todos», «cantan» o «músicos». La fórmula de los desfiles, tan característica del entremés de figuras, y de resultados tan vistosos en escena, es otra muestra de estos finales sobrecargados.

El análisis del género en los tipos presentados demuestra que el autor sigue la moda imperante en la época. A pesar de que la mujer tiende a ser generadora de tramas (cinco casos), y que sus segundos papeles no son nada secundarios, su presencia en las obritas es inferior a la de los hombres, no por ello decrece su importancia: no hay entremés sin mujer[87]. Si en la comedia su aparición podía ser importante, aquí se multiplica, sobre todo gracias a su ingenio más que a su capacidad amorosa. El caso prototípico sería *El libro* donde dos espabiladas amigas se las ingenian para estafar a un alcalde. Casi nunca acepta una posición pasiva, sino que le gusta llevar las riendas de la trama en beneficio propio. En sus enfrentamientos con los hombres, estos casi siempre tienen las de perder. Es como si se invirtieran los roles de la vida cotidiana o de algunos dramas del teatro de los trágicos.

Los nombres de los personajes pueden ser también un recurso cómico, aunque en este corpus sobresalen las designaciones genéricas o de tipos tradicionales frente a la onomástica. Estos aparecen muy pocas veces asociados con algún indicador social o arquetípico del género (*Clara, graciosa; Cosme, gracioso; Burguillos, sacristán*). Lo más habitual es que acompañe al nombre alguna identificación de su oficio (*un pintor, un barbero, un herrador, un escribano, un alcaide de la cárcel, uno que adoba sillas…*), del grado de parentesco o relación con algún otro (*la mujer de Rana, una hermana del barbero, un vecino*), de un arquetipo (*vejete,*

---

[86] Unos siete de media sobre un total de 81 figuras documentadas en los doce entremeses, tanto principales como secundarias o de relleno, con nombre o anónimas (vejete, gracioso, vecino, barbero, hombres, mujeres…). En este último caso, no se han tenido en cuenta las repeticiones.

[87] «auténtica *Dea ex machina* del género entremesil» (Huerta Calvo, 2001, p. 95).

gracioso, alcalde, escribano, estudiante, negro, ladrones...), de genéricos (*hombre, mujer, novio, mozos, presos*) o de alguna máscara, como las de Juan Rana o Juan Ranilla. Toda una galería de tipos que, aunque limitados, son bien representativos del género y de variados y reconocibles sectores de la sociedad.

Frente a ellos, la onomástica burlesca como recurso cómico e incluso ridiculizante. En el teatro cómico breve es habitual asociar el nombre propio de los personajes a alguna cualidad risible o connotativa como un motivo más de la capacidad degradatoria del género[88], aunque Cáncer no abusa de esta convención. No obstante, se podría citar a Chamorro (sin barba ni pelo), Palomino-Palomeque (animalización, excrementos), Mortero (cosificación), Clara (parte de un huevo), Mariona (nombre de baile), Casilda (encerrada siempre en su casa), Maridura-Mariblanda, Tomasa-Quiteria o Carpeta. También los hay que no son reveladores de personalidades, aunque sí de cierta tradición literaria como los rústicos Gil y Blas, Lorenzo (simple tradicional) o Perico (tracista). La carga semántica de los nombres puede ser utilizada incluso como chiste, como cuando Palomino dice que va a buscar comida en un vuelo (*Francés*); o como efecto sonoro en las rimas: «¡Quitaos, Carpeta, / le esconderé en la sien esta baqueta!» (*Tamborilero*, vv. 3-4). Presentar al gracioso de *El sí* como el barón de Grandi con ínfulas nobiliarias cuando el espectador ya sabe que todo es mentira, predisponía a la risa. El gracejo también puede persistir en la supuesta etimología de los nombres o apelativos:

> Y si alguno me coge en ratonera,
> duro tanto en negar que desespera
> el que el delito averiguar procura.
> Y por eso me llaman Maridura.
> (*Libro*, vv. 55-58)

Caso curioso es el de una práctica de algunos impresores de la época que tenían la costumbre de sustituir el nombre del personaje por el del actor que lo interpretaba, cuando este era famoso. Tal es el caso del conocido Antonio Escamilla interpretando al atribulado don Blas de *Regañona*.

Pero los nombres propios ceden ante el empuje de los genéricos, especialmente en cuanto al género masculino, mucho más que al femenino. En este elenco fijo prototípico destaca sobremanera la figura del alcalde y, en cuanto a emparejamientos, la de hombre-mujer, posiblemente las más histriónicas del retablo. En un segundo escalón, también surgen con fuerza los vejetes y graciosos,

---

[88] «El nombre del personaje en la obra corta constituye en muchas ocasiones la acotación más taquigráfica para su caracterización» (Rodríguez-Tordera, 1983, p. 111).

por un lado; y las asociaciones que de estos pueden resultar: alcalde-escribano y vejete-criado. Son este reducido grupo de tipos tradicionales[89], representantes todos de un estrato social humilde o bajo, los más característicos de los intermedios cómicos que analizamos.

De todos ellos destaca quizás uno en especial, probablemente el más prototípico de cuantos se podían presentar: el gracioso o simple, evolución o heredero directo del bufón medieval[90] y, quizás, del *arlecchino* de la *Commedia dell'Arte* italiana[91] y sustrato de otros tantos tipos. Su presencia en escena era una de las más queridas por el público del corral porque representaba como ninguno lo más esperado por el espectáculo, la diversión. Aparece hasta en diez ocasiones enfundado bajo tres máscaras diferentes que toman su referente de la Comedia. En todas ellas puede considerarse parodia de sus iguales más o menos serios: el alcalde pueblerino bobo y analfabeto, el criado ingenuo y el cómplice ingenioso que ayuda al amigo a realizar sus deseos a costa de su degradación física. Su rasgo más sobresaliente es la candidez o simpleza, peculiaridad que advierten al momento sus compañeros de reparto y que aprovechan para sacar tajada en sus trazas.

En seis ocasiones se enfunda el traje de alcalde, dos de ellas bajo la máscara de Juan Rana, en su papel habitual de bobo. Lo ridículo de este tipo social no era potestativo del género, ya era lugar común en la literatura y el patrimonio folclórico donde, como recuerda Gonzalo Correas («Vete a lugar ruin, hacerte han alcalde o alguacil»), se invita a desconfiar de ellos. Continúa en el siglo XVIII con los sainetes de Ramón de la Cruz y llega incluso hasta el cine costumbrista español de mediados del siglo XX donde películas como *Aquí hay petróleo* (Rafael J. Salvia, 1956) u otras retratan a alcaldes pueblerinos risibles, poco menos que paletos dominados por consejeros más avispados o instruidos.

Los alcaldes villanescos constituyen todo un subgénero dentro del teatro breve, y en sí mismos ya son parodia porque el público los relacionaba con los serios de la Comedia (Pedro Crespo). Son abundantísimas las piezas a ellos dedicadas desde que posiblemente Cervantes marcara sus tipos en *La elección*

---

[89] «Sujetos ridículos y estrafalarios» (Asensio, 1971, p. 80).

[90] Ver Luciano García Lorenzo (ed.), *La construcción de un personaje: el gracioso* (2005); y Mª Luisa Lobato, «Ensayo de una bibliografía anotada del gracioso en el teatro español del Siglo de Oro» (*Criticón*, 1994) o el mencionado de Huerta Calvo sobre «bufones, locos y bobos en el entremés del Siglo de Oro» (1986).

[91] También estudiado por E. Asensio en su monografía ya citada (pp. 20, 166-167); Huerta Calvo en *El nuevo mundo de la risa*, donde establecía un interesante paralelismo entre el entremés y la *Commedia dell'Arte* (1995, pp. 125-134); Evangelina Rodríguez en su capítulo «La saga de Arlequín: graciosos, máscaras y matachines», de su monografía *La técnica del actor español en el Barroco*, pp. 109-120.

de los alcaldes de Daganzo, por lo que sus atributos ya estaban perfectamente perfilados. No obstante, en esta selección, además de por su simpleza, analfabetismo y por su justicia arbitraria, potestativo de la máscara y que tanto hacía las delicias del público, se caracterizan también por algunas taras morales que los hacían más risibles: por adúlteros y estar enamorados de una presa (*Mariona*), por ser en exceso bonachones y confiados (*Lenguas*), por glotones (*Libro*), por maridos burlados o travestidos (*Rana mujer*) o por sus complejos de inferioridad y hostilidad con otros alcaldes vecinos (*Ranilla*). Aunque las prevaricaciones lingüísticas son una marca de su forma de hablar, en *Mariona* se recurre al colaborador oculto que le va dictando las palabras ante su pretendida, confundiéndolas continuamente. Aquí, fruto de su ignorancia, a su natural discapacidad oratoria, herencia de sus antepasados literarios[92], añade la confusión de hacer de poeta ridículo:

Escribano	Decilde como yo os fuere diciendo: mi amor…
Alcalde	Mi humor.
Mariona	¿Qué es eso que no entiendo?
Escribano	No me miréis con ojos engañosos.
Alcalde	No me miréis con ojos legañosos.
Escribano	¿Qué decís?
Alcalde	¿Qué decís?
Mariona	Locura estraña.
Escribano	Tigre de Hircania.
Alcalde	Títere de Ocaña.
Escribano	Anajarte preciada de tirana.
Alcalde	Ana Juárez, pescado de Triana.

(vv. 103-110)

Entre los cometidos inherentes a su cargo están los de ejercer su poder como alcalde villanesco, ofreciendo sentencias absurdas o encarcelando arbitrariamente (*Ranilla, Libro*), organizar las fiestas de su pueblo (*Lenguas*), velar por el orden público (*Libro*) o su incapacidad para impartir justicia (*Mariona*). En cambio, en *Rana mujer* queda recluido al ámbito doméstico y no ejerce de su ocupación. Pero no solo de cometidos se vale esta figura; su calado cómico procedía sobre todo del catálogo de habilidades que era capaz de desarrollar cada

---

[92] Bergman, 1965, p. 131.

vez que subía al escenario: cantar, bailar o zapatear, requebrar ridículamente, insultar, hablar mal, discutir, mostrarse candoroso al mismo tiempo que violento… como en este ejemplo de *El libro*, donde emplea su atributo principal como regidor, la vara, como arma arrojadiza: «Fuile a dar con la vara, él se atraviesa / y tírame una pesa. / Vuélvosela a tirar lleno de enojo, / y aciértole en un ojo (vv. 103-106). Veamos, ahora, una de esas sentencias absurdas o 'alcaldadas', fruto de su ignorancia, como esta, tan representativa de su saber salomónico:

> Eso bien fácil es de sentenciallo.
> Mando, pues de otra cosa no hay remedio,
> que asierren a este hombre por en medio.
> Y la mitad de la cintura arriba,
> que con el sastre este se le aperciba,
> pues con lo que le he dado,
> lleva para coser todo recado.
> Y con el aguador, que es más trabajo,
> mando que esté de la cintura abajo,
> que esta parte le aplico
> para que pueda andar con el borrico.
> (*Mariona*, vv. 62-72)

De estos alcaldes destaca una máscara muy famosa de gran fuerza cómica, la de Juan Rana, alias del cómico Cosme Pérez, para el que se escribieron más de cuarenta piezas, el «monarca de la graciosidad»[93], el bufón por antonomasia[94], «el gracioso de mayor fama del teatro áureo español»[95]. Cáncer y Velasco fue, junto a Quiñones de Benavente, el que más divulgó esta máscara con, al menos, siete piezas[96], dos de las cuales se editan ahora. Los dos vicios que se retratan en estas son bien opuestos y demuestran que las caretas de Rana eran múltiples. En *Ranilla*, de ambiente típico pueblerino, se describe el complejo de inferioridad y de rencillas entre los dos regidores rivales de la villa, en la estela de la animosidad entre alcaldes que inmortalizó Cervantes en el citado entremés; y en *Rana mujer* se saca a relucir una faceta menos agresiva, pero más grotesca, si cabe, la

---

[93] Asensio, 1971, p. 169. Abundantísima es la bibliografía que ha ido apareciendo durante estos últimos años tras el inicial estudio de Cotarelo y Mori (1911, pp. CLVII-CLXIII); Tíscar Martínez (1987), Serralta (1990, 1994), Lobato (1998 y 2003), Huerta Calvo (1999b), de la Granja (2001), Sáez Raposo, (2003, 2004 y 2005), Yolanda Pallín (2008), Thompson (2009), etc.

[94] Huerta Calvo, 1999a, p. 40.

[95] Lobato, 2003, p. 161.

[96] Ver Sáez Raposo, 2005, pp. 65-71 y la entrada del *Diccionario filológico de literatura española. Siglo XVII* (2010). Nueve piezas para Quiñones de Benavente, según Bergman (1965, p. 133).

del travestismo[97]. Esta última desplegada con todas sus consecuencias, ya que el personaje central termina convenciéndose de que es mujer y se pregunta por cuestiones propias femeninas como novios, partos, coser, cocinar… Frédéric Serralta no duda, y considera que este es uno de los síntomas de la homosexualidad del personaje[98].

Aunque la máscara del alcalde goza de entidad propia, esta queda aún más completa si, como al famoso hidalgo manchego, se la hace acompañar de otra figura que subraye mejor su prototipo. Es este un recurso que se empleaba frecuentemente en los entremeses, quizás como herencia de la pareja de *zanni* de la *Commedia dell'Arte*, posible sustrato del género. Las parejas de opuestos, al modo de los payasos modernos o de cómicos como Laurel y Hardy, uno listo y otro tonto, no solo resaltaban al otro sino, sobre todo, poseían indudable fuerza cómica. En nuestro caso, el fiel escudero del alcalde es el escribano[99]. Connotado negativamente este por la paremiología («Escribano y difunto todo es uno», Correas) o la literatura[100], en el presente repertorio se opone a ese encasillamiento, introduciendo siempre una nota de cordura ante tanto desaguisado. Nunca se presenta aislado, y su inclusión viene determinada porque es el contrapunto del alcalde bobo, pero no por ello carece de entidad propia o se convierte en un personaje de relleno. A diferencia de su superior, su pertenencia al mundo de la justicia no es arbitraria, sus estudios, cultura y trayectoria profesional lo hacen acreedor de un papel más decoroso. De toda la nómina de tipos del entremés cancerista es de los pocos serios no ridículos, siendo capaz de poner una nota de orden, juicio o sensatez en las incompetencias del alcalde. En su rol de acompañante, asume dos funciones principalmente: como oficial de justicia, intermediario entre el Tribunal y la población[101], ejerce de brazo ejecutor (manda encarcelar, lee sentencias, ejecuta lo ordenado) y como consejero del alcalde, asesora o intermedia hasta en asuntos domésticos. Como es una persona sensata, que ve el mundo con los ojos del espectador, es capaz de distinguir los

---

[97] En el apartado «Elementos de la representación» se trata el asunto y se ofrece bibliografía al respecto.

[98] 1990, p. 85.

[99] Para una aproximación a su figura, se pueden consultar los estudios de Miguel A. Extremera sobre los escribanos en *El notariado en la España Moderna* (2009) o, más en general, el de Carlos J. Riquelme, en *La administración de Justicia en el Siglo de Oro. La obra de Francisco de Quevedo y Villegas* (2003). Para su relación con el folclore, el capítulo «Jueces y escribanos», en *Tipos cómicos y folklore*, de M. Chevalier (1982).

[100] El caso más conocido es el de Quevedo, pero hay otros muchos testimonios de esta aversión popular tal como recoge Riquelme Jiménez en «Los escribanos y los relatores», pp. 416-437; y, sobre Quevedo en particular, en «De su crítica a los escribanos y relatores», pp. 673-692, ambos, capítulos de su libro *La administración de Justicia en el Siglo de Oro*.

[101] Riquelme Jiménez, 2004, p. 420.

despropósitos de su jefe y de recriminar sus acciones (*tontazo, majadero, que os lleven treinta diablos y aún es poco...*), de apaciguar alborotos del alcalde con su mujer, pero al mismo tiempo también de prestarse a los requiebros de este para con una presa, haciendo gala de su mayor cultura. Es el viejo recurso del amante oculto que susurra al oído aquello que su confidente va confundiendo. Su papel en esta última obra, *La mariona*, resulta imprescindible.

Existe otra figura de apoyo que tampoco se presenta aislada y que no tiene valor por sí misma sino por su relación también con un alcalde o su esposa. Se trata del barbero, quien, a diferencia del escribano, nunca interviene por razón de su oficio. En estos entremeses aparece siempre en los primeros versos asociado con algún compinche como cómplice en las burlas que se desarrollarán a continuación, a veces echando mano de los disfraces para conseguir sus propósitos. Aparentemente serio, en *Rana mujer* su implicación es tal que llega a ofrecer su mano al atribulado marido travestido de Casilda; en *Ranilla* asume un rol importante que nos recuerda al criado agudo de la Comedia. De su ingenio, y en unión con el escribano, surge la estratagema para acabar con el alcalde rival de Ranilla: se hace pasar por amigo suyo para, posteriormente, acusarlo de haberlo matado y acudir a la cena pendiente como convidado de piedra, en una divertida parodia de *El burlador de Sevilla*.

Pero, continuando con el papel del gracioso, una de las parejas de mayor interés y largo recorrido en el género, es la representada por el vejete y su criado o criados, uno de los engranajes más atractivos de este tipo de obras: «el papel principal del entremés siempre tocaba al gracioso de la compañía», mientras que el segundo papel recaía en el vejete[102]. Mucho se ha escrito sobre ellos porque son personajes que dan mucho juego en escena[103]. La asociación de estas dos figuras viene determinada porque reproduce las estructuras de poder dominantes que se ponen en tela de juicio.

La diversión con esta pareja estaba asegurada: maltrato, insultos, vejaciones, persecuciones, aporreamientos...; es decir, aquello que más se esperaba de un entremés pleno de acción. La situación que invariablemente se repite es la de un vejete irritable y malcontento con su criado por la incompetencia de este quien hace mal todo lo encomendado («todo cuanto te dije lo has errado», *Paga*). En los tres entremeses en los que se emparejan, el vejete se presenta como una figura de autoridad, de carácter enérgico, nada decrépito, muy lejos de otras caracterizaciones donde aparecía burlado o vencido a causa de su propia edad, como sus

---

[102] Bergman, 1965, p. 137.

[103] Quizás uno de los trabajos más completos sea el capítulo «Relaciones de servicio en los entremeses del Siglo de Oro», de Fernández Oblanca, en su monografía sobre *Literatura y sociedad en los entremeses del siglo XVII*, pp. 79-175.

habituales maridos o padres celosos (*El viejo celoso* cervantino), cornudos o engañados o pretendientes ridículos; por tanto, lejos de la burla erótica. Aquí representa el papel de «hombre viejo, rico y con criados» (*Golosos*), que defiende con ahínco su negocio (mesones en *Paga* y *Golosos*) o su casa ante posibles engañifas o trampas, en la línea del avaricioso *Pantalone* de la *Commedia dell'Arte*. En ese sentido se presenta como una persona acomodada, desahogada económicamente y muy celosa de su propiedad. Por su experiencia, suele ser muy vivaracho, circunstancia que le hace advertir enseguida posibles engaños a los que puede ser sometido, él o algún amigo suyo, lo cual le puede acarrear condena al final en forma de varapalos por su codicia. En el entremés donde no actúa como pareja de un criado asume el papel de padre casamentero (*Rana mujer*). Tampoco aquí es ridículo por cuanto forma parte del grupo de burladores que hacen creer a Juan Rana que es mujer. En el despropósito desempeña el papel de árbitro ante dos pretendientes que piden la mano de su ficticio hijo travestido.

El criado, en cambio, es la parte débil e inocente de la pareja. La servidumbre siempre ha sido un colectivo que ha dado muchas posibilidades y satisfacciones a la historia de la literatura (recordemos la picaresca); pero en este corpus, y como personaje folclórico, los precedentes literarios más inmediatos hay que situarlos entre los pioneros del teatro castellano (Encina, Vicente, Naharro)[104] y en los primeros pasos (Rueda). En esta dirección, en Cáncer los criados que hacen de graciosos son pícaros inocentones incapaces de llegar a las cotas de agudeza de los criados de las comedias. Son protagonistas en dos entremeses de mesones y en uno de ladrones (*Paga*, *Francés* y *Sí*, respectivamente), siempre vinculándose a un vejete, bien como recadero, bien como mozo de mesón o como burlado por dos ladrones que lo disfrazan para robar en una tienda. Por su inocencia, inteligencia inferior o indefensión suelen resultar cercanos al espectador. La figura sirve, al mismo tiempo, para poner de relieve la agudeza y el abuso de sus burladores, por lo que siempre están al borde de los palos o el escarnio.

Como criado no gracioso suele desarrollar cotas de inteligencia superior, lo cual aprovechará para hacerse paso en la vida. Es en estos casos donde más se parece a los criados de la Comedia. En *Los golosos* asumen el papel de estudiantes tracistas y consiguen burlar con éxito a su dueño, al que terminan aporreando; en *El francés* es el hábil urdidor de la estrategia (la de la falsa identidad) para que un galán pueda vengarse de su dama malcontenta, incluso al final llega a quejarse del poco premio recibido por sus servicios.

El último de los emparejamientos es el que atañe a la asociación entre hombres y mujeres, bajo sus diferentes relaciones. Aquí, la guerra de sexos está

---

[104] Evolución magistralmente trazada por E. Asensio (1965, pp. 36-39 y 52-58) y retomada, entre otros, por Fernández Oblanca (2004, pp. 102-103) y Huerta Calvo (1986, p. 702).

servida, y el entretenimiento y la bulla también. En estos supuestos, la figura principal es la femenina, en torno a la cual suele girar el argumento; su asociación con un oponente masculino es asunto principal en seis piezas. En tres, bajo el formato dama-galán y en otras tantas como marido-mujer. En todos siempre sale a relucir algún conocido estereotipo. En el primero de ellos, se adivinan relaciones difíciles, casi imposibles de mantener por algún tipo de impedimento. En *Francés* y en *Regañona* lo es por el mal carácter de una mujer solo interesada en los bienes materiales y en el beneficio que pueda extraer de su pareja: mujer codiciosa, caprichosa, pedidora, sin curiosidad amatoria, gesto que sí es común en los atribulados caballeros enamorados y sufridores por ello, muy en la línea de la tradición literaria misógina y de su arquetipo entremesil. *La regañona*, cuyo título ya es definitorio, presenta muy bien esta actitud: «A los hombres, amigas, engañallos, / mentillos, no querellos, maltratallos, / y al fin para tenellos, no tenellos». Este afán material, suele pasarles factura pasando entonces a convertirse en burladoras burladas; no obstante, su actitud podría tener cierta justificación por la época tan difícil que les tocó vivir, lo cual daba pie a esos intentos desesperados por ser reconocidas a pesar de sus peculiares reclamaciones.

Atrapados en un conflicto que no saben cómo resolver, los galanes no hacen más que quejarse y maldecir a sus damas, pero su actitud es, contrariamente, pasiva. Débiles de carácter, son incapaces de afrontar la situación, por lo que terminan solicitando la ayuda de algún amigo bien para vengarse (*Francés*), bien para salir del atolladero ante una pedigüeña (*Regañona*); e, incluso, ya en clave misógina, para consentir la petición de palos de algún apasionado colaborador ante tan taimadas personas: «Vuélvela a dar y sea con un palo, / que es la mujer como la encina, bruta» (*Francés*, vv. 6-7)[105].

El gigante, en cambio, pertenece a otra modalidad, aunque también presente a mujeres activas, decididas, y a galanes afligidos; reproduce a lo cómico un caso de honor bien conocido por los espectadores de la Comedia: el de un padre que guarda celosamente a su hija y la hace esconder en el tejado ante la presencia masculina (trasunto de *El alcalde de Zalamea*). Las urgencias amorosas y la rebeldía son muy típicas de jóvenes de dieciocho años como en este caso, prestas a escapar de la vigilancia de sus padres, al revés del teatro serio: «sácanos de aqueste viejo», le requiere a su compañero de fuga.

Dentro de estas relaciones inarmónicas de parejas, los matrimonios tampoco quedan bien parados. Bien es cierto que aquí Cáncer recoge toda una tradición folclórico-literaria de riñas y peleas entre casados tan del gusto de nuestra

---

[105] Recuerda al respecto M. Chevalier el cuentecillo de *La fiera domada*, que se recoge en *El conde Lucanor*: «[...] Callad, que el asno y la mujer, a palos se han de vencer [...]», entre otros ejemplos (1982, p. 72).

literatura (*Las aceitunas*, de Rueda, por ejemplo, entre otros muchísimos). Las damas, en estos casos, representan también un papel activo, aunque ahora no buscan burlar a nadie, sino que vienen a reflejar a personas descontentas fruto de matrimonios agotados, bien porque sus maridos no les dejan salir a la calle, porque están hartas del ruido de un tambor o porque simplemente ya desapareció el amor en la pareja. Los hombres aquí asumen un rol más activo que en el caso de los galanes, y estos no se conducen por bienes materiales sino en un caso por temas de honor y en los otros dos por impulsos eróticos. La infidelidad en estas piezas no partirá, pues, de la mujer sino del marido. Este, como alternativa al hastío conyugal o a una convivencia muy deteriorada, busca una salida en forma de aventura que lo redima de los malos momentos que pasa en el hogar. Fruto de estas decisiones, la situación se complica con la formación de un triángulo nunca aceptado por la esposa: «¿Ahora enamorado / después de veinte años de casado», le espeta la mujer a su marido en *La mariona*. El adulterio, en ambas direcciones, es uno de los temas más inspiradores del género, quizá debido a la responsabilidad de la mujer, a pesar de su inteligencia, tal como presupone el refranero, los cuentecillos populares o el folclore[106].

En *Rana mujer* se retoma el mismo asunto de *El gigante*, el de padre o marido represor que obliga a la mujer a romper las cadenas de su encierro doméstico y a ingeniárselas para salir triunfadora. Pero estas son excepciones. A juzgar por lo leído, la mujer emparejada en el teatro de Cáncer, a la estela de otros escritores contemporáneos y de la propia sátira misógina, es retratada negativamente y suele quedar derrotada ante el empuje masculino, solo en algún caso su ingenio le hace triunfar ante tanta adversidad (*Rana mujer*).

Fuera del ámbito de la pareja, la mujer sí que adquiere un papel predominante, muestra su superioridad ante el hombre, puede incluso burlarse de él y apostar por su perfil más inteligente, como demuestran las dos amigas rapantes de *El libro*, vendiendo un libro mágico de comidas a un alcalde bobo. Pertenecen estas al grupo de mujeres independientes e ingeniosas que son capaces de triunfar sobre los hombres con todas sus consecuencias, tipo entremesil el más característico en los entremeses de Quiñones de Benavente[107] y otros.

Estos son los tipos principales que aparecen en nuestro corpus. Quedan todavía una galería de personajes secundarios que, o bien son figuras de apoyo más o menos anecdóticas (presos, alguaciles, almonederos, herradores, amigos y amigas de personajes principales…) o bien forman parte de algún desfile, como

---

[106] Sobre la inteligencia en la mujer, Chevalier, 1982, p. 58. Bajo el epígrafe de «guerrilla conyugal», el hispanista francés recoge numerosos cuentecillos en el mismo estudio, pp. 54-64.

[107] Bergman, 1965, p. 153.

en *Las lenguas*, o los cazadores y monaguillos que lo hacen como pretendientes en *Rana mujer*; todos representaciones de algún tópico o algún vicio risible.

Por último, aglutinados bajo el concepto músicos, sin precisar el número, se aprecia una forma más de divertimento. La aparición de estos se inscribe en esa especie de revista musical en que se convertían los finales donde todas, o casi todas las figuras, al son de algunos instrumentos, canciones o de alguna coreografía básica, salían a corroborar una de las características básicas de estas piezas, el movimiento. Aunque este colectivo tenía poca incidencia en la acción dramática, las redondillas finales en las que se incluían solían aprovecharse para plantear alguna moraleja, enlazando así palabra, música y baile.

c) «¿Qué lengua es esta, hermana?»: la parodia lingüística

A la parodia de personajes, argumentos o situaciones desgranados en páginas anteriores, se pueden agregar ahora los elementos lingüísticos: la palabra, también, al servicio del juego ocurrente. Pero no es esta una palabra cualquiera, sino la representante de la «bajeza de estilo» con que Lope de Vega enmarcaba los entremeses en un pasaje muy conocido de su *Arte nuevo de hacer comedias* (vv. 72-76), al ser estos acción de gente plebeya, «porque entremés de rey jamás se ha visto» (v. 73)[108]. Lo cual habría de situarlos en los márgenes de la preceptiva dramática, muy lejos de la comedia o de cualquier otra práctica escénica erudita, y los fijaba como lo que eran, un género menor, a pesar de contar entre sus creadores a ilustres plumas como las de Cervantes, Quevedo, Calderón o Moreto.

Así, pues, la gente plebeya y su lenguaje avulgarado, popular, incorrecto a veces, bronco, o sus registros particulares, como línea divisoria del género, en consonancia con su procedencia social. También lo era el lenguaje visual, pero es la palabra (recordemos que todas las acciones son dialogadas) el vehículo que más hace penetrar en la idiosincrasia de los individuos, de la misma manera que lo conseguía el traje. Este es el caso, por ejemplo, de los alcaldes villanos, unos auténticos paletos que no saben hablar. Algunos utilizan un sociolecto posiblemente derivado del sayagués rústico con continuas deformaciones del idioma, lo cual les sitúa en un plano de inferioridad lingüística respecto a otros compañeros de escena e incluso del propio espectador[109]. Aunque esta característica es privativa de este colectivo, también los hay que cuidan más su dicción, como los de

---

[108] Afirmación harto discutible como ya demostrara A. Madroñal en su artículo «"Entremés de rey jamás se ha visto": sobre la figura real en el teatro breve del Siglo de Oro», 2006.

[109] Según Madroñal, esta es una herencia del teatro antiguo castellano del siglo XVI (2004, p. 74).

Las lenguas y *El libro*, de cuyas palabras no podríamos deducir su rusticidad; en cambio el de *Mariona* sí es representativo del prototipo rústico. Algunas de sus peculiaridades son: asimilación en infinitivos (*matallo, sentenciallo*), metátesis (*soltaldos*), formas verbales anticuadas (*érades*), confusión r/l (*habrar, sopradme*), confusión vocalismo átono (o/u: *estodiado, josticia, mojer*; i/e: *cairéis, mimoria*); pero también son capaces de alguna agudeza o de provocar algún juego de palabras, a partir del refranero popular: «¿Qué queréis caga, mujer, si en todo lo cago dicen que no cago nada?». Otras peculiaridades más o menos risibles son el uso de los diminutivos o el hecho de las prevaricaciones continuas al no saber repetir lo sugerido por el escribano en el requiebro a una dama (*Mariona*), sin duda por su primitivismo o falta de cultura.

Un caso particular de esquizofrenia lingüística es el de Juan Rana en su papel de alcalde, por su capacidad de maltratar la lengua. Uno de los pilares de la comicidad de esta máscara se basaba en su aspecto, su sola presencia en escena ya provocaba hilaridad[110]; pero su peculiar forma de hablar[111], empezando por su propio nombre, ya de por sí peyorativo, era otra baza a su favor. En estos entremeses presenta dos caras diferentes. En *Rana mujer* y en *Ranilla* puede ser todo lo bufón o bobo posible, pero su pronunciación no la somete a distorsiones cuando se dirige al resto de compañeros del reparto, detalle este que, según Bergman, correspondía al albedrío del actor[112]; pero cuando pasa a ser Juan Ranilla saca a relucir todo el arsenal de deformaciones lingüísticas que tanto le caracterizaron, a él y, en general, a su máscara, típicas de su pronunciación rústica[113]: asimilación de infinitivos (*decilla*), formas pronominales anticuadas (*vueso*), supresión de la 'y' final de la primera persona (*estó, ¿no sos barbero?*), confusión vocalismo átono (e/i: *habelidad, deminotivo, afenidad*), confusión o/u (*u el Juan Ranilla, u dar al verdugo*), reducción grupos cultos (*efeto*), metátesis (*haceldo*) o construcción de conglomerados cómicos (*estaño = este año*).

Al margen del alcalde y de su peculiar dicción, otros entremeses también plantean hablas dialectales, jergas o idiomas perfectamente reconocibles con la misma intencionalidad paródica. Y es que el género era terreno abonado para la introducción de diferentes registros idiomáticos, a diferencia de la Comedia[114].

---

[110] Cotarelo, 1911, p. CLXI. En el apartado «Elementos de la representación» se comenta su famoso retrato custodiado en la RAE.

[111] Madroñal, 2004, p. 81.

[112] 1965, p. 97. También hizo de alcalde rústico en la comedia de Lope de Vega *Lo que ha de ser* y tampoco hablaba en sayagués (Lobato, 2003, p. 162), aunque en otras muchas piezas sí lo hizo.

[113] Fenómeno estudiado por A. Madroñal en «La lengua de Juan Rana y los recursos lingüísticos del gracioso en el entremés», 2004, pp. 73-100.

[114] El «lenguaje polifónico del teatro breve» según Huerta Calvo (1999, pp. 41-44).

ESTUDIO PRELIMINAR 53

Y aquí surge una de las habilidades de Cáncer, la de los discursos ridículos: *El portugués, La fregona, Los gitanos, Los galeotes, El negro hablador, Los poetas locos, Lo putos, El sordo y Periquillo el de Madrid*... dan buena muestra de esta habilidad para el manejo del habla vulgar y/o disparatada. En *El francés*, por ejemplo, la mezcla es tal que no se puede reconocer idioma alguno: «Ricadea e mulo de trifalte longitudo» ('¿ha caído de una mula?') o «Ducatilin milesimo redate» ('¿tiene renta de mil ducados?')[115], incluso para sus interlocutores: «¿Qué lengua es esta, hermana?», interpela una desconcertada dama. En teoría debería estar expresándose en francés, el idioma del gracioso disfrazado, pero en la práctica este se deriva hacia una jerga macarrónica[116] o hacia una sarta de disparates. Esta neolengua era objeto de gran regocijo en el público porque, seguramente, junto a la prevaricación lingüística, los juegos de palabras o los propios gestos de los actores, se añadía la misma ignorancia de sus atribulados interlocutores en las tablas:

GRACIOSO.	*No me casamente, sun soletado.*
CLARA.	¿Qué es soletado? ¿Es calza?[117]
[...]	
GRACIOSO.	*¿Nari gotin a te salin y baco?*
CLARA.	¿Qué dijo agora?
D. JUAN.	Si tomáis tabaco.

En *Las lenguas* estas muestras se multiplican, con mayor efecto cómico si cabe, ya que es un alcalde bobo el sujeto risible. En esta ruleta de carnaval van desfilando, además de otros personajes, arquetipos de otras procedencias geográficas disfrazados de tales, por este orden: italianos, gallegas, valencianos, negros, irlandesas, moros y franceses. El lenguaje se utiliza en estos casos como elemento caracterizador de cada uno de ellos, aunque el hecho risible viene determinado de la misma manera que en el anterior caso: por su manipulación y por los equívocos que plantea la traducción. Cuando un italiano le espeta al alcalde un «*¡Oh, bene mio caro!*», y este le contesta con un «No busco el vino caro, sino una danza», la risa estaba asegurada. De todas maneras, lo más habitual en estos diálogos es la mezcla de idiomas en una misma frase que asegurase la atención

---

[115] Interpretaciones aproximadas.

[116] Según Cotarelo, el francés hablando italiano era un recurso que utilizaban todos los escritores, y cita a Vélez de Guevara, Calderón, Avellaneda o Monteser como ejemplos (1911, p. CLV).

[117] Juego de palabras con 'soletado-soleta-soltero-soledad'.

y la complicidad del público. El caso de las minorías étnicas es revelador en este sentido, sobre todo por su asentamiento en la península. Tanto el negro como el moro no escatiman esfuerzos para darse a entender: «¿Neglo, dijo vozancé? / Si viene buscando neglo / que molamo chocolate / aquí za turo»[118], lo cual refuerza el sentimiento de superioridad, aquí lingüística, del espectador ya comentado. En estos casos, más que al vocabulario el autor apunta hacia la fonética en sus deformaciones. Casi todos mezclan lenguas, menos el italiano, idioma en el que Cáncer se muestra cómodo (*Francés*), el valenciano y el estudiante con un latín macarrónico. El francés, incluso, solo se expresa en ortografía castellana.

La parodia de otros códigos lingüísticos también tiene cabida en estas obritas, en particular el del lenguaje amoroso. Como tal forma parte de la trama de *Ranilla* y *Tamborilero*, con las intervenciones de un alcalde bobo y un tamborilero risible como galanes. La situación es la misma: un personaje oculto sopla palabras de amor a un paleto, pero este no sabe repetirlas ante su enamorada y lo confunde todo. Sirva como muestra este ejemplo: Mortero sopla al oído del tamborilero, «Humilde pido el perdón», y este repite a su dama «Humilde pido el pendón». El código amoroso se reduce así a un amasijo de frases desternillantes en estilo paródico.

La lengua de estos entremeses también puede desarrollar otras capacidades cómicas. Las pullas entre personajes es uno de los recursos más citados en el estudio lingüístico del género. Algunos especialistas como Huerta Calvo elevan tanto su categoría que la consideran estructura típica de entremés con el mismo valor que otras, es la tipificada como estructura de debate[119]. La comicidad aquí es básicamente del mensaje, aunque tampoco se puede menospreciar toda la capacidad cinésica que acompañaba a los representantes[120], ya que nos enfrentamos ante un lenguaje muy exclamativo, repleto de gritos e insultos, dentro de un ambiente ya de por sí muy cargado. Los duelos de palabras son muy variados, pero si tuviéramos que destacar algunos estos serían aquellos que enfrentan a un vejete enfurruñado con sus criados, y, especialmente, los de las disputas conyugales.

---

[118] Sobre la representación del negro en el teatro, se puede consultar la monografía de Baltasar Fra Molinero, *La imagen de los negros en el teatro del Siglo de Oro* (1995). El habla de los negros no era un habla real sino literaria, inventada por los escritores, tal como aparece en la poesía de Góngora o de Sor Juana. Sobre el habla en concreto, hay un interesante estudio lingüístico, aunque centrado en el siglo xvi, de Consolación Baranda, «Las hablas de negros. Orígenes de un personaje literario» (1989). Y sobre el lenguaje de las minorías en general y su vertiente cómica, Juan M. Carmona, «Las hablas de minorías en el teatro del Siglo de Oro: Recursos de comicidad» (2013).

[119] Suponiendo que esta debe de ser dominante en el texto y no reducida a fragmentos, añadimos (Huerta Calvo, 1995, pp. 52-66).

[120] De la interrelación entre palabra y recursos no verbales como detonantes cómicos, se tratará en «Elementos de la representación».

Los vejetes de Cáncer son personajes siempre malhumorados y desconfiados con las personas que tienen a su cargo. Esto se suele traducir en un lenguaje agresivo, donde el reproche es continuo y el insulto siempre a punto. En *Paga* el primer verso es para el criado que pide a su amo encolerizado una tregua ante los palos y los insultos que le propina, y acaba el entremés con las maldiciones típicas del vejete («¡Matarete, vive el cielo!»). En *El sí* pasa otro tanto, y el criado encaja como puede los continuos insultos. Pero donde las pullas encuentran realmente su lugar es en los enfrentamientos entre marido y mujer. Es como si no existiera el amor en la pareja, siendo que esta conflictiva relación constituye una marca inexcusable del género. Aunque básicamente es una violencia verbal, esta también puede materializarse en forma de palos, como los que recibe la esposa del tamborilero. Lingüísticamente, y a diferencia del insulto directo de la pareja vejete-criado (*mentecato, bestia, menguado, pollino, simple*…), aquí puede darse una elaboración más ingeniosa del motejo, aunque sin llegar a cotas demasiado elaboradas.

Dos entremeses dan inicio con una batalla campal entre marido y mujer. *La mariona* con «¡Ah, traidor! ¡A mí engaños y cautelas!» y *El tamborilero* con una esposa intentando esquivar la baqueta del marido: «¡Ay que se ha vuelto loco, ay qué gran plaga, / ay que me quiere dar, ay que me plaga!». Empieza así una modalidad de debate o enfrentamiento verbal donde agente y paciente se van intercambiando los papeles en el acaloramiento de la situación. No existe pulla sin réplica, ni marido que no intente engañar a su mujer. En la retahíla se pueden dar varias modalidades: a un insulto (¡*Sois un puerco!*) sucede una frase ingeniosa (¡*Vos, limpia de vergüenza!*); a un calificativo (*Sois un pesado*), un antónimo (*Vos, una ligera*); o a una frase hecha (*Sois hombre de la muerte*) otra con dilogía (*Vos, mujer de la vida*)…

Las pullas forman parte de la diversidad léxica del género y dan pie a una de las características más notables del uso del lenguaje: su tendencia al exceso y su gran fuerza expresiva. Pullas, insultos, maldiciones, deprecaciones, amenazas, juramentos… acompañadas de las correspondientes hipérboles y un uso sistemático de los signos de interrogación y admiración, son producto de un estilo dinámico, a veces frenético (no tanto en los entremeses estáticos), pero también de una forma de relacionarse la gente plebeya aludida por Lope de Vega. En la misma dirección expresiva o valorativa, se puede situar el uso de aumentativos y diminutivos, especialmente estos últimos. El empleo de este tipo de sufijación también forma parte del uso lúdico del lenguaje y es una señal de acercamiento a su público, bien sea por su familiaridad o por sus connotaciones peyorativas. De entre todas las posibilidades, la más recurrente, con diferencia, es la terminación 'illo-illa', que aparece tanto en los nombres de los personajes (*Bartolillo, Casildilla, Ranilla, Barbulilla*…), en el uso de calificativos (*carilla, difuntillo, cuitadillo*...) o en los sustantivos (*panecillo, potrilla, cedulilla*...); le sigue 'ito-ita' y, a más distancia, 'ino-ina' y 'ete'. Esta insistencia en los diminutivos desaparece con los aumentativos, aunque su uso sigue siendo una muestra más del arte lúdico[121].

Ese estilo bajo también se manifiesta en el uso de un vocabulario conversacional, cuasi callejero, vulgar incluso por momentos (*muesamo, abaje el palo, ingüente*-ungüento, *so*-soy, *ucé*-usted, *musquina*-musiquina...) o con formas verbales anticuadas (*trays*-traéis, *heis*-habéis, *quijera*-quisiera), de las que algunos personajes, como el gracioso de *El francés*, puedan enorgullecerse: «¡Hablo en mi lengua vulgar!».

La mayoría de conversiones son de inspiración costumbrista, retratan un ambiente y un lenguaje de una época, aunque su proceso de estilización lleve a algún personaje a romper con el decoro, como sucedía con los graciosos cultos de la comedia. Cuando un criado comunica a su dama, por ejemplo, que el burlador ha salido corriendo por la escalera y se le ha caído la barba «y él quedó de *rapio rapis*» y su compañero, el gracioso, le añade que «eso quiere decir rapa / por *rapaverum*, amiga», su vocabulario no parece tan cotidiano, pues el peso de la risa provoca que personajes vulgares puedan emplear vocabulario ajeno a su condición. Por el mismo motivo, los menguados pueden alejarse del encasillamiento al que les podía someter su habla rudimentaria, empleando léxico o expresiones que, hoy, fuera de contexto, resultan como mínimo ambiguas, si no complicadas: ¿qué se quiere expresar con «potro cocinero», parecer «un barbo en gran laguna» o que unos «pichones / son biznietos de unos cuervos, / y rabian por mataduras»? ¿O empleando citas literarias como «las blancas manos no agravian», todos ejemplos de *Paga*? No por ello pasan a ser unas personas inteligentes, aunque en alguna pieza den muestras (*Francés*), a diferencia de sus hermanos de la comedia; pero parece que un personaje confinado a las esferas de lo cerril con un lenguaje que tendría que ser más chabacano, sería incapaz de otro más pleno de agudezas. Son las convenciones del género.

No se llega, empero, a las cotas de la comedia, donde el verso, la sintaxis y el léxico elevan la expresión. Aquí estamos un peldaño más abajo y, además, en un ambiente de aparente cotidianidad; lugar propicio para el juego lingüístico, la analogía disparatada, las alusiones de todo tipo, la agudeza o el equívoco para un conceptista consumado como Cáncer[122]. Ese uso lúdico de la lengua constituía una de sus bazas más conocidas y reconocidas[123]. El recurso más fértil, con

---

[121] Las formas utilizadas son 'ón-ona' y 'azo-aza'.

[122] En su poesía ya daba también buena muestra de ello (ed. crítica de González Maya, 2007, pp. 86-96).

[123] Gracián: «... a cada concento se le equivocaban las voces» (*Criticón*, 1938-40, II, p. 138); fray Andrés de Valdecebro: «Cáncer, único en equívocos, y el primero que les dio alma» (*El*

diferencia, es la dilogía o disemia, ese «significar a dos luces» como la definía Gracián[124]. A diferencia de la lírica, donde era más atrevido y penetraba en esferas obscenas, irreverentes[125] o políticas y su elaboración era más inteligente, el equívoco del entremés es más espontáneo y va directamente al chiste fácil en consonancia con el público al que va dirigido.

El calambur es uno de esos recursos que se prestan perfectamente a la risa y no supone para el espectador ningún tipo de dificultad. Cuando el galán de *La regañona* le revela a su presumida dama que solo ha podido conseguir una entrada de terrado (la más barata) para ir a los toros, y la moraleja final concluye con «damas hay que estos días / todo su garbo / se piensan que está vivo / y está enterrado», es fácil adivinar la sonrisa del espectador al final de la obra. La dilogía supone otro tipo de asociación, pero persigue el mismo fin. En Cáncer esta no es punzante ni busca crítica alguna, simplemente hacer reír. Una ladrona explica a su amiga su oficio de 'limpiadora':

> Entro a servir alguna viuda rica,
> y si a fregar la plata sola quedo
> la procuro limpiar lo más que puedo,
> dejándola tan bella
> que hasta mi ama queda limpia de ella.
> (*Libro*, vv. 61-65)

Sirva este ejemplo como muestra del tipo de equívocos que aparecen en estas obrillas. Las alusiones son otro tipo de dificultad menor, que a un lector actual, fuera de contexto, puede entrañar algún tipo de dificultad. En Cáncer son múltiples, continuas. Las hay de todo tipo y abarcan los más diversos campos: historia, religión, literatura, vida cotidiana, moda… La mayoría son fáciles de desentrañar. En una conversación de ladronas, decir que el tiempo que les ha tocado vivir «está gallego en lo pobrete» (*Libro*), no supone dificultad alguna, pero cuando una de las ladronas indica «¡Ay, cómo gime! / ¡Mas ay, cómo suena / el remo a que nos condena!», estribillo tradicional que incluye Góngora en un romance amoroso, el espectador podría quedarse confuso ante la alusión literaria. Lo mismo sucede con las alusiones a personajes o lugares históricos o fantásticos. Solo los espectadores más cultos podían desentrañar la agudeza cuando escuchaban nombres propios como Amurates, Anajarte, Mauregato, Tito Livio,

---

templo de la fama, 1680, p. 111); Nieto Molina: «¡Oh, quien gozara el chiste que a Cáncer asistió!» (*El fabulero*, 1764, f. 31)…

[124] *Agudeza y arte de ingenio*, discurso XXXIII, «De los ingeniosos equívocos».

[125] Como los retratos de santos y santas en el papel de rufianes y prostitutas en sus jácaras a lo divino.

rey Martí, Orbitelo, Hircania… Aunque no todos, Nerón, Gestas, Escarramán, Bercebú, Babilonia, el actor Escamilla, el vino de Esquivias… estaban al alcance de cualquiera.

Cáncer también era un gran aficionado a los materiales folclóricos tal como se observa en su poesía[126], siguiendo el camino abierto por Quiñones de Benavente[127]. El uso de conocidos estribillos de canciones populares y de refranes, frases hechas y muletillas inundan toda su obra. Los hay de todo tipo, y son bien demostrativos de las lecturas del poeta y de su conocimiento de la realidad literaria y de la tradición. Cáncer conocía de sobra a sus contemporáneos, trató con muchos de ellos y llegó incluso a colaborar en la redacción de comedias (Calderón o Moreto, los más conocidos), o bien a citar conocidos fragmentos en sus entremeses: romances lírico amorosos de Góngora para aplicarlos a contextos cómicos (*¡Ay, cómo gime! / ¡Más ay, cómo suena / el remo a que nos condena*, las ladronas sobre el alcalde de *El libro*), manipulación de letrillas (*¿Qué queréis caga, / mujer, si en todo lo cago / dicen que no cago nada?*)[128]; famosas jácaras de Quevedo (*Zampuzado en un banasto*), con copia literal de conocidas cuartetas, a propósito de fantasmas; obras serias de Calderón o Lope con repercusión cómica (*Clarín que rompe al albor / no suena mejor*, de *La vida es sueño*) o el celebérrimo estribillo de *El caballero de Olmedo*, «Que de noche le mataron / al caballero, / a la gala de Medina, / la flor de Olmedo», de Lope de Vega, cantado y zapateado, con la intención clara de que el oyente los reconociera de inmediato; o cantarcillos anónimos (*Que no me las ame nadie*). Si bien este empleo de la lírica popular viene determinado sobre todo por alguna necesidad dramática, su inclusión en alguna escena con canto y baile, también apunta hacia su lectura didáctica.

El uso del refranero y las frases proverbiales intercalados en los diálogos constituye una marca del estilo cancerista, su uso es tan frecuente y su imbricación tan conseguida, que el propio autor incluso bromeaba a su costa[129]. Uno de los criados de *Paga*, maniatado como sus compañeros, expresa «En mí vive el refrán de poco medro» (*Pedro, contigo poco medro*); el barbero al alcalde Rana, «Amigo, esto / no es comer sino probar / si es el refrán verdadero / de que cualquiera pastel / lo puede comer un muerto», cuando se presenta disfrazado de

---

[126] G. Maya, 2007, pp. 86-95.

[127] Bergman, 1965, p. 103.

[128] De la conocida letrilla juvenil del cordobés: «Si en todo lo qu'hago / soy desgraciada, / ¿qué queréis qu'haga?» (ed. Jammes, 1981, XXVI; también en 2006, pp. 519-520).

[129] Que era una moda ya lo recuerda Francisco Ynduráin, en «Refranes y 'frases hechas' en la estimativa literaria del siglo XVII», y con abundantes ejemplos, donde explicaba su uso a partir de la parodia burlesca característica de la época (1955, p. 127) y, en el caso del teatro, por la necesidad de la comicidad verbal, incluso de la caricatura de los personajes (p. 129). Para Cotarelo, son una auténtica «mina filológica» (1911, p. CLV).

convidado de piedra (*Ranilla*); Maridura al alcalde, «A buen bocado, buen grito, / dice un refrán admirable» (*Libro*)...

Al igual que en los estribillos, algunas fuentes son tomadas literalmente y otras son manipuladas según el propósito dramático, como este del conocido baile lanturulú: «Si yo me voy a Irlanda / en compañía de tú / nos donará su gracia / la sopa de Chesú» (*Lenguas*), donde se cambia Francia por Irlanda y la sintaxis de la frase; de otras se puede aprovechar algún fragmento («Ya escampa», por «Ya escampa y llovían guijarros», *Tamborilero*), o parte de un conjuro: «Por el arroyo de los cedros / iba san Juan y *Dominus Deos*» (*Rana mujer*); o llegar a la parodia por su aplicación cómica. La creatividad del autor puede conducirle incluso al aprovechamiento de la fórmula proverbial con los mismos propósitos. Cuando al alcalde Rana, convertido en mujer, su esposa le saca una rueca y este contesta «esto es andar el uso sin pollera», no es una frase hecha, sino una pura invención.

3. Elementos de la representación

El entremesista se vale sobre todo del lenguaje, de la gestualidad y de ciertas convenciones literarias para su propósito principal, que es hacer reír al público; pero en ningún momento olvida que para conseguir ese objetivo tiene que echar mano de otras recetas extralingüísticas que el género pone a su disposición.

Descontada la comicidad verbal y la traza general del entremés, ya comentadas en apartados anteriores, toca el turno ahora a otros motivos no tan estudiados por la crítica[130], a veces ignorados, pero que juegan un papel fundamental en la dramaturgia. En nuestra clasificación distinguiremos las marcas que deja el autor en sus acotaciones y apartes, lo más puramente teatral de la representación (decorados, espacios físico-geográficos, vestuario, utilería y efectos sonoro-musicales) y todo lo referido al actor y sus habilidades en escena.

Las acotaciones escénicas

Siguiendo la opinión unánime de la crítica, entendemos las acotaciones como las marcas donde el escritor asegura su presencia, el elemento controlador de «las acciones que realizan los mediadores (director, actores, equipo técnico,

---

[130] No son muy abundantes este tipo de estudios para el teatro entremesil; no obstante, cabe reseñar al respecto el artículo de I. Arellano sobre «Medios escénicos en los entremeses de Quevedo» (*La Perinola*, 2016).

etc.)»[131]. Tampoco es descartable, podríamos añadir, la mano de algún autor de comedias en la adaptación de los textos a su compañía. En general, el problema que se tiene con ellas es doble; por un lado, su escasez; y, por otro, su limitado alcance informativo, dejando amplio margen a la interpretación, aspecto ya subrayado por la crítica[132].

En el estudio de las acotaciones escénicas canceristas se observa, en primer lugar, una tendencia muy acusada en el género: la mayoría son órdenes de entradas y salidas; por tanto, aquello que afecta más directamente al dinamismo de la pieza. ¿Qué se puede esperar si no de una obra donde solo hay tiempo para el intercambio rápido de ambientes o posiciones? Dos son las formas verbales que sobresalen al respecto: «vase-vanse», en 34 ocasiones (casi tres de media por entremés); y «sale-salen», 78 veces (media, 6,5). En algunas piezas como *El francés*, son exclusivas, no se dan de otro tipo (*Salen don Juan y Francisca y el gracioso; Vanse y salen Palomino y Clara, graciosa…*). Lo mismo sucede en la revista de figuras. En *Las lenguas*, por ejemplo, con doce personajes diferentes, resultan imprescindibles (veinte frecuencias).

Pero las didascalias[133] van más allá de la regulación de las apariciones y desapariciones de los personajes, y dan lugar a otro tipo de órdenes con las que el escritor dirige la representación. Según A. Hermenegildo estas se distribuyen en tres grupos: enunciativas, motrices e icónicas[134]. Aunque es una clasificación discutible porque todas ellas, en nuestro caso, llevan implícita algún tipo de acción o movimiento, puede resultar operativa si nos fijamos en la función predominante: la palabra, el movimiento y el objeto.

Las entradas y salidas comentadas hasta ahora serían las típicas "motrices", pero también se podrían añadir otros movimientos o desplazamientos fundamentales para entender la acción, con verbos como sacar, quitar, poner, meter… (*Saca un plato con algo de comer, Quítase el paño de los ojos, Pónele la muñeca atada en una arquilla…*). Algunas verdaderamente indispensables: «Mete Lorenzo la cabeza por entre las piernas de Perico y sale por las espaldas, y luego le toma en brazos»…, pues ayudan al lector a hacerse una imagen visual de la escena.

Las acotaciones enunciativas son menos numerosas que las anteriores si se tiene en cuenta el criterio del predominio del uso de la palabra y, por lo general, supone un tipo de acción menos agitada que las motrices (*Habla cada uno con la suya, Lee, Hace que la busca, Dentro Palomeque, Pone la mesa…*). En cuanto a las icónicas, son varias las acotaciones con indicaciones de objetos (*Sacan*

---

[131] Hermenegildo, 2001, p. 20.

[132] Buezo las califica de «poco explícitas e infrecuentes» (1992, p. 150).

[133] Para una diferenciación entre las didascalias y las acotaciones escénicas, ver Hermenegildo, 1991, p. 127.

[134] *Ibídem*, p. 129.

matapecados y dan al viejo todos) y de vestuario (*Sale Juan Rana vestido de mujer*), aunque no son muy abundantes. En cambio, las acotaciones de lugar se deducen por la acción a la que se someten, como el mesón de *Paga* (*Saca otro plato con cosa de comer*), la vivienda de Juan Rana (*Sacan la rueca*) o la calle (*Sale un amolador con su carretón*).

Este repertorio de acotaciones quedaría incompleto si no sugiriéramos otros campos no mencionados por Hermenegildo, pero cuya función es primordial en la escena. En este sentido, imprescindibles en el teatro entremesil son los apuntes musicales, donde el componente lúdico y el melodioso van continuamente de la mano (*Baila el alcalde con ellas, Zapatea el alcalde con el villano, Sale un bailarín, y canta y baila...*). Ubicadas especialmente en los finales donde se constata con música que todo ha sido una gran broma, también se pueden observar en el desarrollo de la acción. Finalmente, quedaría el grupo de los estados de ánimo, tan sugerentes (*Enfurecida, Riñendo...*).

Decorados

Sabido es que las acotaciones no siempre dan respuesta eficaz a todas las acciones dramáticas. Es entonces cuando las determinaciones de decorados, escenarios o acciones son suplidos por la palabra, al igual que en la Comedia, constituyendo uno de los principales medios de la puesta en escena.

Este lo paga, por ejemplo, transcurre todo en un mesón, pero en ningún momento se expresa tal circunstancia. De hecho, hasta el verso 61 no se intuye el lugar de la representación. Ninguna nota alusiva; pero cuando el gracioso se encuentra preparando un caldo, no es difícil imaginar la lumbre de una cocina, circunstancia esta ausente del diálogo o las acotaciones. En estas nunca se manifiestan de forma expresa las estancias de la casa, y la cocina menos aún. Solo a través del decorado verbal y situacional el lector-espectador puede hacerse una idea del decorado.

Con el resto de escenarios sucede otro tanto. Al no existir indicaciones precisas en el texto, el lector actual se ve abocado a reconstruir el espacio escenográfico. Puede ser esta una carencia inherente al espacio físico reducido de los corrales de comedias y, desde luego, a sus condiciones materiales. Sucede, por ejemplo, con los calabozos de *Ranilla* y *Mariona*, cuya acción propone el cambio o sucesión de lugares diferentes según los movimientos de los personajes (entradas / salidas): la calle, la cárcel y la sala donde se imparte justicia, ello sin alusión a ninguna condición material ni indicación siquiera de la dupla dentro / fuera.

El libro también carece de indicaciones de lugar, pero cuando un preso comparece ante el alcalde y su escribano se supone que estamos ante unas dependencias municipales o en algún calabozo. Cuando Mortero, en *El tamborilero*, contesta a la justicia que viene a prenderle en la calle: «¡Valga el diablo los borrachos! / ¿No echan de ver esta cara? / ¿No ven este tamboril? / ¿No conocen esta gaita?» (vv. 141-144), el lector se entera de la guisa cómo va vestido; no así el espectador, claro, que lo ve al momento

De los pocos decorados que se sugieren, el más completo es sin duda el de la tienda de *El sí*. El recorrido que hacen los timadores por su espacio más las órdenes del almonedero en la limpieza de los objetos que la adornan, la convierten en una rareza dentro de este repertorio.

El espacio

A la escasez de decorados en los escenarios de los corrales, se añade la conocida parquedad en la definición de los diferentes espacios donde transcurre la acción en las piezas breves, siempre resuelta con escasas pinceladas y la colaboración del lector-espectador o el uso de los socorridos deícticos o de algunos verbos (ir-venir…) como indicadores espaciales; es decir, el uso de la palabra con capacidad de generar un espacio dramático, peculiaridad, por otro lado, inconfundible del teatro de la época[135]. Ello es cierto debido a la propia génesis del género: la rapidez con que todo se presenta y transcurre, y la ausencia de decorados específicos en los corrales de comedias justifican esta escasez de marcadores.

En cuanto a la geografía del espacio, dos son los grandes exteriores que suelen presentarse en el género dentro de un ámbito urbano: el de la corte y el de la aldea[136].

Madrid, gran centro de atracción para todo tipo de personajes, suele ser un marco preferido en este tipo de obritas[137]. Además, la presencia de Cáncer en la Villa y Corte, al menos desde 1624 hasta su muerte[138], y la de tantísimas personas en busca de oportunidades, la convierten en un marco ideal para el desfile de los más extravagantes personajes, y de las estafas, burlas o engaños más crueles[139]. No es, por tanto, ningún lugar idealizado sino una plaza donde medrar

---

[135] Ver I. Arellano, «Valores visuales de la palabra en el espacio escénico del Siglo de Oro», *Revista Canadiense de Estudios Hispánicos,* 19, 1995, pp. 411-443.

[136] Para Huerta Calvo, la aldea es mayoritaria en el género (2004, p. 490).

[137] En 1630 contaba con unos 180.000 habitantes (Lozón Urueña, 2004, p. 50).

[138] González Maya, 2007, p. 30.

[139] Son muchas las obras que inciden en ello; «… pero de modo singular en Madrid, que atraía con los reflejos del cortesano esplendor a los vividores y parásitos de todas procedencias y cataduras […] hormigueaban rufianes y vagos de toda laya; mendigos a miles; ciegos trashumantes […] estafadores, capeadores, y gentes de oficio sospechoso (que era en rigor tapadera

de enorme atractivo; sus calles, mercados, fiestas y pasatiempos, son espacios por donde desfilan soldados y mesones (*Paga*), extranjeros (*Francés*), sacristanes enamorados (*Gigante*), criados (*Golosos*), tomajonas y fiestas de toros (*Regañona*), ladrones y almonederos (*Sí*), alguaciles y tamborileros (*Tamborilero*). Todos ellos, de alguna manera, ponen de relieve que la capital del reino lo es también de la picaresca, la burla y el engaño. Un auténtico circo, escaparate de vicios, malas artes y destrezas varias, donde unos intentan comer sin pagar (*Paga*) o sin cumplir con sus encargos (*Golosos*), otros entrar en alguna tienda o casa para robar con trampa (*Francés, Sí*), seducir a alguna dama encerrada vistiéndose de gigantón (*Gigante*), acudir sin pagar a corridas de toros (*Regañona*) o tocar el tambor sin descanso, haciendo de fantasma cerca de los velatorios (*Tamborilero*). El ingenio es, en todos los casos, el motor capaz de cambiar la suerte a la que están condenados, como en el caso de aquellos asuntos en los que se necesita la colaboración de algún crédulo que se encuentra al azar por la calle sobre el que recaerá la traza (*Paga, Francés, Sí*).

Madrid, aparte de lugar de fortuna y medro, es también la capital de la diversión y el ocio. El entretenimiento y el valor festivo o de espectáculo de la corte aparece sobre todo en dos entremeses cuyos asuntos se mezclan, lógicamente, con las trapacerías de sus protagonistas. En *Las lenguas* un alcalde bobo se desplaza para contratar una compañía de baile para las fiestas de su pueblo; pero topa con toda una suerte de «vividores y parásitos de todas procedencias y cataduras», según Deleito y Piñuela[140], que huelen la ocasión para sacar tajada. La imagen de Madrid como microcosmos de una realidad, al igual que, de otro modo, también lo podía ser el corral de comedias, era un asunto prototípico de la comedia; del mismo modo que era conocida su comparación con una Babilonia contemporánea: «De que perdéis el juicio hoy a porfía / o que venís infiero de Bolonia, / porque esta no es Madrid, es Babilonia» (vv. 23-25)[141], espeta un interesado caminante. Como lugar de diversión y fiesta, también se ve en otras piezas donde el elemento costumbrista queda, como casi siempre, supeditado al burlesco. Tal es el caso del ambiente de las corridas de toros (*Regañona*) o el de los desfiles de los gigantes de la villa en las fiestas del Corpus (*Gigante*)[142].

---

de trapacerías y encubrimientos), tales como aguadores, cocheros y esportilleros...» (Deleito y Piñuela, 1989, pp. 177-178).

[140] Ver nota anterior.

[141] Conocido tópico de la época, como recuerda el diablo cojuelo de Vélez de Guevara: la «Babilonia española» (1988, p. 78).

[142] El de las fiestas del Corpus llegó a constituirse en todo un subgénero del teatro breve (Buezo, 1993, pp. 58-63). Sobre la fiesta en Madrid, se puede consultar Agulló y Cobo, 1972, pp. 51-65; y, más generalmente, el libro de Fernández-Martínez, 2002.

La corte, pues, es el lugar ideal para mostrar habilidades en pos de una promoción o ascenso social. No otra cosa era, en realidad, la visión que presenta estos entremeses del circo de la metrópoli: la celebración de la burla y la industria. Todo lo cual aleja a estos juguetes cómicos de cualquier intención costumbrista o realista, aunque resulte incuestionable su parentesco; porque sin la presencia de lo cotidiano estas obras carecerían del esqueleto que da cohesión a la historia, y adolecerían, además, del vivero de donde se nutren sus retratos. No obstante, tal como ya constataba H.E. Bergman, el estilo caricaturesco lo alejaba de esa óptica realista[143]. La mayoría de ellos presentan un valor documental por la pintura de situaciones concretas, pero ese no era su objetivo principal. Sí suceden algunos que se definen por esos cuadros de costumbres con referencias de ambientación precisas, pero no se incluyen en esta selección.

Los espacios del entremés de la capital se reparten entre los exteriores de calles, plazas, mercados, todos sin nombre; y, especialmente, los interiores de las viviendas, comunes a la mayoría, donde predominan las burlas domésticas; pero también en lugares públicos, como tiendas con objetos del hogar (la almoneda de *El sí*), la calle (*Golosos, Tamborilero*) y mesones regentados por vejetes al cuidado de graciosos (*Paga*). En realidad, dadas las condiciones físicas del corral de comedias y el hecho de encontrarnos ante un teatro de la palabra y del gesto, los espacios representados no siempre son identificativos de una realidad concreta, a pesar de lo que aquí se intenta desglosar. Antes bien, su polivalencia y neutralidad consiguen que puedan ser usados para diferentes situaciones ante la connivencia del espectador, con la que se cuenta. Los mismos cambios de escenarios provocados por las entradas y salidas de los personajes son buena muestra.

Sobre la ambientación aldeana, esta se reconoce sobre todo por la aparición de uno de sus personajes más prototípicos, el alcalde rústico o «mostrenco». En muy contadas ocasiones se menciona una población, como así sucede en *El libro*, donde las timadoras repiten en varias ocasiones que están en un pueblo al que llegan para ganarse la vida. Pocas referencias concretas más, ni siquiera topográficas, exceptuando el ambiguo título de *Los golosos de Benavente* que parece remitir a la localidad zamorana. En cambio, la acción, el diálogo o alguna breve acotación sí permite reconstruir los espacios. Se puede con ello confirmar aún más la ausencia de costumbrismo o realismo en aras de la predominancia

---

[143] Ver Huerta Calvo, 2001, pp. 91-92 sobre piezas costumbristas; Hannah E. Bergman, 1970, p. 16: «En un sentido amplio, puede afirmarse que todo el teatro menor del Siglo de Oro, y en particular el entremés representado, es un género esencialmente *costumbrista*, en cuanto refleja y comenta las costumbres del día. Sería erróneo, sin embargo, pretender ver en él una representación literal de la vida de aquella época. El panorama que ofrece es el de una realidad deformada por la intención satírica y por el estilo caricaturesco»; Asensio, 1971, p. 139: «Tampoco el costumbrismo […] suele llenar el entremés entero».

de un lenguaje donde lo más importante es la visión cómica o deformada de esa realidad. Apenas referencias aisladas a genéricos como villa, pueblo o posada remiten al ámbito rústico.

El lugar por excelencia más representado en este ámbito es la casa del ayuntamiento y los calabozos municipales, posiblemente ubicados en alguna plaza. El motivo de la visita de la cárcel[144], tema de otros dos entremeses, era muy explotado en el género. En ellos transcurren la mayor parte de las escenas, también el patio de la cárcel donde espera ser ahorcado un reo (*Ranilla*); el bullicio de los puestos del mercado de las plazas, que ofrecen ese color local tan característico (*Ranilla*); la posada de *Las lenguas* con una gallega barriendo el portal o ambientes domésticos como la alcoba de Juan Rana. Ninguno que se pueda definir como exclusivamente aldeano.

Dada la simplicidad de este tipo de piezas y su sobria puesta en escena, no es de extrañar que no se haga uso de ningún tipo de tramoya ni de otros aparatos escenográficos, que, paradójicamente, tendrían a su alcance, ya que, por lo general, estas obritas se representaban entre los actos de su hermana mayor la comedia. Pero no, la comicidad se basaba en el uso de la palabra y en el catálogo de habilidades que los actores eran capaces de desplegar. De ahí que muchos espacios fueran polivalentes, neutros, incluso poco identificativos con la realidad representada, tanto exteriores como interiores. Las calles, plazas, mercados, posadas o interiores de las viviendas son intercambiables. Solo el contexto haría diferenciarlas entre aldea y ciudad. Por ejemplo, la ambientación en la corte del mesón de *Este lo paga* no se deduce por las mesas, platos y vasos que aparecen, sino por el tipo de comensales, unos soldados fanfarrones que saben de las posibilidades de la capital para sus ganancias. Del gigante de la obra del mismo título se puede averiguar su localización por una expresión de su protagonista cuando se ve estafado: «¡Ha del pueblo!», pero el telón de fondo que gira en torno a las procesiones de gigantes en las fiestas del Corpus, podría pertenecer a cualquier localidad.

La música, los ruidos, las voces y la luz también pueden funcionar como localizadores espaciales. Son varios los personajes que hablan, pero no aparecen en escena, bajo la fórmula repetida de «voces dentro» en unas estancias contiguas no visibles para el espectador (el vestuario, normalmente). A veces quedan en ese limbo espacial, pero en la mayoría de los casos terminan apareciendo. Algunos entremeses, incluso, deciden incluirlos en los *dramatis personae* del elenco inicial (*Ranilla*). De todas, esta última es la obra donde más se juega con los conceptos dentro / fuera. Son varias las ocasiones en que personajes principales hablan fuera de escena para luego presentarse (como Rana y Ranilla dialogando de camino

---

[144] También conocido entremés de Cáncer con ese título.

a la cárcel). También se advierten los ruidos premonitorios. Cuando en esta misma obra una acotación avisa de que «suena una cadena dentro», el espectador debe imaginarse cómo era el interior de una cárcel, de dentro de la cual saldrá alguien. En este caso el presagio viene dado por la aparición de un fantasma que canta una conocida jácara. La música también es un marcador espacial tal como se plantea, entre otros, en *El tamborilero* reproduciendo un motivo bien teatral, el de la dama que escucha cantar a su galán asomada a una ventana que da sobre el tablado, sugiriendo una vivienda.

Los efectos visuales o lumínicos no eran habituales en el corral de comedias a diferencia de lo representado en Palacio, con muchas más posibilidades. No obstante, en alguna ocasión Cáncer echa mano de ellos para resaltar algo que le interesa, como sucede en la almoneda de *El sí*: «Cuelga aquesas polleras, / ponlas enfrente de las vidrieras / para que más reluzga la esterilla» (vv. 119-121), poniendo de relieve el esmero y cuidado del género por parte del almonedero.

La ausencia de coordenadas temporales que sitúen exactamente la acción queda suplida, como en la comedia, por leves apuntes costumbristas o por las referencias de algunos personajes al tiempo en que viven. Destaca, en este aspecto, algunos comentarios de burladores a la crisis de la España del momento que les obliga a ingeniárselas aún más para poder sobrevivir, como la alusión al tiempo que ahoga y aprieta de las medradoras de *El libro*, quienes se quejan de sus efectos porque ya no tienen qué ni dónde robar; o el mismo comentario del mesonero de *Paga* sobre la carestía de la vida en la corte cuando va al mercado a comprar: «¡Jesús, qué caro está el tiempo! / Un capón cuesta ocho reales; / veinte y dos gallinas, ciento» (vv. 169-171).

Vestuario y utilería

El vestuario en el teatro breve es importantísimo por su extraordinaria capacidad connotativa en la recreación de ambientes, oficios o relaciones interpersonales, y porque, ayudado por sus tintes realistas, compensa en muchos casos la ausencia de decorados. De forma que la indumentaria ya viene prefigurada por el tipo de personaje, como si se tratara de un retablo. Por ese motivo el escritor nunca expresa en las acotaciones estas circunstancias, salvo que a la carga simbólica se le añada otra prefiguradora del timo, del engaño. Y aquí radica una de las características principales de ese vestuario, la tendencia a la exageración, al exceso, nota inherente al género, y, por ende, a lo cómico. Cuando se presenta alguien vestido a lo ridículo, léase 'risible', este calificativo anuncia la aparición de una figura estrambótica que forma parte de la estafa proyectada. Así sucede con uno de los franceses falsos disfrazado de barón (*de gala, con pluma y banda*; el compañero, con barba postiza). Si, además, lleva plumas, símbolo de la ostentación y la fanfarronería, la risa y, a veces, el escarnio, estaban asegurados. Lo mismo sucede en el caso del sargento con sombrero y espada de *Paga*, vestido muy aparatoso, bien conocido del corral de comedias y de larga tradición literaria.

Llegados a este punto, ya se puede hacer una primera distinción entre los personajes que van vestidos y aquellos que van disfrazados. Estos últimos son los que más se identifican con la tendencia del género hacia la exageración o lo ridículo. En el teatro breve risible, y en el de Cáncer en particular, si la primera opción identificaba al personaje con el estatus de la figura en cuestión y su indumentaria era permanente, la segunda, en cambio, abría otras múltiples posibilidades al mundo de la risa. En el hato de estas obrillas, junto a las máscaras fijas, herederas de la *commedia dell'arte*, como vejetes, criados, damas o galanes, aparecen otras identificativas de oficios, como soldados, pintores, sacristanes, alcaldes, barberos, herradores, escribanos, amoladores, alcaides de cárcel, presos, almonederos, ladrones... Máscaras todas con vestimentas no necesariamente precisables en las indicaciones escénicas porque forman parte de un vestuario convencional, tradicional, popular o folclórico, motivo por el cual el espectador las reconocía al momento[145]. A su vez, estas figuras podían transformarse, disfrazarse, cambiando su indumentaria habitual por otra, como en los desfiles carnavalescos, con tendencia a lo grotesco. Son numerosos los casos que se podrían mencionar ahora, los tres de travestismo, el del tamborilero disfrazado de fantasma, el del barbero de *Ranilla* en convidado de piedra, «con una sábana envuelto», o la complicada personificación de un baile como la mariona, personaje abstracto, pero también real, elaborado por metonimia.

Más esmero suponía, en cambio, dar con los trajes de otros indicadores geográficos menos conocidos o codificados, salvo para los reconocibles de moros y negros. Con cierto margen para la improvisación por parte de los autores de comedias, se sitúan los casos de italianos, valencianos, gallegos o irlandeses de *Las lenguas*, menos frecuentes que los franceses de otros tres entremeses, algo más tipificados, al presentarse «de ridículo», exagerados de 'bien vestidos', ya de por sí risibles. La gallega, que hace de barrendera, en cambio, era el extremo opuesto, uno más sencillo, ¿con el tradicional corpiño? Pero el más habitual para estas figuras en sus representaciones era el sayo con sus variantes, el auténtico rey de la función, la indumentaria habitual de alcaldes villanos, graciosos o vejetes[146]. La economía del género y el prototipo desdeñaban mayores indicaciones.

---

[145] Sobre hato y vestuario, se pueden consultar, entre otros, los artículos de Esquerdo, 1978, pp. 447-544; y los de Rodríguez Cuadros (2000, pp. 109-138), Martínez López (1997, pp. 200-207) o Agulló y Cobo (1992, pp. 181-200), sobre los alquiladores de trajes, quienes identifican en sus estudios el atuendo que llevaban estos tipos fijos (graciosos, vejetes, soldados, sacristanes...).

[146] Rodríguez Cuadros, 2000, pp. 123-125.

Esto era así porque ese público poseía unos conocimientos con los que jugaban las compañías, necesarios para establecer un vínculo o relación de que dependía el espectáculo y que hoy, lógicamente, ha desaparecido.

Caso aparte es el travestismo, algo más presente en las acotaciones, con sus vestidos ridículos. Este era un recurso de gran difusión y popularidad en todo el teatro áureo. Atendía a diferentes finalidades, pero era siempre del agrado del público, quien se regocijaba con este tipo de escenas. En nuestro repertorio, aun dándose el atractivo erótico o morboso que podía suponer ver a una mujer zambullida en un traje varonil, lo importante no era esto sino la transgresión que podía suponer que esta utilizara el disfraz como un mecanismo reivindicativo, dando lugar consiguientemente a la previsible lectura cómica.

Rana mujer, cuyo tema es precisamente el transformismo, ofrece no solo las dos variantes para el cambio de identidad, sino las dos posturas ideológicas consecuentes: para la mujer disfrazada de hombre, reivindicativa (ingenio), siempre triunfadora; para el travestismo masculino, denigrante, risible[147]. Como es costumbre en Cáncer, este no ofrece demasiadas pistas sobre el atuendo de los protagonistas, tan solo una acotación con un escueto «Sale Juan Rana vestido de mujer»; sin embargo, en el diálogo el confundido protagonista se encuentra al parecer completamente travestido, tal como se ve con su corpiño y manteo, y más tarde intentando hilar en una rueca; su hermana, invirtiendo los papeles, masculinizada con calzones. Es de suponer que el cambio de identidad no solo se daba por el atuendo exhibido, sino que debía incluir otras dotes representativas del quehacer de los actores (voz y gestos, especialmente), dotando al conjunto de la necesaria vis cómica. No es este, no obstante, un entremés de mariones, no hay comportamiento afeminado, a diferencia del don Gil de *La regañona*, con el mismo lacónico «vestido de mujer», y el añadido de peluca, cuyos modos afectados sí son más palpables y risibles.

Por último, Juan Rana. Era esta una máscara harto conocida por los espectadores, trocada para estos intermedios en el papel que le dio más fama, el de alcalde entremesil o bobo, siempre ridículo. La capacidad risible del personaje vendría reforzada por la misma dimensión física del actor Cosme Pérez, en cuyo retrato se puede advertir una figura ya de por sí deformada, voluminosa, grotesca... bufonesca. Este famoso retrato, custodiado en la RAE, da cuenta

---

[147] Conocido es el estudio de Jean Canavaggio, «Los disfrazados de mujer en la comedia» (1979, pp. 135-152). También se puede consultar Escalonilla, 2004, p. 728. Sobre las actrices propensas a disfrazarse, es interesante la aportación de Lola González «La mujer vestida de hombre. Aproximación a una revisión del tópico a la luz de la práctica escénica», 2004, pp. 905-916. Y sobre el travestismo masculino, Martínez, «Mari(c)ones, travestis y embrujados», 2011, pp. 9-37, o el más concreto de Restrepo, 2000, pp. 199-215.

precisamente del tipo de alcalde cortesano, con sombrero y escopeta[148], diferente al de villano, que es el que representa en nuestros entremeses, más rústico. Según E. Asensio, «Su traje consistía en la vara de alcalde, la montera o caperuza y el sayo aldeano»[149]. La vara, además, según aparece en nuestras obras, podía convertirse fácilmente en un arma ofensiva. Según Rodríguez Cuadros, su atuendo se podía completar con la banda o tahalí y la espada[150].

El vestuario del teatro breve se completaba con una serie de accesorios que enriquecían a los trajes en su dimensión estética, y que también eran provocadores de la risa. El hecho apunta a la faceta más costumbrista del género. Es el caso de los mencionados mesones y mesoneros. La comida es uno de los motivos centrales de la burla entremesil, una auténtica obsesión y un valor simbólico para muchas de las figuras que se retratan, porque se puede relacionar con la glotonería (*Gigante*, *Golosos*), con la rapiña o el timo (*Sí*, *Francés*, *Paga*), con la costumbre (*Regañona*) o con la auténtica necesidad y la codicia (*Libro*). Es tema central de *Paga*, de *Golosos* y de *El libro*. No hay pieza donde no se agasaje a algún invitado con una merienda o comida o se esté en la lumbre con algún guiso culinario; falta a su cita solo en tres piezas, lo cual es demostrativo de esa permanente necesidad. Por la crisis y por el por el tipo de personajes, de extracción baja, desfilarán unas figuras que indefectiblemente van detrás de la comida, bien como móvil porque pasan hambre, aduciendo a la carestía de la vida[151], bien como simple agasajo, comiendo con fruición como si no lo hubieran hecho antes. La búsqueda de alimentos se puede convertir en motor central de la acción, y aunque esta siempre se presenta desde una óptica festiva (no se ve miseria ni sufrimiento, el género nunca lo permitiría), queda con todo un poso amargo en el fondo a pesar de la industria de los pícaros que, en definitiva, tampoco son pobres. El alcalde bobo de *El libro*, no lo era tampoco, pero trata de refugiarse de un presente escaso con la ilusión de un lugar de abundancia, hecho que recuerda a la leyenda de Jauja, con la lectura de un libro mágico que le procuraría comida al instante solo con su lectura.

Pero los tres colectivos más señalados por su dedicación en pos de la comida son los de la soldadesca, los criados y las mujeres no casadas. El primero ante la posibilidad de una comilona gratis; el segundo, por venganza de su amo, un vejete; el tercer colectivo, ese sí, por pura necesidad. En menor medida sucederá la retahíla de timadores al acecho de cualquier ocasión propicia. Todo siempre dentro de una perspectiva divertida, no interesa tanto el hambre como la industria.

---

[148] Además, porta una rana en la mano.
[149] 1971, p. 167.
[150] Rodríguez Cuadros, 2000, p. 123.
[151] El diálogo entre Maridura y Mariblanda al principio de *El libro* es sintomático al respecto.

Los lugares donde se perpetran las diferentes destrezas son los mesones y los interiores de las casas particulares. A través de ellos, se observan algunos usos culinarios de moda en la época. En este sentido hay que destacar el plato estrella de la cocina española, la olla podrida del mesón, reina de tantas mesas, y la importancia de la caza y el corral para todo banquete que se precie. Por ello desfilarán ante diferentes comensales desesperados pollas asadas, gallinas, conejos, pichones... siempre acompañado con jarras, garrafas, limetas, vasijas o botas de buenos vinos, algunos justamente famosos como los de Esquivias. Como agasajo o como acompañamiento en las comidas, estas piezas también confirman el gusto por el vino.

Las comidas principales se completan con otras secundarias, apelando al lado más costumbrista. Se trata de sustentos menos copiosos y que planteaban otro tipo de preocupaciones: la del engaño en el caso de la «colación», o agasajo de pasteles y fiambres para unos timadores (*Francés*); la del alto en el trabajo que representa el «almuerzo» del pintor, algo más consistente, con torreznos y vino (*Gigante*); o la de la cortesía, cuando la regañona ofrece a sus amigas garapiña de aloja y diferentes tipos de barquillos. El vestuario se completaba con todos aquellos enseres necesarios para este tipo de escenas, así como se indica (mesas, sillas y servilletas).

Por otra parte, los efectos sonoros o acústicos son importantísimos en este tipo de escenas. Es normal ver cómo al principio de los diálogos suceden toda una suerte de persecuciones o golpes, muy del agrado del público. Los palos, el ruido provocado por los matapecados[152], los sustos o las bofetadas son una constante de género. Normalmente, con efecto risible, aunque a veces el autor se permite alguna broma con lecturas metateatrales, tan de su gusto. Cuando el sargento de *Paga* le propina una bofetada al vejete, el gracioso-criado le responde que no exagere, que «Las blancas manos nos[153] agravian / y estas lo son con estremo», recordando no solo un posible refrán sino al mismísimo Calderón (*Las manos blancas no ofenden*), entre otros.

Junto a ello, aparecen toda una variedad de accesorios centrados en lo acústico, bien sean situacionales, identificativos o directamente violentos. Entre estos últimos destacan las varas de alcalde, los palos diversos y el famoso matapecados, todos con la misma función. Los elementos visuales y los sonoros acompañados de la gestualidad de los actores eran elementos básicos de la representación. No se entiende un entremés sin gritos, ruidos o golpes, a diferencia de la comedia.

---

[152] Instrumento carnavalesco por excelencia (Rodríguez Cuadros, 2000, p. 121), de más ruido que daño. Ver también Asensio, 1971, pp. 20-22.

[153] Así en el texto, aunque apunta hacia 'no' o 'no os'. Se puede consultar al respecto, el interesante estudio de M. A. Sardelli, 2014, pp. 259-271.

Los arquetipos y el tipo de público al que se dirigían lo esperaban así. No provenían estos de ninguna tramoya complicada sino de simples objetos al alcance de cualquiera capaces de generar diferentes efectos sonoros: dagas, espadas, campanillas, cadenas de presos, escobas, carretones de amoladores, zapateados mientras se bailaba o cantaba...; o, incluso llegando al protagonismo absoluto, como se da con la baqueta del tamborilero que no deja de sonar en casi toda la obra, motivo de discusión en el matrimonio.

Quedan otros accesorios de extraordinaria vis cómica cuya función es la de aprovecharse de la inocencia de algún personaje, con evidentes efectos risibles; son los objetos mágicos, de largo recorrido en el género. En *El libro, Las lenguas* y *La mariona* cumplen un papel central, con la misma función maravillosa, pero diferentes consecuencias. El primero representa un timo para robar dinero; los otros dos son simples burlas sin más trascendencia. Los poderes de estos objetos oscilan entre regalar comida al instante, el primer caso, o la aparición de una serie de personajes famosos con su lectura[154]. Fuera del ámbito de lo maravilloso, también se pueden considerar otros objetos como las barbas postizas caídas a uno de los timadores de *El francés* o los trajes exagerados de grandes señores del mismo entremés y de *El sí* o de *Rana mujer*, el «sortichone», símbolo de la rapiña en *El francés*... todos con el mismo valor cómico.

Caracterizaciones

Ya se ha repasado cómo el dinamismo escénico llega a constituir una marca inherente al género, al mismo tiempo que este se incrustaba en el quehacer cotidiano del actor, condicionando su expresividad o su gestualidad. En este apartado se intentará reflejar de qué manera repercute este principio, una vez comentadas las máscaras en su apartado correspondiente.

Las técnicas de la gestualidad eran forzosamente una de las habilidades que todo actor de la época debía dominar. Apunta Cascales al respecto en sus *Tablas poéticas*: «El mimo, dice Donato, imitaba las personas más viles y leves, describiendo las acciones con grandes extremos de gesticulaciones y meneos, muy lujuriosa y desvergonzadamente»[155]. Esa tendencia a la exageración facial o corporal marcará la técnica gestual del actor entremesil, casi siempre en busca del efecto cómico. Normalmente, este repertorio de caras y gestos no los señala el escritor, sino que es responsabilidad del propio actor su puesta en práctica. De

---

[154] Trasunto de *Los refranes del viejo celoso*, atribuido a Quevedo y Quiñones de Benavente (Madroñal, 2013).
[155] Ed. Benito Brancaforte, p. 130.

todos modos, aparte de esas situaciones corrientes de las que poco sabemos, pero podemos intuir, la acción dramática siempre dispone de momentos en que pone a prueba las habilidades más dinámicas de los actores. Veamos algún ejemplo. El 'pantuflazo' sonoro que propina el escribano al barbero de *Ranilla*, aparte de su inspiración carnavalesca y su importante función dramática, apela directamente a lo más caricaturesco del género: la violencia física y visual de golpes y caídas, que el cine mudo del *slapstick* recogería como uno de sus fundamentos interpretativos. El gracioso de *El sí* caminando por la calle con los brazos abiertos como medida para encontrar a una persona; los timadores que comen a destajo y tiran los vasos al suelo como muestra de alegría en el mesón de *Paga* o el barbero disfrazado de convidado de piedra en la cena de *Ranilla*; el tamborilero de la obra del mismo título, en medio de la calle con gestos ridículos por la noche para asustar a los transeúntes (*¡No de haber persona humana / que no se muera de verme!*).

De todas las piezas, aquella cuya dinámica es más gestual es *Los golosos*. Ver contorsionarse a unos criados para satisfacer sus voraces apetitos, no necesita de diálogo. La escena final de estos deviene una especie de *tour de force* físico (*Mete Lorenzo la cabeza por entre las piernas de Perico y sale por las espaldas, y luego le toma en brazos* o *Pónese el Vejete a cuestas, encima de Lorenzo, y le agarra muy bien*, en un final con matapecados incluido), donde la cinésica sustituye a la palabra como fuente de toda risa. Este modo 'circense' de actuar, no verosímil, también sirve para mostrar cuán alejado estaba el entremés de la representación costumbrista. Es indudable que el ingrediente motriz en todos estos casos, y el histrionismo de las caídas, las habituales persecuciones o los finales a palos, debían de ser más graciosos que cualquier parlamento jocoso.

Finalmente, todo este lenguaje visual[156] no se completaría sin mencionar los movimientos de los bailes, finales o integrados en la trama, con pequeñas coreografías, tan diferentes a las danzas cortesanas[157]; y el maquillaje, como una invitación más a ese mundo de lo exagerado; ingrediente necesario para algunos tipos fijos como los vejetes, los sacristanes o Juan Rana, con sus caras enharinadas[158], cumple papel cómico en algunas obras, a pesar de que poco de ello se observe en las acotaciones. En *El gigante*, al pintar de blanco la cara del supuesto gigante, se descubre toda la estrategia del sacristán disfrazado para ver a la hija del pintor encerrada.

---

[156] Navarro de Zuvillaga, 1996, p. 124.
[157] Arellano, 2016, p. 286.
[158] Rodríguez Cuadros, 2000, p. 129.

4. Apunte métrico

Quizás sea en la métrica donde se advierta con más claridad los problemas de transmisión que sufrieron tantas y tantas piezas breves de la Edad de Oro de nuestra literatura. Recomponer entremeses que el tiempo ha maltratado con deturpaciones o lagunas varias, puede considerarse una de las empresas más difíciles y a la vez cruciales de la crítica moderna. Con un simple vistazo al Aparato Crítico de esta antología, el curioso lector podrá comprobar hasta qué punto era habitual la incursión de unas manos diferentes a las del autor. No se puede afirmar que las piezas aquí presentadas hayan llegado intactas hasta nosotros, porque no se han encontrado autógrafos de las mismas, aunque hay algunas con un solo testimonio. La consecuencia más palpable de este proceso es el desajuste métrico que acompaña a una buena tirada de versos, prueba que obliga al editor de una edición crítica a tratar de recomponer el propósito inicial de escritura.

Como se apuntaba al principio, la métrica, y en especial la medida, podría considerarse como el verdadero termómetro de la transmisión textual. Son numerosas las ocasiones en que la cadencia sonora se rompe y no precisamente por culpa del escritor. Las diferentes intervenciones a lo largo de los tiempos han provocado situaciones que hoy se pueden considerar anómalas o incluso amétricas. Versos hipermétricos difíciles de arreglar así como están y sin ningún otro testimonio con el que cotejar, aparte de ser auténticas anomalías, denotan sin duda, problemas serios de intervención en el original.

Entre los doce entremeses de esta colección, los hay que aparecen casi intactos o sin desajustes métricos reseñables, pero los hay que se han tenido que someter a un proceso depurativo con decisiones que, en algunos casos, podrían considerarse incluso discutibles. En ambos extremos se sitúan *El francés*[159], y *El sí*, respectivamente. Este último, también atribuido a Sebastián Rodríguez de Villaviciosa con el título *El sí y la almoneda*, es uno de los más significativos en cuanto a los fenómenos de ajuste.

Los problemas que presentan estas piezas en cuanto a su encaje métrico son, en su mayoría, inherentes a su conservación textual más que debido a problemas de versificación propiamente dicha que el autor seguramente no contempló. Desde ese punto de vista se advierten cuatro fenómenos.

a) Acondicionamiento de endecasílabos en las silvas. Este es uno de los típicos problemas de transmisión. En *El sí*, por ejemplo, en cuatro ocasiones ha habido que suprimir alguna sílaba o palabra del verso, con el fin de ajustarlo a la rima o la medida. Sílabas en v. 140: «Ya se conoce ('reconoce'). Miren lo

---

[159] Cotejados tres testimonios: 1670, 1676 y una suelta sin pie de imprenta (siglo XVIII).

que pasa»; o palabras en v. 130: «Sin que impedirse ni estorbarse ('aquesto') pueda».

b) Versos cortos o largos cuya unión o separación provoca tiras hipermétricas o hipométricas. Fenómeno especialmente característico en las silvas. En *El sí*, por ejemplo, la repetición del monosílabo del título choca con su encaje entre los endecasílabos o los heptasílabos. En la silva de octosílabos de *El libro* aparecen versos cortos (4, 5, 6 y 7 sílabas) para dar entrada o continuar algunas canciones, de difícil acomodación.

c) Pérdida u omisión de versos, fenómeno también recurrente en la transmisión. Esto se percibe sobre todo en la rima y es palpable en varios entremeses, especialmente en la rima de los romances por la inserción de elementos ajenos. Veamos cómo sufre la combinación 'á-a' en *La mariona*:

MARIONA   Si aquesta memoria pasas,
como los fueres leyendo,
vendrán todos a esta casa.

Dale un papel.

ALCALDE   Mostrad. Veré este milagro.

Lee.

Las folías...

Sale un bailarín, y canta y baila.

BAILARÍN   ¿Qué nos mandas?

Canta.

¡Que no me las ame nadie,
a las mis folías, ¡eh!;
que no me las ame nadie
que yo me las amaré!

ALCALDE   Por Jesucristo que son
las folías bien mandadas,
mas volvamos a leer.

Lee.

El caballero...

Sale otro vestido a lo antiguo, y danza y canta.

CABALLERO   ¿Quién llama?

                    Cantan.

                    Que de noche le mataron
                    al caballero,
                    a la gala de Medina,
                    la flor de Olmedo.

ALCALDE   ¡Que hubo tiempo en que bailasen
                    con la capa, gorra y bragas!
                    Paso adelante: el villano.

                    Sale uno de villano y zapatea.

VILLANO   Aquí estoy.

ALCALDE   ¡Qué listo que anda!
                    (*La mariona*, vv. 175-195)

En algunos cambios de acción, la rima también puede verse alterada:

                    [...]
                    que dar al muerto la vida
                    u dar al verdugo el cuello.

                    Vase.

RANA.   ¿Porque aquí no hay más remedio
                    que dar al muerto la vida
                    u dar al verdugo el cuello...?
                    (*Juan Ranilla*, vv. 188-192)

d) Un accidente muy característico es la introducción de algunas formas extrañas en las series métricas en las cuales se insertan, bien sea por canciones, estribillos populares, frases hechas... especialmente visibles en las tiras de octosílabos. En *Las lenguas* la introducción del estribillo de una canción popular gallega altera en seis ocasiones el decurso de un romance (también visible en *La regañona*). El romance de *La mariona* se interrumpe para dar entrada a interludios musicales con seguidillas, folías o pareados. Expresiones paremiológicas en endecasílabos pareados aparecen en el romance de *El tamborilero*. Versos hipométricos se insertan en la silva de octosílabos de *El libro* (apartado b), fenómeno este que también apunta hacia las carencias de la transmisión.

Los versos sueltos, sin rima, es un fenómeno connatural a las silvas de endecasílabos o de consonantes. Como se puede observar en las Tablas Métricas, a Cáncer le gusta apostar, mayoritariamente, por la rima, siguiendo la tónica de la época, y solo en contadas ocasiones se permite algunas licencias. El más significativo de estos casos lo representa *Rana mujer* con 41 versos no rimados y el *El libro* con 25. Caso aparte son las tres seguidillas finales de *El sí* sin rimar, suprimidas en algún testimonio. Lo cual induce a pensar en un final musicado añadido para algunas representaciones ajeno a la métrica de la obra.

Es en las dos primeras décadas del siglo XVII cuando la fórmula versificadora del entremés alcanza su madurez[160], triunfa la Comedia Nueva y empiezan a generalizarse las formas más cercanas a la prosa dentro del verso[161], quizás por su tono realista y por no sufrir los rigores de «los grillos de la estrofa»[162]. Y es en ese momento donde surgen las dos formas que más contribuyeron al triunfo de este tipo de teatro: la silva de pareados (ocasionales) y los romances. Por la época en que fueron escritas, ya denotan la facilidad de acomodo que encontraron en el teatro, convirtiéndose con diferencia en los reyes de la métrica, por su agilidad y fácil adaptación a los nuevos ritmos.

El fenómeno pudo ser natural si, tal como recuerda E. Asensio, tanto el endecasílabo como el octosílabo eran los metros más «adecuados a su tonalidad cómica»[163]. En un estudio realizado recientemente a propósito de la edición de una de las colecciones de entremeses más importantes del siglo XVII, cronológicamente la tercera, los *Entremeses nuevos de diversos autores para honesta recreación* (Francisco Ropero, Alcalá de Henares, 1643)[164], con plumas tan diferentes como Quiñones de Benavente, Calderón o Quevedo, las silvas y los romances ocupaban casi el ochenta y tres por ciento del total de las veintidós piezas. En el presente recopilatorio llegan hasta el noventa y siete por ciento. Aunque estos entremeses no formaban parte de ninguna colección, el azar demuestra también que este porcentaje es sintomático de su monopolio y del poco espacio que dejaban a las otras combinaciones.

---

[160] Según E. Asensio hacia 1620 ya había encontrado una fórmula estable de versificación (1971, p. 66). Después de esta época ya no se imprimen entremeses en prosa. Bergman retrasa esa fecha hasta 1622 (1965, p. 258).

[161] Buezo, 1993, p. 230.

[162] Asensio, 1971, p. 64.

[163] 1971, p. 63.

[164] Ed. González Maya, publicado en Newark/Delaware, Juan de la Cuesta, 2012.

Formas métricas

	Núm. versos	Porcentaje
Silva	1349	48,7
De consonantes[165]	1151	
De endecasílabos[166]	147	
Otras combinaciones	51	
Romance	1323	47,8
Otras	96	3,5

Como organización básica, ambas formas son las que sostienen mayoritariamente la acción de todas las piezas. Cuando se introduce un tercer o cuarto pasaje métrico, este suele ser de metros cortos y abarca un fragmento secundario o accidental de la trama, normalmente como remate final. No obstante, la alternancia de ritmos consigue imprimir cierto dinamismo a las escenas. Solo hay una pieza monométrica, *Los golosos*, en silvas; siendo lo habitual la combinación entre silva, romance y un final con seguidillas. Las silvas son imprescindibles en todas las obras, no faltan a la cita en ninguna, los romances solo en dos. Del resto de combinaciones, destaca la seguidilla (en todas menos en cuatro), también de inspiración popular por su tono festivo y cantable, tan apropiado para los finales; y, en menor medida, las redondillas (dos casos). Esto es lo más habitual en los entremeses y la tendencia que sellará métricamente la arquitectura del género.

En el caso de las silvas, estas son las formas métricas preferidas para abrir el argumento y presentar a los personajes. Diez de las doce piezas así lo atestiguan. Estas van desde un 100 % (*Golosos*) o 98 % (*Juan Rana*) hasta un 17 %, la que menos (*Gigante*). La tirada más larga es de 168 versos (*Libro*) y la más corta, de 52 (*Gigante*). De donde se deduce que la estructura de las piezas determina el tipo de métrica.

Cuatro son las variantes presentadas, aunque el modelo preferido es, con diferencia, la silva de consonantes pareados (endecasílabos más heptasílabos: 1151 versos, 85 %), como en Benavente[167], seguida a distancia de la de endecasílabos (147 v, 11 %); las de heptasílabos y octosílabos solo suman un 4 %. La silva de consonantes es la preferida para abrir el diálogo (siete casos contra tres de endecasílabos), posiblemente motivado por los principios en pleno conflicto

---

[165] Endecasílabos (mayoritarios) y heptasílabos con rima consonante en pareado y ocasionales versos sueltos.

[166] Endecasílabos con rima consonante en pareado y ocasionales versos sueltos.

[167] Bergman, 1965, p. 205. Ver tabla anterior.

tan característicos y la agilidad de las intervenciones iniciales. En la silva de consonantes, los endecasílabos siempre son la opción mayoritaria y con diferencia, siendo solo en *Las lenguas* el único caso en que las proporciones se igualan (17 % frente a 12 %). Como apunta E. Asensio, este «servirá para recortar y dar energía al coloquio, sin esclavizarlo a los grillos de la estrofa»[168]. En estos casos, Cáncer sigue la tendencia marcada por Quiñones de Benavente y continuada por Calderón, entre otros[169], en el período de esplendor del género.

En la mayoría de entremeses se utilizan tres combinaciones métricas (siete casos), aunque no es raro ver cuatro e incluso cinco (*La mariona*). El primer corte o cambio de forma métrica se ofrece como media en el verso 100, siendo sustituido en la mitad de los casos por un romance. Los cambios son mayoritariamente bruscos, como demandan las dos series principales empleadas, sin el engarce de la rima. Lo cual obedece, sobre todo, a una razón importante: el cambio de escena y de ritmo. Todo lo cual constata la preeminencia del metro italiano, solo o combinado con heptasílabos, para la presentación de la acción y de los personajes e inicio de la burla. Un caso prototípico sería *La mariona*, con la primera mitad en silva de consonantes (vv. 1-115) y la segunda en romance (vv. 116-209).

Estos principios suelen gustar de empezar la acción en un punto álgido que atrape de inmediato a los espectadores. En este sentido la conversación agitada entre dos personajes en silva de pareados suele ser la más habitual. Veamos el inicio de *El tamborilero*:

Sale el vejete tras el gracioso de villano.

Gracioso	Deténgase, muesamo, que me han muerto.
Vejete	Si no lo estás, que lo estarás es cierto.
Gracioso	No tuvo Herodes tan cruel fiereza; ya que me pega, guarde la cabeza.
Vejete	¡Vive Dios, mentecato!
Gracioso	Diga. ¿Qué he hecho?
Vejete	No hacer cosa que mando de provecho.
Gracioso	Abaje el palo y cesen las mohínas.

La brevedad de este tipo de piezas y la fácil conexión de los estereotipos con el público inciden en la economía de los planteamientos y en el dibujo de

---

[168] 1971, p. 64.

[169] Aunque Cáncer continúa con la misma diferencia de uso entre los dos metros favoritos de las silvas, en Calderón, y posteriormente Moreto, esta todavía es más acusada (Lobato, 1991, p. 116-117). Los niveles de los versos cortos en las silvas son, en cualquier caso, bajos en el género.

los personajes, ayudado siempre por un endecasílabo ágil, en esticomitia, rayano con el prosaísmo. No obstante, no todos los principios pertenecen al género de disputa. Hay casos en los que se enuncian los preparativos de la burla, como en estos dos iniciales de *Rana mujer*:

> Barbero   Casilda, ¿qué maraña es la que intentas?
> Herrador   ¿Por qué te vistes de hombre?

Las dos piezas que se abren con romances dan lugar a unos parlamentos menos ágiles, donde el personaje inicial en una tirada máxima de diez versos explica algún tipo de queja, como en este caso de *El sí*:

> Ladrón 1   Amigo, ya el noble oficio
> de ladrón no tiene medra,
> pues no se halla ocasión
> en que las uñas se metan.
> Ya de moho, sin curarse,
> no abren las llaves maestras;
> y como no están trilladas
> las ganzúas crían yerba.
> En fin, perecemos todos
> sin remedio.

En el desarrollo lo privativo es el intercambio comunicativo rápido. Apenas se ofrecen brevísimos monólogos, nada de conflictos interiores. Que Cáncer era partidario de un inicio ágil, rápido, da cuenta la ausencia de los monólogos iniciales tan característicos del género, con algún tipo de conflicto o reflexión. Solo en *La regañona*, obra atribuible, se puede considerar como tal, con una tirada primera de 43 versos en silva de consonantes. En *Las lenguas* y *Los golosos* no superan los doce versos.

Por su parte, el romance, segunda forma métrica (48 %), y la más característica del entremés benaventiano[170], es, como se ha estudiado, el metro más cercano a los ritmos de la conversación[171], y posiblemente el más próximo al público o el más reconocible y asimilado por este. Junto con las silvas son las formas que soportan el peso de la acción. Este aparece sin apenas variantes métricas. Se puede ver como estribillo de alguna canción o jácara popular («Zampuzado en un banasto», *Ranilla*), como cierre musical de algunas piezas («Al villano se lo dan, /

---

[170] Bergman, 1965, p. 210.
[171] Asensio, 1971, p. 76.

la cebolla con el pan», *La mariona*[172]) y en su cometido principal, como soporte de la acción interna en largas tiradas. Si, además, se tiene en cuenta su poesía, la tirada de octosílabos asonantados es la forma métrica favorita de Cáncer en toda su producción. Alcanza hasta los 238 versos en la serie más larga (*Gigante*) y los 12 en la más corta (*Lenguas*). Aunque, a diferencia de las silvas, no tiene en esta selección ninguna pieza entera escrita en esta forma. El porcentaje de uso más bajo es del 5 % (*Lenguas*); el más elevado, 80 (*Gigante*).

A modo de resumen, se ofrece en la siguiente tabla el esqueleto métrico de todas las piezas estudiadas, en cantidades y porcentajes.

Entremeses			Formas métricas[173]					
	vv.	c.m.	s.cons	s.end	silva	romc	redd	segd	otras
Este lo paga	209	4	27,7	6,2		62,2		3,8	
El francés	171	3	73,1			22,2		4,7	
El gigante	298	3			17,5	79,8		2,7	
Los golosos	121	1	100						
Juan Rana	188	3	88,3		9,6[174]			2,1	
J. Ranilla	336	3	41,4			56,2		2,4	
Las lenguas	228	3	25,9			66,5	7,6		
El libro	267	4	50,6		12,3[175]	35,6		1,5	
La mariona	209	5	55			40,2		1,9	2,9[176]
La regañona	354	3	45,2			53,7		1,1	
El sí	229	4	31,4	11,8		51,5		5,2	
Tamborilero	158	3			34,8	61,4			3,8[177]
TOTAL[178]	2768								

---

[172] Conocido estribillo musical que aparece en escritores como Cervantes (*Don Quijote*), Lope de Vega (*San Isidro labrador*) o Quiñones de Benavente (*La socarrona Olalla y Lanzas*) y en numerosos romances y entremesistas de la época (Frenk, 2003, pp. 1070-1072).

[173] En porcentajes. Abreviaturas: *vv*: versos; *c.m.*: combinaciones métricas; *s.cons*: silva de consonantes; *s.end*: silva de endecasílabos; *romc*: romances; *redd*: redondillas; *segd*: seguidillas; *quint*: quintillas.

[174] Silva de heptasílabos.

[175] Silva de octosílabos.

[176] Folía, 1,9; Pareado, 1.

[177] Tercetos mixtos.

[178] Medias: de versos, 230,8; de combinaciones métricas, tres.

En cuanto al cómputo silábico, los 2768 versos de la suma de todos los entremeses, arrojan una media de 231 versos por composición. Los dos metros más utilizados andan muy parejos en cuanto a su frecuencia: endecasílabos, 39 % (1080 vv.) y octosílabos 49 % (1356 vv.). Ambos sumarían el 88 % del total; su predominio, por tanto, es aplastante.

La distribución de metros por entremeses (en porcentajes) sería la siguiente:

	Endeca	Octo	Hepta	Otros
Este lo paga	30,1	62,7	4,8	2,4
El francés	59,6	22,2	12,9	5,3
El gigante	16,8	80,1		3,1
Los golosos	76,9		23,1	
Juan Rana	81,9		16	2,1
J. Ranilla	30,6	56,3	10,4	2,7
Las lenguas	17,1	65,8	11,8	5,2
El libro	40,5	44,9	11,2	3,4
La mariona	45,4	44,5	9,1	1
La regañona	38,7	51,4	9,3	0,6
El sí	36,2	51,5	7,4	4,8
Tamborilero	34,8	58,9		6,3

	Totales			
En versos	1082	1356	252	78
En %[179]	39,1	49	9,1	2,8

En cuanto a la rima, la de los pareados de las silvas fluctúa según la composición, aunque como norma general son mucho más abundantes los versos rimados que los sueltos, lo cual demuestra un innegable dominio de la técnica. Estos últimos se dan en mayor proporción en la de consonantes (6 %) que en la de endecasílabos (3 %), donde la rima casi nunca falla. El porcentaje de rima en todas las formas métricas es bastante alto, va del 100 % de *Francés*, *Gigante* o *Regañona* al 78 % de *Rana mujer*.

---

[179] Sobre el total de 2768 versos.

ASONANCIAS ROMANCES –
NÚMERO DE FRECUENCIAS

e-o: 4	i-a: 1
a-a: 4	a-o: 1
a-e: 1	-é: 1
e-a: 1	-á: 1
e-o: 1	

En cuanto a las asonancias de los romances se refiere, el dato más significativo que cabe resaltar es que las dos combinaciones más repetidas (e-o y a-a) lo son también por Calderón y Quiñones de Benavente, tal como se estudió en los *Entremeses nuevos (1643)*[180]. Además, la 'e-o' era la opción favorita de Quiñones, y la 'a-a' la de Calderón y Moreto[181]. La rima es altísima, en ocho de las diez composiciones es del 100 %; en las dos restantes, solo algún verso suelto.

La importancia de estas combinaciones es tal que siempre ocupa partes relevantes de la acción. Normalmente, va inserta en la sección central, y solo en una ocasión (*Tamborilero*) llega hasta la parte final de la obra. Casi siempre se relaciona con la ejecución de alguna burla a costa de algún alcalde ridículo (robar dinero, comer de gratis, hacer creer en los poderes de un libro mágico...); pero también reaparece en el desfile de los personajes estrafalarios de *Las lenguas*, hablando cada uno según su procedencia, todo un alarde versificador.

El número de asonancias por romance es bajo y muy repartido. De las diez piezas con versos arromanzados en seis casos se encuentra una asonancia; y en cuatro, dos, siguiendo también la moda. Más de dos no se dan.

La redondilla, importante en la comedia, aquí ocupa un lugar testimonial. Solo tiene cierto protagonismo en *Las lenguas* con el popular baile «Lanturulú, lanturulú»; en cambio, la seguidilla sí que es muy representativa del entramado musical de la obra. Las otras formas métricas ocupan un lugar irrelevante en porcentajes; forman parte de ese margen de juego con las formas métricas alejadas de la tradición, habitual en el género. En estos casos con metros cortos, como la silva de octosílabos, la folía, los tercetos mixtos o el pareado octosílabo inserto en un romance, siempre en cantidades muy reducidas.

---

[180] 2012, p. 80.
[181] Lobato, 1991, p. 120. También en Bergman, 1965, p. 211.

Métrica y Música

1. *Este lo paga*: no hay música.
2. *El francés*: al final, salen los músicos, cantan todos (vv. 164-171: seguidillas). Total: 8 v.
3. *El gigante*: al final, cantan y bailan (vv. 287-290: romance; 291-298: seguidillas). Total: 12 v.
4. *Los golosos de Benavente*: no hay música.
5. *Juan Rana mujer*: cantan Casilda y Juan (vv. 106-107: silva de consonantes); al final, una mujer cantando (vv. 167-170: redondilla). Total: 6 v.
6. *Juan Ranilla*: canta una voz, Rana (vv. 195-210: «Zampuzado en un banasto»: romance); versos finales cantan Rana y Ranilla (vv. 329-336: seguidillas). Total: 23 v.
7. *Las lenguas*: canta y baila la gallega (vv. 118-119, 124-125: romance); cantan el irlandés y el gracioso (vv. 160-171: redondillas); canta el gracioso (vv. 176-180); al final, cantan y bailan todos (vv. 219-224) con el gracioso (vv. 226-227: romance). Total: 29 v.
8. *El libro de qué quieres, boca*: cantan y bailan Dura y Blanda (vv. 143-168, menos los versos del alcalde, que no canta: 22 vv.: silva de octosílabos), baila el alcalde con ellas, pero no canta; cantan y bailan Dura y Blanda y los músicos (vv. 240-255: 16 vv.: romance). Total: 38 v.
9. *La mariona*: cantan y bailan la Mariona, el alcalde y el escribano (vv. 179-183: romance); versos finales cantan todos (vv. 188-191, 196-197 y 202-209: romance). Total: 19 v.
10. *La regañona y fiesta de toros*: no hay música.
11. *El sí*: solo versos finales (vv. 218-229: silva de consonantes y seguidilla). Las seguidillas las cantan todos los personajes. Total: 12 v.
12. *El tamborilero*: canta Mortero (vv. 82-83: romance); cantan al final Jusepa y Mortero (vv. 153-158: tercetos). Total: 8 v.

Métrica y Música

Versos cantados		
Nº de entremeses cantados: 9 (75 %)		
	Total	155 v.
	Media	17,2 v.
	Porcentaje	5,6 %

Formas métricas	Forma métrica	Nº	%
	Romance	8	(44,4 %)
	Seguidillas	4	(22,2 %)
	Silvas	3	(16,7 %)
	Redondillas	2	(11,1 %)
	Tercetos	1	(5,6 %)

El espectáculo del teatro breve en esta época también tenía una dimensión musical e incluso bailable relevante. Si lo crucial era divertir y conseguir el favor del auditorio, la música jugaba también un papel importante. En casi todos los entremeses aparecen fragmentos cantados (nueve de doce), y en cinco de ellos aparecen como una *dramatis personae* más los «músicos» en el repertorio inicial, indicativo de su peso específico. El número total de versos cantados, y normalmente bailados, es de 155, arrojando una media de 17 por entremés (6 %). Una muestra bastante significativa de la importancia que adquiría la música y los músicos (elementos imprescindibles de las compañías) en este tipo de piezas. El entremés con mayor peso de la secuencia musical es *El libro*, con las mozas Maridura y Mariblanda, recordando incluso jácaras tan conocidas del público como la de Escarramán (*Ya está metido en la trena / tu querido Escarramán*). Cáncer, también especialista en jácaras[182], era un hábil conocedor de toda la tradición de origen popular, folclórica o literaria. Y esto es característico tanto de su poesía

---

[182] González Maya, 2007, pp. 72-82.

como de su teatro breve, tal como se da cuenta en la anotación[183]. La pieza con menos elementos musicados, *Rana mujer*, contiene solo seis versos.

Donde, obviamente, más brilla el pasaje musical es en los remates finales. Todos los entremeses cantados se despiden con música y/o baile en el tramo final con versos de arte menor, bien anunciándose por el autor en acotación, bien por los propios personajes, quienes dan cuenta del cambio. En ocasiones la secuencia corre a cargo de unos personajes significativos; en otras, es el elenco al completo, con o sin acompañamiento de músicos. Veamos algunas de estas fórmulas:

- «Cantan y bailan» (Todos). *El gigante*.
- «Zapatea el alcalde con el villano». *La mariona*.
- «Vaya y bailemos» (Todos). *El sí*.
- «Vaya, pues ya me ha picado, un baile entre todos» (Alcalde). *La Mariona*.
- «¡Vaya de baile y de gira!» (Todos). *El tamborilero*.
- «Pues alegrémosle un rato todos bailando y tañendo» (Ranilla). *Juan Ranilla*.
- «Salen todos y una mujer cantando» (Acotación). *Rana mujer*.
- «Pues veamos, si es que sabéis bailar, porque no lo erremos; y comience la gallega» (Gracioso). *Las lenguas*.

Subjuntivo y gerundio son las formas verbales escogidas para dar inicio al final festivo, con la intención de romper con el ritmo o el tono anterior y dejar ese 'final feliz, despreocupado' que el público tanto esperaba, donde los personajes resuelven sus cuitas en un desfile final pleno de música y alegría. Lo cual, se puede pensar, contrasta con todo lo sucedido con anterioridad, poniendo incluso en tela de juicio el entramado argumental seguido, como si todo hubiera sido una broma, un divertimento.

Y es también aquí (aparte del paso de la prosa al verso) donde se nota el proceso de adaptación de los entremeses en el cambio de siglo, en la sustitución de los finales a palos del siglo anterior por los finales cantados. Todavía es muy característico que algunas piezas acaben riñendo, pero a palos ya no lo es tanto. Solo en *Los golosos*, que acaba con esta acotación: «Aporréanle al viejo Perico y Marina con unos matapecados, y acábase el entremés», recordándola célebre cachiporra tan característica del género.

---

[183] En el mismo entremés: «Clarín que rompe al albor / no suena mejor», estribillo tradicional de *La vida es sueño* (II, vv. 1218-1219) y en un romance de Góngora, *Contando estaban sus rayos*; o la conocida jácara *Relación que hace un jaque de sí y de otros* («Zampuzado en un banasto», Quevedo, *POC* 856), en *Ranilla*. En *El tamborilero* se escoge una opción más bien extraña para estos menesteres como los tercetos para introducir un refrán: «Mi marido es tamborilero, / Dios me lo ha dado / y así me lo quiero».

En cuanto a las formas métricas de la parte final de los entremeses, Cáncer sigue la práctica de despedida con seguidillas, tan adecuadas para el canto y el baile. Estas, en lo habitual, no solo introducían el aparato musical, sino que representaban una especie de resumen de la acción o algún consejo final. Era lo previsible. En los siete casos en que así se plantea (58 %), esta estrofa aparece por primera vez en estas despedidas, y solo ahí. Tres en forma estrófica definida, las otras cuatro en diálogo, por lo que se ha tenido que reconstruir, aunque nunca van más allá de tres series. Tercera en frecuencia de uso, después de silvas y romances, se usa en ocho de los doce entremeses; va desde los doce versos de la tirada más larga (12 %, *El sí*) hasta los cuatro de la más corta (tres ocasiones). El tipo predominante es la estrofa de cuatro versos con alternancia de heptasílabos y pentasílabos, aunque en más de una ocasión se cuela algún hexasílabo, como en Quiñones de Benavente[184]. Esta alternancia de dos versos desiguales era característica de la seguidilla[185], por eso resulta tan difícilmente clasificable la irregular de *El gigante*, con versos de cuatro medidas diferentes: 4, 5, 6 y 7 sílabas. ¿O es una innovación del poeta? Puede que en este caso, como en otros, el final cantado y bailado estaba condicionando la estructura métrica.

A distancia, las otras dos formas empleadas en los finales son los romances y las silvas, con dos casos cada una, normalmente después de una larga tirada anterior. La versatilidad del romance está fuera de toda duda, logrando que también pueda ser adaptado para la música, como así sucede en el «cantan y bailan» de *El gigante*. En algunas ocasiones la despedida es con algún estribillo conocido, introduciendo alguna variante («Mi marido es tamborilero, / Dios me lo ha dado / y así me lo quiero», *Tamborilero*); pero en la mayoría de los casos, las letras son originales.

Solo en una ocasión aparece una forma extraña en estas situaciones. Unos tercetos mixtos, no encadenados, de nueve y seis sílabas con rima consonante primer y tercer verso, y libre el segundo; justificados por la inclusión de un conocido estribillo como el de *El tamborilero*, mencionado en el párrafo anterior.

Aunque la inclusión de versos musicados como colofón es la opción mayoritaria, también se pueden apreciar fragmentos cantados y/o bailados intercalados en el transcurso de la acción. En estos supuestos, lo más usual es que la música se integre perfectamente en la secuencia métrica, normalmente romance, pero también puede romper con ella, introduciendo otra estrofa diferente, aunque musicalmente esté justificado, como en el caso del famoso baile «Lanturulú, lanturulú» (*Lenguas*), entre versos heptasílabos; o las seguidillas entre silvas de consonantes de *El sí*. En este sentido, tal como se observa en las tablas anteriores,

---

[184] Lobato, 1991, p. 133.
[185] Bergman, 1965, p. 227.

no debe sorprendernos que el romance y el octosílabo, gracias a su ductilidad, sean la primera opción escogida (44 % del total). Las seguidillas, siendo tradicionalmente la estrofa que mejor se adaptó a la música, aquí cuando aparecen, solo lo hacen para rematar la pieza y es una opción minoritaria (22 %).

Como conclusión, la habilidad versificadora de don Jerónimo se hace patente a lo largo de todas estas obritas. Al igual que otros escritores, y siguiendo la estela iniciada por el creador del entremés moderno, Luis Quiñones de Benavente, sus preferencias métricas se centran básicamente en tres formas. Las silvas y los romances, en proporciones semejantes, para los inicios y desarrollos de las piezas, y las seguidillas para los finales cantados, en ese alegre fin de fiesta en que se convertía el entremés. Con un balance final favorable de los metros cortos frente al endecasílabo (61 % contra 39 %). No obstante, la combinación de versos cortos y largos en las silvas junto a la ductilidad del romance, era la fórmula perfecta para representar todo tipo de situaciones y acciones que demandaba el género.

TABLAS MÉTRICAS

1. *Este lo paga*

Versos	Forma Estrófica	Irregul.	Sin rima	Total	%
1-13	Silva de endecasílabos			13v.	6,2
14-71	Silva de consonantes	1	1	58v.	27,7
72-201	Romance			130v.	62,2
202-209	Seguidilla	1		8v.	3,8

2. *El francés*

1-125	Silva de consonantes	6		125v.	73,1
126-163	Romance			38v.	22,2
164-171	Seguidillas			8v.	4,7

3. *El gigante*

1-52	Silva de endecasílabos	2		52v.	17,5
53-290	Romance			238v.	79,8
291-298	Seguidillas			8v.	2,7

4. *Los golosos de Benavente*

1-121	Silva de consonantes		1	121v.	100

5. *Juan Rana mujer*

1-166	Silva de consonantes		35	166v.	88,3
167-170	Redondilla			4v.	2,1
171-188	Silva heptasilábica		6	18v.	9,6

6. *Juan Ranilla*

1-139	Silva de consonantes	1	3	139v.	41,4
140-328	Romance	1		189v.	56,2
329-336	Seguidillas			8v.	2,4

7. Las lenguas

1-12	Romance			12v.	5,3
13-70	Silva de consonantes	2	2	58v.	25,4
71-159	Romance	3		89v.	39
160-177	Redondillas			18v.	7,9
178-228	Romance	3	1	51v.	22,4

8. El libro de qué quieres, boca

1-135	Silva de consonantes		15	135v.	50,6
136-168	Silva de octosílabos	8	10	33v.	12,3
169-263	Romance			95v.	35,6
264-267	Seguidilla			4v.	1,5

9. La mariona

1-115	Silva de consonantes	1	9	115v.	55
116-209	Romance			84v.	40,2
180-183	Folía			4v.	1,9
188-191	Seguidilla			4v.	1,9
196-197	Pareado			2v.	1

10. La regañona y fiesta de toros

1-160	Silva de consonantes		160v.	45,2
161-350	Romance		182v.	51,4
205-207 / 232 / 253 / 284-286	Estribillo		8v.	2,3
351-354	Seguidilla		4v.	1,1

11. *El sí*

1-118	Romance			118v.	51,5
119-145	Silva de endecasílabos		1	27v.	11,8
146-217	Silva de consonantes	3	2	72v.	31,4
218-229	Seguidillas		12	12	5,2

12. *El tamborilero*

1-55	Silva de endecasílabos	1	1	55v.	34,8
56-152	Romance[186]	2	1	97v.	61,4
153-158	Tercetos mixtos			6v.	3,8

* Primer corte de combinación métrica 1096 / 11 = en el verso 100 de media.

---

[186] Contiene tres pareados con rima consonante de parónimos entre los versos 90-95, que parecen desmarcarse de la rima asonante del romance. Si, por el juego de palabras, se considera cada pareado como un verso solo, se mantendría la rima asonante en 'a-a'. Y un refrán en los versos 82-83.

II

ESTUDIO TEXTUAL

Las piezas que se presentan en este corpus, escritas entre los años 30, 40 y primeros 50 nunca se publicaron en vida del autor sino años más tarde[1], y no han vuelto a hacerse públicas hasta estos Clásicos Hispánicos. Aunque no sean inéditas, han circulado muy restringidamente en colecciones varias o sueltas de los siglos XVII y XVIII, ocasionalmente en el XIX y nada en el XX. Corresponden al período de consolidación del género, siguiendo la fórmula del Lope de Vega del entremés: Luis Quiñones de Benavente.

Aunque esas obritas compartían escenario con las de mayor duración, su transmisión, en cambio, va al margen de la de estas, ya que casi nunca se imprimían juntas así como era concebido el espectáculo. Tampoco era costumbre que las plumas más reconocidas las reunieran así como se hacía con las comedias, salvo raras excepciones (Quiñones de Benavente, Suárez de Deza o López de Armesto), por ello su proceso de transmisión puede complicarse aún más si cabe. Estas podían circular manuscritas, normalmente en los cartapacios de alguna compañía (los autógrafos son muy raros), sueltas o en colecciones varias impresas. Empezaron su andadura en 1640 con la publicación en Zaragoza de

---

[1] La impresión más antigua atestiguada corresponde precisamente al año de la muerte del poeta, 1655, en la colección *Autos sacramentales con cuatro comedias nuevas*. Los primeros recopilatorios de entremeses surgieron a principios de los años 40: Quiñones de Benavente, Quevedo, Calderón, Moreto... pero, curiosamente, ninguno en el que figurara Cáncer a pesar del éxito cosechado en las tablas. Habría que esperar a la década siguiente. Su nombre continuó apareciendo, no obstante, hasta los estertores de las colecciones del género, en la primera mitad del siglo XVIII.

los *Entremeses nuevos de diversos autores* (por Pedro Lanaja, a costa de Pedro Esquer), y constituyó el canal más habitual de transmisión de las obras de Cáncer y Velasco y de la mayoría de sus compañeros de género (Quevedo, Calderón, Moreto, los Vélez de Guevara…), ya que, a diferencia de su poesía, nunca se interesó en reunir su teatro breve[2]. Quizás porque el prestigio de la poesía era mayor que el del este, solo considerado un juguete cómico de entretenimiento. Además, tampoco era el objetivo primordial en la mentalidad de la época, ya que, como bien se sabe, lo importante era ganar dinero rápido con su venta a una buena compañía y no tanto su paso al taller.

Las colecciones de entremeses tuvieron su época de esplendor durante la segunda mitad del Seiscientos y llegaron hasta bien entrado el siglo xviii, luego desaparecieron. Las obritas de nuestro repertorio se pueden encontrar entre las siguientes:

- 1655. *Autos sacramentales con cuatro comedias nuevas*: El sí
- 1659. *Once entremeses*: Los golosos, La mariona, El tamborilero
- 1660. *Laurel de entremeses varios*: Este lo paga
- 1664. *Rasgos del ocio en diferentes bailes, entremeses y loas*: Juan Ranilla
- 1670? *Entremeses varios, ahora nuevamente recogidos*: El francés
- 1675. *Autos sacramentales y al nacimiento de Cristo*: El libro de qué quieres, boca
- 1676. *Flor de entremeses, bailes y loas*: El francés, El gigante, Juan Rana mujer, Juan Ranilla
- 1691. *Floresta de entremeses y rasgos del ocio*: Las lenguas
- 1700. *Manojito de entremeses a diferentes asuntos*: Las lenguas

Y los testimonios que han servido de base para su cotejo:

- *Este lo paga*: RAE, RM-6913 (s. xviii), [*Colección de*] *entremeses* (ms. s. xix)
- *El francés*: *Entremeses Varios* (1670?), Alonso del Riego (s. xviii)
- *El gigante*: *Colección de entremeses y bailes* (ms. s. xvii)
- *Los golosos de Benavente*: ms. 14516, Imprenta Real (s. xviii)
- *Juan Ranilla*: *Flor de entremeses* (1676)
- *Las lenguas*: *Manojito de entremeses* (1700), *Entremeses Varios* (s. xvii), Luis la Marca (s.a.)
- *La mariona*: *Los matachines* (ms. s. xvii), *Las mudanzas* (ms. s. xvii)
- *La regañona y fiesta de toros*: *La mal acondicionada* (ms. s. xvii)
- *El sí*: *El sí y la almoneda* (ms. 1692), Imprenta Estevan (1816)

---

[2] Con el título de *Obras varias*, apareció en 1651 en Madrid, por Diego Díaz de la Carrera.

Se han tenido, pues, a la vista escritos contemporáneos y otros muy posteriores, por el simple hecho de que muchos de ellos permanecieron sepultados durante años en las maletas de las compañías, y solo se conocen por impresiones tardías; porque desparecieron los libros que las publicaron y nos han llegado por copias del siglo XIX; o bien porque arribaron a la imprenta desde las ramas más bajas del *stemma* o desde las estampaciones sueltas del siglo XVIII (también síntoma de su fama)[3], que bien han podido servir para ilustrar pasajes concretos.

Por el mismo motivo, resulta complicado fijar el momento de escritura de las piezas, porque se sabe que se redactaron mucho antes de su publicación. El no haber podido dar de momento con las posibles circunstancias de la representación, unido a la ausencia de referencias internas en las obras, muy vagas, impiden siquiera acercarnos a fechas concretas. Parece fuera de toda duda, no obstante, que estas se escribieron en el período de madurez del escritor: final de los años treinta, pero sobre todo, años cuarenta y primera mitad de los cincuenta, y triunfaran por esos mismos años[4], cuando su fama ya era creciente.

El de las atribuciones y cambios de títulos es otro asunto espinoso. El nombre de Cáncer era habitual inquilino en esta lotería. Hombre famoso, la paternidad de sus piezas ha corrido por boca de los más ilustres representantes del género. En esta selección su nombre se ha asociado a los ilustres Calderón o Quiñones de Benavente, pero también a Pedro Rosete o Sebastián de Villaviciosa. Salvo en el caso del toledano, con el resto compartió inquietudes teatrales y, en algunos casos, amistad, participando en comedias colaboradas, otra de sus especialidades. Las adjudicaciones que se formulan son muy variadas, desde atribuciones espurias hasta tachaduras en los manuscritos o impresos, notas manuscritas de copistas del XIX, como Cotarelo y Mori, o indicaciones de autoría solo en los catálogos (La Barrera, Paz y Meliá, Simón Díaz…). Para los casos más complejos, se esboza un pequeño análisis de paternidad fruto del cotejo y otros indicadores.

De cara a la edición, se ha creído conveniente recoger todos los testimonios de cada una de las piezas aparecidos hasta el siglo XIX, al tiempo que se ha realizado un pequeño esbozo para aquellos que tienen cierta relevancia y han servido de base para la fijación de los textos. Se descartan los manuscritos de la BITB porque la mayoría son copias para lectura sobre fondos impresos del siglo XVII de la BNE.

---

[3] Son los casos de *El francés* (imprentas de Valencia y Valladolid) y *Los golosos de Benavente* (dos en Sevilla y una en Córdoba).

[4] Se puede consultar toda la transmisión de su teatro breve en la entrada sobre Cáncer y Velasco en el *Diccionario filológico de literatura española. Siglo XVII. Volumen I* (González Maya, 2010, pp. 257-270).

1. Repertorio de Piezas

1.1. *Este lo paga*

Testimonios y Filiación
Manuscritos
M-RAE, RM-6913. *Entremés de este lo paga. En Madrid, a 12 de octubre de 1728*. Sin atribución. En Castro Salazar, Juan de, [Entremeses] [Manuscrito], 271 h., ms. facticio[5]. Procede de la biblioteca del marqués de Alcañices.
BNE: Mss/14089. [*Colección de*] *entremeses*. 474 h.; 4º. Letra del s. xix, h. 289-296. En la primera hoja el nombre de Cáncer entre interrogantes: «Año de 1728. Es de Juan de Castro Salazar, de Juan Hurtado». En la segunda: «En Madrid, a 12 octubre de 1728», fechas ambas en las que se hicieron las primeras copias. Es copia que encargó el famoso compositor Francisco A. Barbieri en la segunda mitad del s. xix sobre el manuscrito original de Castro (RM-6913) con leves cambios.
BNE: Mss/14599/29. 6 h.; 4º. En portada: «en Cádiz, 14 de julio 1770». Sin atribución.
BITB: ms. 46947. Dos copias con letra del s. xix de *Laurel*, una de 13 cuartillas; y otra de 4 cuartillas. A nombre de Cáncer.

Impresos
Zaragoza: Juan de Ibar, 1660; 8º. *Laurel de entremeses varios. Repartidos en diez y nueve Entremeses nuevos. Escogidos de los mejores ingenios de España* (pp. 101-109). BNE: R/10499.

Parece fuera de toda duda la preferencia de la impresión de Juan de Ibar de 1660 sobre los otros testimonios, toda vez que 6913 es un manuscrito fechado en 1728 para uso de la compañía de Juan de Castro y Salazar. Este hecho es muy importante y se hace notar, especialmente, en las numerosas acotaciones que añade al texto primero explicando algunas acciones concretas que servirían para el desempeño del trabajo actoral al que iban dirigidas y que se han incorporado a nuestra edición por ser muy clarificadoras. Por lo demás, reduce a uno los diecisiete versos finales de 1660, y se despide con matapecados; no rectifica al impreso salvo para corregir algunas pequeñas erratas (v. 174, *esto / este*; v. 199, *lo / los*). Todo lo cual indica su dependencia del modelo del cual deriva. 14089 es una copia manuscrita del siglo xix que reproduce casi fielmente a 6913 sin mayor interés, pero con algunos ligeros cambios (v. 113, *pared en medio / pared por medio*; v. 127, *conforme a la ley / según las leyes*). No se conocen ediciones modernas.

---

[5] Hay descripción del manuscrito en Madroñal, 1995, pp. 523-568.

La anotación «es de Juan Castro Salazar» que rubrica la primera hoja de los manuscritos no es mención del escritor sino del propietario de la copia (posiblemente, realizada por él mismo) para el uso de su propia compañía. Actor célebre, llegó a hacer sus pinitos como entremesista. La mayoría de las treinta seis piezas de esta colección llevan fecha del primer tercio del siglo XVIII[6]. La pieza se escribió probablemente en la primera mitad de los 40, por la alusión a la obra de Calderón *Las manos blancas no ofenden*; según Valbuena Briones, representada en 1640 (1973, p. 1079).

Fuentes

El argumento es una recreación del conocido cuento popular picaresco de «Los cuatro estudiantes»[7], donde unos pícaros se reúnen para conseguir comida por engaño. Espinosa señala como fuentes literarias las medievales italianas (Sabadino delli Arienti y Morlini) y la española del *Patrañuelo* de Timoneda, núm. 18[8]. Maxime Chevalier apunta que la misma fábula, con muy pocas variantes, se repite en el entremés *El bodegón*, de Juan Vélez de Guevara (*Tardes apacibles de gustoso entretenimiento*, 1663)[9]. Temas: cuentecillos tradicionales, pícaros, soldados fanfarrones, criados bobos, ventas, comida.

1.2. El francés

Testimonios y Filiación
Manuscritos
BITB: ms. 46946. Letra del s. XIX. 10 fols. Copia de *Flor de entremeses*.

Impresos
Zaragoza: Diego Dormer, 1676. [8], 233 [i.e. 213], [2] p.; 8º. *Flor de Entremeses, Bailes y Loas. Escogidos de los mejores Ingenios de España* (pp. 210-217). BNE: R/7896, T/9087; BITB: VIT-038; BMP (Santander): (210).
Zaragoza: Herederos de Diego Dormer. [ca. 1677]. [4], 128 p.; 8º. *Entremeses varios, ahora nuevamente recogidos de los mejores Ingenios de España*. El entremés ocupa el lugar nº 18. BITB: VIT-017, VIT-068; BMP (Santander): 33433

---

[6] Madroñal, 1995, p. 551-552; entrada 103 para este entremés. En la entrada 1096 del *Catálogo de las piezas de teatro que se conservan en el departamento de manuscritos de la Biblioteca Nacional* de Paz y Meliá, se lee «*Don Domingo de don Blas*. Comedia de D. Antonio Zamora […] Copia de 1707. De mano de Juan Castro y Salazar».

[7] Espinosa, nº 197, p. 635 por la edición de 2009. También lo cita en su estudio M. Chevalier, 1978, p. 86.

[8] 2009, p. 689.

[9] 1983, p. 281.

Valladolid: Alonso del Riego, [s.a., s. xviii], 8 p., 8º. BNE: R/18276(22); BMP (Santander): 31839, 31861

Valencia: Agustín Laborda, [s.a., s. xviii], 8 p.; 8º. PR Real Biblioteca: IX/5012(23)

Los tres impresos cotejados, los dos de Zaragoza y el de Valladolid, ofrecen el mismo texto, coincidiendo en el número de versos, sin formular variantes; solo corrigen algún fonema (*vanse / vase, besi / beso, soletado / suletado…*). El de Valladolid sigue fielmente a Herederos de Diego Dormer, repitiendo, incluso, las mismas erratas (v. 100, *señor / señora*; v. 116, *patatón / paratón*), y estos enmiendan la plana a 1676 en un caso, el error del v. 108 (*entiendió / entendió*), por lo cual se deduce que el impreso sin fecha de los Herederos de Diego Dormer, debe de ser necesariamente posterior al de Diego Dormer. Ha parecido, pues, conveniente convertir en texto de autoridad la primera impresión conocida. En 2007 lo edité para *Au bout du bras du fleuve*[10]. No se conocen otras ediciones.

FUENTES

Entremés de ricos fingidos donde un galán pretende recuperar lo regalado a su dama haciendo disfrazar a su criado de noble francés. El mismo argumento, con variantes, se desarrolla entre otros entremeses en *La condesa*, de Juan Ruiz de Alarcón; *Los condes fingidos*, de Quiñones de Benavente; *La dama fingida* y *La novia burlada*, de Francisco de Castro; y *La hija del doctor*, de Francisco de Avellaneda[11]. Temas: falsa identidad, ladrones, mujeres pedigüeñas, matrimonios ventajosos.

1.3. El gigante

TESTIMONIOS Y FILIACIÓN

A nombre de Cáncer:

Zaragoza: Diego Dormer, 1676. [8], 233 [i.e. 213], [2] p.; 8º. *Flor de Entremeses, Bailes y Loas. Escogidos de los mejores Ingenios de España* (pp. 57-69). BNE: R/7896, T/9087; BITB: VIT-038; BMP (Santander): (210)

A nombre de Pedro Rosete Niño:

BNE: Mss/15403. *Colección de entremeses y bailes*. 104 h., s. xvii; hs. 4-8.

BITB: BCN Magatzem Sedó, manuscrit 61574. Consta en el catálogo manual: «7 hoj. Copia de ms. del s. xvii de la Bib. de O. Lleva una nota manuscrita de D. A. Fdez-Guerra». La biblioteca es la de Osuna y la copia es seguramente del manuscrito de la BNE.

---

[10] pp. 296-315.
[11] Cotarelo, 1911, p. LXXXVI; Lobato, 2003, I, p. 112.

BITB: BCN Magatzem Sedó, manuscrit 47008. Consta en el catálogo manual: «Copia Ms. Notas Cotarelo. Ms. Tomo de varios entremeses y bailes (Bib. Nac.)». Es alusión al mismo manuscrito de la BNE.

Del análisis de variantes de los dos testimonios de valor conservados, el impreso de Diego Dormer (Cáncer) y el manuscrito sin fecha con letra del siglo XVII (Rosete), se podría llegar a la conclusión de que el manuscrito es de fecha posterior, dando así valor al impreso como la primera y más importante fuente de la pieza, y a confirmar la autoría de Cáncer. Esta propuesta vendría justificada por varios motivos que afectan al manuscrito: la amputación de la enseñanza de los cuatro versos finales; algunos desajustes métricos ausentes en el impreso (vv. 115, 150), las omisiones en algunas acotaciones (vv. 153, 203, 218, 240), los errores en la copia (vv. 54-56, *Tened buen ánimo, / que pues los dos de sus hijas / vivimos enamorados*, sustituido por [...] *los da a sus hijas* [...]) o la tachadura de versos (vv. 277-282). Al mismo tiempo, este enmienda al impreso en algún desajuste silábico (v. 5), alguna pequeña errata (v. 49, *la ven / la ve*; v. 164, *que me ha mandado / que me ha mando*) y, sobre todo, lo más frecuente, cambiando palabras (*haciendo algo* por *cosiendo*; *yo me muero* por *ya me muero*, *verás / veréis*, *viejo / suegro*, *manoseado / manoteado*, *paguéis / pague*...), que en nada afecta al significado.

Aunque ambos testimonios se relacionan íntimamente, presentan casi el mismo texto e incluso llegan a coincidir en el número de versos, por lo apuntado anteriormente, las diferentes intervenciones en el texto de 1676 parecen posteriores, dando así prioridad a la edición de Diego Dormer y, por ende, a la paternidad de don Jerónimo. Esta también vendría justificada por otros detalles. La mayoría de los repertorios consultados adjudican la paternidad a Cáncer y solo el manuscrito 15403 la discute, opción elegida por el catálogo de La Barrera para atribuirla a los dos ingenios[12]. Pedro Rosete Niño (1608 - c. 1659), autor muy poco estudiado del que se tienen escasas noticias, y Cáncer eran compañeros de fatigas y amigos, ambos colaboraron en siete comedias, y no sería descartable que también unieran sus plumas en este caso. Cotarelo afirma, en cambio, que la atribución a Rosete es falsa[13], distinguiendo en otra página de su *Colección de entremeses*, entre *El gigante* (Cáncer) y *Los gigantes* (Rosete)[14], posible errata, ya que es una pieza no encontrada.

---

[12] Apunte que sigue González Cañal para considerarlo un entremés en colaboración (2017, p. 543), sin dar pruebas, posiblemente siguiendo a La Barrera.

[13] 1911, p. CXLVI.

[14] 1911, pp. LXIII, CXLVI. También Ramón Martínez Rodríguez separa ambos títulos en su Tesis Doctoral inédita *El teatro breve de Francisco de Castro*, 2015, p. 172, sin indicar fuentes, siguiendo quizás a Cotarelo.

La apuesta por Cáncer no es irrebatible, aunque ayuda el hecho de que Rosete no se dedicara al entremés; solo se le conocen dos, y ambos dudosos[15]. La pieza en litigio nunca circuló impresa a su nombre. Además, su conocida inclinación a la disemia, la paremiología y la germanía, también operarían en esta dirección. No se conocen ediciones modernas.

FUENTES

Un sacristán enamorado pretende sortear los obstáculos de un padre que tiene encerrada a su hija. En el argumento coinciden varias tradiciones, unas literarias, la del padre celoso que guarda el honor de su hija, la de los sacristanes libidinosos, tipos ambos de amplio recorrido en el entremés barroco, y la del amante escondido en un arca, de tradición italiana[16], o joven más o menos casquivana que oculta a sus amantes; otras folklóricas, como la de los desfiles de gigantes en las procesiones del Corpus. Este último caso aparece también en *Los gigantones*, de Quiñones de Benavente, o *Los gigantes*, de Francisco de Castro. El asunto de disfrazar al amante de estatua es también recurrente, como en las piezas anónimas *El Arca, El fariseo* y *El sacristán fariseo*[17]. Temas: sacristanes enamorados, padres celosos, gigantes de la villa, amantes disfrazados de estatuas o escondidos.

1.4. Los golosos de Benavente

Otros títulos: *Los golosos*; *Entremés de Los golosos, nuevo*; *Entremés de Perico y Marina. Por otro titulado Los golosos*.

TESTIMONIOS Y FILIACIÓN
Manuscritos
BNE: Mss/15403, incompleto, solo ocho versos finales conservados, con el título *Los golosos* en el índice. Sin atribución al faltar la hoja de inicio; 4 h. *Colección de entremeses y bailes*. Letra s. XVII, 104 h.
BNE: Mss/14516/29. *Entremés de Los golosos, nuevo*. En portada: «en Almería, a 16 de julio 1732». Nota al título: «Ha sido atribuido por algunos autores a Luis Quiñones de Benavente y por otros a Jerónimo de Cáncer y Velasco». 6 h.

---

[15] El nuestro y *Juan Rana comilón* (*Arcadia de entremeses*, 1691, aquí anónimo) también conocido como *Las burlas del doctor a Juan Rana en las fiestas del Retiro* (1655, Lobato, 2003, p. 163; Urzáiz, 2002, p. 580). Este último se escribió para las fiestas de San Juan en el Buen Retiro 1655, y se imprime en la colección facticia de sueltas *Once entremeses* de Andrés García de la Iglesia (1659), donde siete de los once entremeses pertenecen a Cáncer.

[16] Cotarelo, 1911, p. CXXXI.

[17] Buezo, 1990.

Impresos

[Madrid: Andrés García de la Iglesia, 1659]. *Los golosos de Benavente*. Fols. 45-48; 8º. En el lomo consta. «Once entremeses». BNE: R/31254/7

Sevilla: Nicolás Vázquez, [1ª mitad s. XVIII]. 8 p., 8º. *Entremés de Perico y Marina. Por otro titulado Los golosos*. Sin atribución. BNE: T/25921.

Sevilla: Joseph Padrino, [2ª mitad s. XVIII]. 8 p., 8º. *Entremés de Perico y Marina. Por otro titulado Los golosos*. Sin atribución. BNE: R/18271(3), 18279(12).

Sevilla: Imprenta Real, [s.a.]. *Entremés de Perico y Marina. Por otro título: Los golosos*. Sin atribución. BMP (Santander): 31849.

Córdoba: don Juan de Medina, [2ª mitad s. XVIII]. 8 p., 8º. *Entremés de Perico y Marina*. Sin atribución. BNE: R/18260(18)

El entremés solo ha circulado a nombre de Cáncer en la colección facticia de García de la Iglesia y, además, con un título que se presta a confusión, *Los golosos de Benavente*. No se sabe de dónde proviene este rótulo porque en los otros testimonios solo es conocido como *Los golosos*, y en la obra no hay ningún referente geográfico. En todos los repertorios consultados, el entremés se atribuye a Cáncer o se señala como anónimo, pero nunca se adjudica a Quiñones de Benavente. Esta paternidad puede atribuirse a la nota manuscrita del Mss/14516/29: «Ha sido atribuido por algunos autores a Luis Quiñones de Benavente y por otros a Jerónimo de Cáncer y Velasco» o al título que le puso García de la Iglesia. De ahí nacen posiblemente las dudas. Hannah E. Bergman ni siquiera lo menciona en su capítulo de atribuibles a Benavente en su libro sobre el toledano[18]; y en 1972 llega a considerarlo de atribución dudosa o errónea y de escaso valor literario[19]. Abraham Madroñal, también especialista en Quiñones de Benavente, lo incluye en su relación de piezas con el título de *Los golosos*, siguiendo el que transcribían los manuscritos, pero no añade nada nuevo a lo apuntado por Bergman[20]. No parecen estos elementos suficientes para discutir la paternidad de Cáncer, sobre todo por el uso que hace este del refranero. No se conocen ediciones modernas.

La pieza es inusualmente breve para el teatro de Cáncer (121 versos) y ha sufrido una compleja transmisión que ha provocado algunos problemas a la hora de fijar el texto. Por un lado, están los dos manuscritos, aunque se desconoce el grado de parentesco entre ellos porque de 15403 solo se conservan los ocho versos finales, y estos lo emparentan con el impreso de 1659; y por otro, los impresos.

---

[18] 1965, pp. 365-448.

[19] 1972, pp. 92-93. En este artículo arremete contra los críticos que adjudican sin fundamento obras anónimas o de otros poetas al toledano (p. 93).

[20] 1996, p. 66.

Del cotejo directo y el análisis de los tres testimonios considerados de valor, el manuscrito, el impreso de 1659 y la suelta de Sevilla (Imprenta Real s. XVIII)[21], cuyo título lo toma de sus personajes centrales, se deducen notables variantes textuales, aunque la primera estampación parece que es la de mayor peso para la fijación del texto, y en ella nos basamos. Todos parten de una misma versión textual, pero a la vez todos proponen soluciones alternativas, como los tres finales distintos. Las tres son ramas diferentes, aunque el manuscrito y la suelta de Sevilla[22] sugieren un ascendiente común tal como revela el error conjuntivo de «criados» en el primer verso, aunque también presentan errores separativos (v. 10, *dos / tres criados*). El manuscrito a veces se alinea con 1659 (vv. 6 o 7) y otras con Sevilla (v. 5). Por su parte, esta también puede relacionarse con 1659 y separarse del manuscrito, como sucede en el v. 21 (*échole al prado* frente a *sácole al campo*), o ir en solitario, como demuestran los diez versos añadidos en su globalidad, que en nada mejoran la primera edición. Lo más habitual son las coincidencias del manuscrito y Sevilla, ausentes en García de la Iglesia, lo cual descarta la descendencia de ella: reducen al máximo las acotaciones, algunas como la última, importantísimas para entender mejor el desenlace, introducen variantes léxicas y alteran el orden de algunos diálogos que las enfrentan a 1659. Todo lo cual podría sugerir que el manuscrito es de la primera mitad del XVIII, anterior en el tiempo, por tanto, al impreso de Sevilla.

El impreso de García de la Iglesia recoge la versión más acabada que, en pocas ocasiones, es enmendada por las otras ramas (el primer verso, por ejemplo). Además, su temprana fecha (a solo cuatro años del fallecimiento del autor), más cercana al momento de las representaciones que los otros testimonios, y la importancia excepcional del volumen en el cual se inserta[23], aconsejan a considerarlo como de mayor autoridad.

Fuentes

Las argucias de unos criados, rústicos o pobres, por conseguir comida en la España decadente del Siglo de Oro, han dado pie a numerosos argumentos, cuyo origen se podría situar en *La tierra de Jauja*, de Lope de Rueda, continuado

---

[21] Las otras sueltas del siglo XVIII, de Sevilla y Córdoba, reproducen el mismo texto con mínimas variantes. Sobre las sueltas de Sevilla en el siglo XVIII, existe artículo de Germán Vega, «Teatro e imprenta en Sevilla durante el siglo XVIII: los entremeses sueltos» (*Archivo Hispalense*, 226, 1991, pp. 47-98), que, por cierto, no menciona este entremés.

[22] No se sabe cuál de los dos es primera al carecer de fecha la impresión del s. XVIII.

[23] Los «Once entremeses» es una colección facticia de sueltas de valor excepcional para nuestro corpus porque contiene siete piezas de Cáncer de los once entremeses originales, algunos de los cuales solo se conocen por el interés de García de la Iglesia. La estudió Guillermo Gómez Sánchez para *Rilce* en 2014 (30.2).

por Quiñones de Benavente en *El talego-niño* o los entremeses anónimos *Los buñuelos*[24], *Los estudiantes golosos*[25] o *Los pajes golosos*[26] entre otros muchos ejemplos. Tradición que se mezcla con la del burlador de meriendas, como en este caso. Temas: vejete burlado, criados astutos, glotonería, matapecados.

1.5. Juan Rana mujer

Testimonios y Filiación
Manuscritos
BITB: ms. 46942. Dos copias con letra del s. XIX: una de *Flor de entremeses*, 12 cuartillas; y otra de 5 cuartillas por las dos caras.

Impresos
Zaragoza: Diego Dormer, 1676. [8], 233 [i.e. 213], [2] p.; 8º. *Flor de Entremeses, Bailes y Loas. Escogidos de los mejores Ingenios de España* (pp. 154-162). BNE: R/7896, T/9087; BITB: VIT-038; BMP (Santander): (210)

Solo se conoce un testimonio de esta pieza, el de *Flor de entremeses*, en perfecto estado de conservación, sin erratas, solo con un verso hipermétrico (83). Nunca se ha discutido su paternidad y no se conocen ediciones modernas.

Fuentes
Esta obra trata de uno de los temas más apetecidos por el bullicioso público de los corrales, el del travestismo. Casilda hace creer a su marido, Juan Rana, que ambos han cambiado de sexo con el propósito de burlarle para poder salir a divertirse. Las obras de hombres con ropas de mujer son abundantísimas, tanto en la comedia como en el teatro breve: *El marión* (con dos partes), de Quevedo, o *Los mariones*, de Quiñones de Benavente, entre otras, dan buena fe de ello. Temas: la mujer con la pata quebrada, travestismo, Juan Rana.

---

[24] Este último en *Arcadia de entremeses*, Madrid, 1723. Tomamos la referencia de Madroñal, 1998, p. 447, quien estudia el asunto en «*La tierra de Jauja* en entremeses barrocos» (pp. 435-447).

[25] BITB, ms. 46860.

[26] *Floresta de entremeses y rasgos del ocio*, 1680, pp. 166-176.

1.6. Juan Ranilla

Testimonios y Filiación

Manuscritos

BITB: ms. 46941. 24 cuartillas. Letra del s. xix. Copia de los dos impresos, de 1664 y de 1676.

Österreichische Nationalbibliothek (ÖNB, Viena): cod. Vindob. (Códices Vindobonenses Hispanici) 13187. *El Hidalgo de la Mancha. Comedia en tres jornadas*, de Matos Fragoso, J.B. Diamante y Juan Vélez. Texto manuscrito de la fiesta teatral completa donde se incluye anónimo, entre la segunda y la tercera jornada, el *Entremés de Juan Ranilla* (fols. 57r-61v). Es completamente diferente al de Cáncer. Hay edición moderna a cargo de Manuel García Martín, 1982.

Impresos

Madrid: Domingo García Morras, 1664, [8], 252 p.; 8º. *Rasgos del Ocio en diferentes bailes, entremeses y loas de diversos autores. Segunda parte* (pp. 210-224). BNE: R/8270; BITB: VIT-025.

Zaragoza: Diego Dormer, 1676. [8], 233 [i.e. 213], [2] p.; 8º. *Flor de Entremeses, Bailes y Loas. Escogidos de los mejores Ingenios de España* (pp. 122-133). BNE: R/7896, T/9087; BITB: VIT-038; BMP (Santander): (210).

La pieza más larga de este repertorio (336 v.) se imprimió en dos ocasiones, 1664 y 1676, la segunda con notables variantes y cambios en los nombres de los personajes. Lo más importante es la supresión de ochenta y cinco versos en diferentes secuencias y de algunas acotaciones ilustrativas, amputando el sentido completo del primer texto, pero guardando una coherencia general. No estamos ante lecturas completamente diferentes. La alteración del vocabulario o de algunas frases con lecturas equipolentes es otra señal de la considerable intervención sobre la edición príncipe (vv. 8, 26, 38, 61, 63, 72, 74…), de la que se aleja también con los errores separativos (vv. 52, 72, 83, 111, 140, 245) o el cambio de los nombres de los protagonistas (Juan Rana y Juan Ranilla por Escamilla y Escamillilla, respectivamente). Aunque, en general, viene a ser una versión más incompleta, se nota que tuvo a la vista a 1664 porque no reproduce ninguna errata antes bien las corrige (vv. 5, 72, 83, 98, 245), proponiendo incluso alternativas en la ultracorrección de términos avulgarados (vv. 23, 28, 43, 111, 158), de dudoso interés, y ajustando el cómputo silábico irregular cuando era necesario (vv. 70, 82, 128). Todo lo cual hace pensar que el texto de 1676 se llevó a cabo sobre el de 1664 y que deriva de este; por tanto, parece aconsejable conservar como testimonio de autoridad el primero cronológico, subsanando, eso sí, todas las deficiencias encontradas.

El manuscrito 13187 del Códice Vindobonense con el mismo título que el de Cáncer, es obra completamente diferente y posterior (ca. 1672)[27]. No coinciden ni personajes (salvo Juan Ranilla) ni argumento. Aquí Juan Ranilla es un niño al que utilizan unos vecinos para convencer a Juan Rana de que no se desplace a Madrid. Coinciden en que es obra que se incluía en el repertorio de la compañía de Antonio Escamilla.

Fuentes

El entremés cuenta el enfrentamiento entre un alcalde acomplejado al que llaman Juan Ranilla y otro de nombre Juan Rana, con una parodia del convidado de piedra. El asunto del convidado de piedra es de larga tradición literaria y el de la hostilidad entre alcaldes ya fue tratado por Cervantes en las disputas de *La elección de los alcaldes de Daganzo*. Temas: rivalidad entre regidores, alcaldadas, visita de cárcel, las máscaras de Juan Rana alcalde y Juan Ranilla, el convidado de piedra.

1.7. Las lenguas

Testimonios y Filiación
A nombre de Cáncer:
Manuscritos
BITB: ms. 46940-I y II. Hay dos copias, ambas con atribución a Cáncer y letra del s. xix: una de ellas copia a *Floresta* (1691).
BITB: ms. 61538 (sigue al título: «Entremés para el auto de *La lepra de Constantino*»). 6 h. Letra del s. xix. Es copia del Mss/16768 de la BNE, pero a nombre de Cáncer y con interrogante de Calderón en la ficha manual: «Hay una nota de Fdez. Guerra atribuyéndolo a Cáncer».

Impresos
Madrid: Antonio de Zafra, 1691. [8], 168 p.; 8º. *Floresta de entremeses y rasgos del ocio, a diferentes asumptos, de Bailes y Mojigangas. Escritos Por las mejores plumas de nuestra España* (pp. 36-45). BNE: R/17726, T/11388; BITB: VIT-018; PR Real Biblioteca (Madrid): IX/ 5008, MC/1091
Pamplona. [s.n.], 1700. 158 p.; 8º. *Manojito de entremeses, a diferentes asumptos, de Bailes y mojigangas. Por las mejores plumas de nuestra España* (pp. 26-35). Copia de *Floresta*. BNE: R/1511, U/1975; BITB: VIT-029

---

[27] Varey-Shergold, 1970, pp. LIII-LIV.

A nombre de Calderón / Cáncer:

Manuscritos

BNE: Mss/21815. *Autos impresos y manuscritos de Calderón. 1670-1677.* 306 h.; 4º. Letra segunda mitad del s. XVII, posiblemente años setenta. Fols. 43r-47r. Con el título *Mojiganga de Las Lenguas*.

BNE: Mss/16768. *Entremés de las lenguas de Calderón* [supra, en nota manuscrita, «de Cáncer»], *para el auto de «La lepra de Constantino», 1674.* 5 h. En hoja 1, con letra manuscrita acompañando al título, «Cáncer». Es copia desordenada[28]. Ambas piezas se representaron en 1674 (Urzáiz, 2002, p. 199).

Impresos

Zaragoza: Herederos de Diego Dormer, [s.a., s. XVII[29]]. [4], 128 p.; 8º. *Entremeses varios, ahora nuevamente recogidos de los mejores Ingenios de España* (pp. 70-79). BITB: VIT-017; BMP (Santander): 33418-33430; BNF (París): RES P-YG-70.

Valencia: Luis la Marca [s.a.]. BMP (Santander): (1421)-9.

La aparición de distintos escritos con el título de *Las lenguas* al frente pueden provocar cierta confusión por la complejidad de su trayectoria textual, que se intentará resumir ahora. Solo a nombre de Cáncer hay dos testimonios impresos, el segundo de los cuales, el de 1700, es una copia del de 1691, incluso repitiendo erratas, por tanto, sin gran valor. A nombre de Cáncer y de Calderón se conserva un entremés manuscrito (16768) muy diferente del de 1691, del que parece partir refundiéndolo, con representación en Valladolid en 1674 acompañando al auto sacramental de Calderón *La lepra de Constantino*. Según algún investigador pudo escribirse en colaboración[30], opción nada descartable ya que ambos ingenios juntaron sus plumas en dos comedias[31]. Y a nombre de Calderón existen dos impresos, ambos sin año, pero del siglo XVII, y una mojiganga manuscrita sin problemas de autoría (21815) que es reelaboración del entremés y pieza parcialmente distinta, con algunos puntos en común como el título, el asunto y algunos versos sueltos. Buezo sostiene que el madrileño tomó como base el entremés de Cáncer para elaborar su obra, y solo sigue parcialmente a 1691[32]. Ya con otro título, Calderón escribió otra obrita con argumento similar en el que un aldeano va a la corte a buscar bailes para las fiestas de su pueblo: *La plazuela de Santa Cruz*, aunque trama y personajes no coinciden.

---

[28] Buezo, 1993, p. 413, donde da noticia bibliográfica de la cuestión. La Barrera, con dudas, apuesta por Calderón.

[29] Según Cotarelo, hacia 1676; según otras fuentes, alrededor de 1650.

[30] Hans Flasche, 1982, p. 64.

[31] *Enfermar con el remedio* (primera impresión 1653) y *La margarita preciosa* (1663).

[32] 1993, p. 414. También se puede consultar Lobato, 1989, pp. 722-723, y Buezo, 2005, pp. 170-173.

Del cotejo de los diferentes ejemplares y de sus respectivas variantes, se pueden obtener algunos resultados interesantes. En primer lugar, constatar que el primer impreso de Cáncer (1691) y los de Calderón sin fecha reproducen el mismo texto. Las diferencias entre estos tres son mínimas. Se puede afirmar que el de Herederos de Diego Dormer es idéntico a plana y renglón al de Cáncer, y que el ejemplar de Luis la Marca introduce solo pequeños cambios que en nada afectan al desarrollo ni a la métrica de la obra (*si encontrase / si yo encontrase, busquéis / buscáis, asoma / se asoma, lievar / llevar*...), cayendo incluso en algunas erratas (vv. 64, 66, 70, 117), que en nada mejora los textos de los que deriva (*Floresta de entremeses*, de Cáncer, y *Entremeses varios*, de Calderón).

Cuestión distinta, y complicada, es deslindar la autoría, discutible en el caso del entremés manuscrito 16768, a nombre de los dos. A favor de Calderón juega su afición por las refundiciones y el hecho de que este acompañara a un auto sacramental suyo en una representación de 1674. Aunque la trama es parecida, el desarrollo es diferente y se reduce el número de personajes (de los doce de Cáncer se pasa a ocho). A favor de Cáncer, la recreación de un personaje característico de su teatro breve, el italiano, que también aparece en *El francés* o *El cortesano* empleando el mismo italiano macarrónico con términos que se repiten en las tres obras, como «poltrón» o «poltronazo». Aunque no sea una indicación segura, también juega a su favor el repertorio de frases hechas, refranes o expresiones o la inclusión de algunos bailes, tan característicos de su poesía y de su teatro. Por tanto, todo apunta a un entremés original de Cáncer, impreso tardíamente (1691) sobre el que se hizo una mojiganga y otro entremés diferentes, pero con la base del primero. No se conocen ediciones modernas.

Fuentes

El entremés se adscribe al subgénero de los cantados y bailados, aquí con un alcalde rústico que se desplaza hasta Madrid en busca de una compañía de baile para las fiestas de su pueblo. Comienza ahí el desfile de una serie de personajes con sus respectivas habilidades: italiano, estudiante, gallega, valenciano, negro, irlandesa, moro, francés, amolador y sillero. La pieza se inscribe dentro de una moda o subgénero del teatro breve, el de desfile de figuras de diversas naciones o nacionalidades cada uno maltratando su propia lengua[33], cuyas concomitancias con la mojiganga son evidentes. Y, más ampliamente, en la modalidad del desfile de tipos que se pueden rastrear desde *El hospital de los podridos*, de Cervantes, y, especialmente, *El examinador Miser Palomo*, de Antonio Hurtado de Mendoza, hasta otros poetas como Salas Barbadillo, Castillo Solórzano o Quevedo. Temas: desfile de naciones, rústicos engañados, alcalde bobo, prevaricaciones del lenguaje.

---

[33] Buezo, 2005, pp. 170, 172.

1.8. El libro de qué quieres, boca

Testimonios y Filiación
Manuscritos
BITB: ms. 46939. Copia de *Autos sacramentales*. Letra del s. XIX, notas Cotarelo. 16 cuartillas; 57475 y 61398, también copias de *Autos sacramentales*.

Impresos
Madrid: Antonio Francisco de Zafra, 1675. [8], 390 [i.e. 400] p.; 4º. *Autos Sacramentales y al Nacimiento de Cristo, con sus loas y entremeses. Recogidos de los mayores ingenios de España*. Con el título *Entremés del libro de qué quieres boca* (pp. 228-234). BNE: R/11809, T/9834, T/10779, T/13578. BITB: 57451, 60669, 61375. PR Real Biblioteca (Madrid): VIII/5373.

Solo se conoce un testimonio de esta pieza en buen estado de conservación y sin errores aparentes. Nunca se ha discutido su paternidad.

Fuentes
El entremés se inserta en la tradición del embeleco al simple (aquí un alcalde rústico), de las mujeres locuaces y rapantes, y de los libros mágicos, capaces de materializar cualquier deseo. Por otro lado, también pertenece a la tradición de los cuentos picarescos de personajes que hacen dinero por engaño. Siguiendo a Espinosa, sería una actualización del tipo de «pícaro que declara que tiene una piel, un libro o un pájaro que adivina. Vende la piel o el pájaro por mucho dinero»[34]. Finalmente, incluso puede considerarse una ilustración de la expresión «Regalar a uno a qué quieres boca, es darle todo lo que quiere y cuanto pidiere por la boca» (*Covarrubias*). Temas: rústicos engañados, cuentecillos tradicionales, alcaldes bobos, alcaldadas, mujeres timadoras, libros mágicos que ofrecen comida de balde. No se conocen ediciones modernas.

1.9. La mariona

Otros títulos: *Los matachines*; *Las mudanzas*
Testimonios y Filiación
Manuscritos
BNE: Mss/17008. Con el título: *Los matachines. Entremés*. Sin atribución. 4 hojas. Letra s. XVII.

---

[34] 2009, p. 679.

BNE: Mss/16958. Con el título: *Las mudanzas. Entremés*. Sin atribución. 5 hojas. 4º. Letra s. XVII.

Impresos

[Madrid: Andrés García de la Iglesia, 1659]. Fols. 53-56; 8º. En el lomo consta «Once Entremeses». Con el título *Entremés de La mariona*. A nombre de Cáncer. BNE: R/31254

La atribución de este entremés viene determinada por la colección facticia de sueltas de Andrés García de la Iglesia, y no por los manuscritos, que son anónimos y cambian de título trocándolo por otros tipos de bailes (matachines) o movimientos (mudanzas).

El valor de la suelta de García de la Iglesia parece estar fuera de toda duda, al no descender de ningún testimonio conservado; en cambio, los dos manuscritos, muy emparentados entre sí, apuntan hacia un arquetipo desconocido. La introducción de acotaciones, la supresión del final y otros pormenores detectables por la métrica y el léxico, más el hecho de no compartir errores comunes con el impreso, los alejan de este. El caso más notable quizás sea el que afecta a la supresión de la enseñanza final, cantada y bailada, por una escueta acotación en los manuscritos, pues deja al texto sin su sentido último. Por contra, tiene verdadero interés textual la recuperación en estos de las acotaciones, algunas realmente orientativas.

Por tales circunstancias, se ha creído oportuno seguir como texto base el de García de la Iglesia; siempre que su lectura era correcta y coherente con el contenido, se ha preferido mantenerla. En cambio, cuando se advierte algún desajuste métrico (vv. 10, 116, 121, 193) o léxico (vv. 10, 52, 73, 97, 98, 110, 116, 121, 123, 140, 153, 172, 180, 193) se ha acudido a los manuscritos para subsanarlo. Los títulos de estos no deben confundirnos, reproducen la misma obra y son muy parecidos textualmente, aunque no siempre ofrecen las mismas soluciones (v. 93, *acechad, escuchad, mirad*). Por estos casos y por los errores separativos encontrados (vv. 58, 79, 101, 111, 151, 152, 155, 169, 193), parecen derivar independientes del mismo arquetipo. *Las mudanzas* es el más completo de los testimonios, pues es el que dispone de las acotaciones más desarrolladas, algunas incluso aclarando puntos oscuros de la edición de 1659, más pobre en este sentido. Y, además, es el único que puntúa los versos con signos de interrogación o exclamación, asunto este muy delicado en las lecturas. No se conocen ediciones modernas.

Fuentes

Aunque el título puede prestarse a confusión, el asunto no gira sobre los mariones ('maricones', tópico muy satirizado en el teatro) sino sobre el baile popular la mariona. Seguramente, Cáncer encontró una oportunidad más de conectar con el público dramatizando o ilustrando ese baile; y, atento a las modas, se inventó la historia de una presa llamada con ese nombre por quien suspira el alcalde de la villa. Es asunto similar al de *El tamborilero*. Toma de *Los refranes del viejo celoso*, de autoría controvertida (¿de Quevedo, de Quiñones?)[35], las personificaciones producto de las lecturas de billetes (allí refranes, aquí bailes). Temas: visita de cárcel, alcaldadas, bailes populares, billetes de amor, alcaldes bobos, guerrilla conyugal, maridos adúlteros.

1.10. La regañona y fiesta de toros

Otros títulos: *La mal acondicionada*
Testimonios y Filiación
Manuscritos
BNE: Mss/14515/2. 8 h.; 4º. Letra de fines del s. xvii, con censura firmada por Juan de Vera y Tassis. Con el título *La regañona y fiesta de toros*. Sin atribución. Texto con correcciones.
BNE: Mss/16919. 7 h.; 4º. Letra del s. xvii[36]. Con el título *La mal acondicionada*. Sin atribución.
BITB: ms. 46934. Dos copias: una del Mss/14515/2, 8 cuartillas, con el título *La regañona y fiesta de toros*, a nombre de Cáncer. Letra del s. xix. En nota: «véase la "Mal acondicionada" de igual texto». Otra del Mss/16919, con el título *La mal acondicionada*, 23 cuartillas. Letra del s. xix. Notas de Cotarelo: «Anterior a 1639 pues trae *guedejas* un personaje».

Impresos
Sevilla: Diego López de Haro (ca. 1724-1756). 4 h.; 8º. BNE: R/18265/19, 18270/2, T/25763, 55359/47. Con el título *La mal acondicionada*, pero completamente diferente a los anteriores. Sin atribución.

Entremés que a lo largo de los años ha pasado desapercibido u oculto y que solo ha circulado gracias a dos manuscritos de finales del siglo xvii anónimos y sin fecha, probablemente copias parar actores, con tachaduras y enmiendas. De todas las piezas presentadas en este corpus es la que arroja mayores dudas sobre la autoría. Llama la atención que, si realmente perteneciera a Cáncer, no hubiera merecido nunca la atención de los impresores, porque la obra en sí tiene gracejo y trata temas de actualidad para la época como las corridas de toros; no obstante,

---

[35] Estudia el asunto, entre otros, A. Madroñal (2013) en «De nuevo sobre la autoría de *Los refranes del viejo celoso*, entremés atribuido a Quevedo», *La Perinola*, 17, pp. 155-177.

[36] Para Paz y Meliá, la letra es del siglo xviii (entrada 3107 de su catálogo de teatro).

aunque no se haya podido confirmar su participación, algunos catálogos sí que la han sugerido, como el de teatro de Paz y Meliá (entrada 3107, con el error de «José de Cáncer y Velasco»), el repertorio de Simón Díaz (BLH, tomo VII, núms. 3979 y 3980) y las notas de Cotarelo en la copia conservada en el ITB (ms. 46934), sin indicar en ningún caso las fuentes. La pieza tampoco ofrece elementos seguros que haga inclinar la balanza hacia nuestro autor. No se sabe que se haya adjudicado a otro escritor ni que se haya impreso ni se han documentado representaciones. Se rescata en esta colección, pues, como atribuible y como pieza incógnita nunca antes publicada.

Los manuscritos conservados en la BNE difieren en los títulos, pero no en la trama. La cantidad de variantes encontradas en la colación puede ser debido al uso que se hizo de ellos, ya que parecen copias para la representación. En cambio, la suelta de Diego López de Haro, a pesar de mantener título, es una obra completamente diferente a las anteriores: ni argumento ni personajes coinciden. La principal diferencia entre los dos testimonios estriba en los versos iniciales y finales. *Regañona* incluye una introducción del personaje principal de cuarenta y tres versos donde explica sus tribulaciones que *Acondicionada* reduce a trece. Es más completo, pero tampoco añade demasiada información novedosa. El final es el mismo en ambos casos. Acaba con idéntica redondilla, pero el diálogo anterior es diferente. Son veinticinco versos que se intercambian. En ambos se propone lo mismo, el desenlace de la entrada a los toros, pero con diálogos diferentes. Por lo demás, *Regañona* mejora a *Acondicionada* con la inclusión de algunos versos desaparecidos que hacían la rima improbable. También se diferencian en dos diálogos que *Acondicionada* añade en el último tercio de la obra (uno de veintidós versos y otro de quince) donde se explican algunos encuentros entre don Gil y doña Tomasa, y entre esta y sus amigas, que tampoco añaden información relevante. El resto de cambios vienen determinados por la sustitución de vocabulario. Por todo lo cual, ha parecido más aconsejable considerar *La regañona* como el testimonio de mayor autoridad, y partir de él como texto base; en cambio, *La mal acondicionada* parece fruto de los cambios que alguna compañía introdujo, trocando incluso el título y modificando algunos pasajes.

FUENTES

Sátira contra las ambiciosas damas tomajonas, muy abundantes en el género, y sus galancetes atribulados a propósito de unas entradas para ver los toros. Temas: corridas de toros, damas malcontentas, travestismo.

1.11. El sí

Otros títulos: *El sí y la almoneda; Sainete nuevo intitulado: El sí*
Testimonios y Filiación
Manuscritos
M-RAE, RM-6913. [*Entremeses*] [manuscrito]. Juan de Castro Salazar[37]. 36 piezas, 271 h. Ms. facticio. *Entremés del sí*. 1 h. + 6 de texto. Sin atribución.
BNE: Mss/14089. [*Colección de*] *entremeses*. 482 h.; 4º. Letra del s. xix. Madrid, 1711. Fols. 317-326. Colección de entremeses copiada por Francisco A. Barbieri en el s. xix de 6913. En la primera hoja: «*Entremés de El sí*. Sacado este año de 1711. Es de Juan de Castro»; en la segunda: «*Entremés de El sí*. Sacóse en Madrid a 27 de julio de 1711»; en la última hoja aparece la firma de Juan Manuel Silvestre de Castro y Salazar como propietario del manuscrito. Sin atribución.
BNE: Mss/15617. *El sí*. En portada: «de Francisco Martínez». 9 h., letra s. xvii.
BNE: Mss/15659. *El sí y la almoneda*, a nombre de Sebastián de Villaviciosa. 6 h., texto con correcciones. Licencia de representación en Madrid, el 5 de mayo de 1692, por Francisco Lanini y Sagredo.
BITB: ms. 46933. Tres copias con letra del s. xix: una de *Autos sacramentales*, 16 cuartillas; otra, del manuscrito de la BNE 15659, con el título *El sí y la almoneda*, 7 cuartillas; y otra de 7 cuartillas.

Impresos
Madrid: María de Quiñones, 1655. [4], 256 [i.e. 252] p.; 4º. *Autos Sacramentales con cuatro Comedias nuevas, y sus loas y entremeses. Primera parte* (h. 195-197v). Título: *Entremés famoso del sí*. A nombre de Cáncer. BNE: R/11381.
Barcelona: Pablo Nadal, 1801. 8 p.; 4º. Con el título *Sainete del Sí*. A nombre de Cáncer. BNE: T/27456.
Valencia: Imprenta de Estevan, 1816. 8 p.; 4º. Con el título *Sainete nuevo intitulado: El Sí*. Para seis personas. Sin atribución. BNE: T/27411.
Madrid: Imprenta Mares y Compañía, 1867. 8 p.; 4º. Con el título *Sainete nuevo titulado: El Sí*. Sin atribución. BNE: T/2104, T/27454 (este a nombre de Cáncer en la ficha).

El entremés original se publicó a nombre de Cáncer el mismo año de su muerte, 1655; sin embargo, ha circulado manuscrito con otros dos teóricos responsables. El primero, con la anotación «de Francisco Martínez» al frente (Mss/15617), remite directamente al poseedor del manuscrito, o sea, a una copia de un actor[38]. Caso diferente es el de Sebastián Rodríguez de Villaviciosa,

---

[37] Autor y actor del siglo xviii. Seguramente, los entremeses copiados eran para uso propio (Madroñal, 1995, p. 551).

[38] No era este ningún escritor, probablemente haga mención a un actor de la compañía de Lucas de San Juan (Díaz de Escovar, 1916, p. 40). También en Domínguez Matito, 1998, pp.

colaborador y amigo de Cáncer, por una copia de 1692 con aprobación de Lanini y Sagredo para la representación de *El sí y la almoneda* (ms. de la BNE, 15659). Todos los catálogos consultados indican que es una refundición del entremés de Cáncer; sin embargo, Cotarelo duda de esta afirmación por la similitud de ambas piezas y los vínculos de amistad entre ambos: «No es creíble que Villaviciosa, que fue amigo de Cáncer, cometiese esta usurpación; será obra de algún cómico»[39].

Los dos impresos cotejados son casi idénticos. Se puede decir que la suelta de 1816 sigue casi fielmente la edición príncipe, con alguna actualización fonética, corrección de algunos errores y alguna propuesta diferente, pero que en ningún caso afecta al desarrollo ni a la sustancia de los diálogos. En cambio, el manuscrito a nombre de Sebastián de Villaviciosa, sí que propone lecturas diferentes. De entrada, hasta el verso 118 es completamente diferente; aunque coinciden personajes y argumento, en los diálogos difieren del todo. A partir del citado verso introduce variantes, arreglando el ajuste métrico de algunos versos irregulares (*entrando* en lugar de *entra*, para conseguir un endecasílabo, *El sí*, v. 129), completando o introduciendo algunas acotaciones y proponiendo algunos diálogos alternativos (p. ej., vv. 203-205 o 218-222). El final es idéntico, pero se suprimen las seguidillas del baile. Las ediciones del siglo XIX trocaron el género entremés por sainete, pero mantuvieron íntegro el texto primero.

Se han regularizado las entradas COSME y GRACIOSO, que permanecían mezcladas en *Autos Sacramentales*, por «COSME», que ya unifican *El sí y la Almoneda* y la suelta de 1816, y se han resuelto también todos los desajustes silábicos de *Autos* (once en total), teniendo a la vista los otros testimonios; no obstante, la autoridad de la primera edición está fuera de toda duda. No se conocen ediciones modernas.

Fuentes

La burla que se presenta repite el asunto de *El francés*, lo cual refuerza aún más la autoría de Cáncer: hacer disfrazar a un paleto de gran señor que solo sabe decir «sí» («güi», en la anterior) para que dos hambrientos ladrones puedan desvalijar a un almonedero, llevándose lo robado. Temas: señores fingidos, bobos, almonederos.

208-209; García Gómez, 2008, p. 440. Se conoce con ese mismo nombre a un impresor de libros del siglo XVIII, aunque no parece que sea este el caso.

[39] 1911, p. LXXXVII. Sobre sus representaciones en el siglo XVIII puede consultarse Menéndez, 2001, p. 47.

1.12. El tamborilero

Testimonios y Filiación
Impresos
Madrid: Andrés García de la Iglesia, 1659. Fols. 41-44; 8º. En el lomo consta «Once entremeses». BNE: R/31254.

Solo se conoce un testimonio de esta pieza y este proviene de la colección facticia de García de la Iglesia. Nunca ha tenido problemas de atribución, aunque existe un baile anónimo con el mismo título que se representó como fin de fiesta de la comedia de Calderón *Fieras afemina amor*, pero diferente al de Cáncer. Es una obra que ha pasado desapercibida y nunca ha llegado a imprimirse.

Fuentes
Como en el caso de *La mariona*, el poeta propone ilustrar no un baile sino un refrán «Mi marido es tamborilero, Dios me lo ha dado y así me lo quiero», utilizando el mismo recurso de un protagonista bobo que se sirve de las habilidades lingüísticas de un amigo para conquistar a una dama. Lo cual emparenta directamente ambos entremeses. Por otro lado, los tamborileros también son personajes burlescos habituales de las mojigangas, sobre todo por su forma de tocar[40]. Temas: guerrilla conyugal, tamborileros, maridos adúlteros.

2. Criterios de esta edición

Los entremeses de Cáncer y Velasco que se publican en este repertorio se imprimieron en diferentes colecciones de teatro breve en un período de cuarenta y cinco años, entre 1655 y 1700 y, salvo alguna escasa excepción, no han vuelto a ver la luz. Ninguna publicación a partir del siglo xx. La misma suerte corrió el manuscrito de *La regañona y fiesta de toros*, que nunca llegó a la imprenta. Precisamente, ese carácter de obras ignoradas por los impresores o la crítica, centrada en otras más famosas, es lo que permite avalar el interés por la recuperación de un estilo y una obra que el tiempo está colocando en su lugar.

Las piezas que ahora se presentan aparecen todas publicadas a la muerte del poeta (1655), siendo que todavía no se tienen datos fidedignos del momento de su escritura; aunque, eso sí, corresponden a su época de mayor fama, años cuarenta y cincuenta, por el dominio que manifiesta de su apurada técnica. Desgraciadamente, no se conservan testimonios autógrafos de los textos, motivo

---
[40] Buezo, 1993, p. 87.

por el cual se ha acudido a las primeras impresiones y a varios manuscritos contemporáneos a ellos para establecer los diferentes textos de partida[41]. Son estos, los del siglo XVII, los que, en general, tienen mayor relevancia por ser los más cercanos al momento de la escritura; son más fiables y se les ha dado prioridad. La tradición textual de los siglos XVIII y XIX tiene mucho menor interés, pero tampoco carecen de él, para la fijación. Se trata de impresiones sueltas o copias manuscritas de testimonios anteriores; no obstante, se ha acudido a ellas en casos puntuales para tratar de completar, ilustrar o enmendar algún pasaje obscuro (cinco casos). El criterio seguido es, pues, muy conservador. A falta de autógrafos, se aceptan, por lo general, las primeras lecturas salvo que choquen con algún problema métrico o semántico, que se intenta explicar en nota, siempre con el objetivo de limpiar el texto original de posibles impurezas. Se detalla al principio de la anotación de cada pieza el texto base y, en la transmisión textual y el aparato crítico, los testimonios empleados para su cotejo. En este último se juntan tanto las variantes generales, como las lingüísticas, las acotaciones, los elencos o las erratas evidentes.

Como los textos primeros son todos manuscritos o impresos del siglo XVII, se ha procedido a su regularización ortográfica según las pautas marcadas por el GRISO para las ediciones críticas. En consecuencia, primero, se han depurado todas las erratas manifiestas; y, segundo, se han actualizado las grafías que carecían de valor fonético. En cualquier caso, en la transcripción la intención ha sido siempre conservadora, procurando ser fiel al estado de la lengua así como se encontraba. Eso implicaba, entre otras cosas, mantener todas las oscilaciones fonéticas: *efeto / efecto; agora / ahora; yerba / hierba; habemos / hemos; dalde / dadle; della / de ella; monacillo / monaguillo; vuseñoría / vueseñoría; vusté / vusted*..., que, aunque sean de impresos y años diferentes, son representativas de los vaivenes lingüísticos. En cambio, sí que se ha procedido a la regularización de las vacilaciones sin valor fonético: *vaile / baile / bayle; cuento / quento*...

Fiel al criterio de conservar la pronunciación del periodo, se ha procurado ser respetuosos con la fonética de la época y sus grafías resultantes. En esta parcela, se puede citar la habitual reducción de los grupos cultos: *dotor, efeto, inorante*... con la excepción del grupo -mp-: *asumptos*, que no simplificaba; el del vocalismo átono (*vírgines, cairéis*) o la falta de diptongación de las 'e' breves del latín, también muy corriente (*vidrería, yerba*); la s con valor de x, rasgo habitual en la pronunciación (*escusaba, estremo*, pero *experiencia, exceso*). En las aglutinaciones se dan los dos casos: el más habitual de las contracciones (*della, deste, estotro*), incluso con el pronombre 'él', que se mantiene acentuado (*dél*), pero

---

[41] Tres de ellos han llegado con un solo testimonio impreso; el resto de la tradición tampoco es abundante. Se explica el asunto en «Estudio textual», los testimonios de autoridad.

también el fenómeno contrario, más raro (*de el sol, a el río*). Tampoco se corrigen los frecuentes casos de leísmo (*No me le pondré otro día, / y aún hoy me le quitaré*, Regañona, vv. 225-226) y laísmo (*no la está bien reñir*), por ser fenómenos muy característicos no del autor sino de tantas plumas insignes del Siglo de Oro. En este tipo de obritas era, no obstante, un hecho inherente al habla coloquial. En las formas verbales se conservan también las típicas voces asimiladas (*dejalle, preguntalle*), metatizadas (*tomaldos, dejaldo*), las formas etimológicas antiguas (*distes, mandastes, vide*), incluso la supresión de las -d finales de imperativo (*salí, mirá*), por ser habituales en el habla; en cambio, resultaba obligado actualizar aquellas escrituras que no se podían mantener, como en «puede aver más pena».

Otra muestra de la riqueza del habla popular es la cantidad de metaplasmos conservados del moderno 'usted': *ucé, vusté, usté, vusted* y las complejas *vuesarcé, vuesarced, vuesa merced*, incluso *vuseñoría vueseñoría, vuecelencia*. Todas, lógicamente, conservadas.

Caso aparte es el de la jerga de los alcaldes y de algunos graciosos. La deformación del lenguaje característica del rusticismo de estos personajes es todo un tesoro de la técnica entremesil de Cáncer y Velasco. En su dominio de la lengua da rienda suelta a corruptelas ortográficas y gramaticales de los más variados idiomas: latín, francés, italiano, catalán, gallego… con el único fin de retorcerlos para hacerlos más ridículos y risibles, al servicio de la parodia lingüística. Así, cuando en los primeros versos de *El tamborilero* se lee «Mirá que so el tangorilero», ya se sabe que el lenguaje jugará una parte fundamental que es preciso transcribirla así como se encuentra.

Por contra, se terminan actualizando todos aquellos casos que no conservaban ese valor fonético característico y se escribía con grafías diferentes a las actuales. Esto, no obstante, no debe confundirnos, porque, por ejemplo, «quatrocientas» se pronunciaba igual que 'cuatrocientas', como «dexa» igual que «queja» (vv. 6 y 7 de *Rana*). Se relaciona a continuación esos casos regularizados que se transcriben siguiendo las normas actuales de ortografía:

Vocales: se regularizan los usos de i / y (*fuy, cuydado*), de i / j (*Iesús, iusticia*), u / v (*vna, vrracas*).

Consonantes: se modernizan gráficamente mientras no afecte a la fonética, como las oposiciones s / f; ss; x / s; q / c; c / z; ç / z; v / b; u / b; u / v; y los grupos consonánticos mb / nv. Se desarrollan las abreviaturas nasales (*Frãcia, cõ, soldado que viẽ de la guerra*) y las tipográficas (*q, aunq*).

La acentuación de aquellos textos era algo anárquica al no ser existir normas. En algunos casos ha sido muy necesario para desbaratar lecturas erróneas, sobre todo en las esdrújulas (*prendemele, enojome, quitase, entrome*), en los diacríticos (*solicita-solícita, perdida-pérdida*), y en todos los porqués. En la mayoría de los casos se suele restituir (*aguero, sabeis*), incluso en sayagués (*estó*), pero también se eliminan (*á, dár*), y, en otros, se cambia la dirección de la tilde (*arrancò, està*).

Casos más complejos son los de las mayúsculas y la puntuación. Por lo general, en los textos de la época se abusaba de la mayúscula en palabras que hoy nunca las llevarían (*Escribano, Alcaldada, Gallegos*), otorgando un énfasis que actualmente resulta innecesario; se ha reducido, pues, su uso manteniendo solo las que la norma hoy lo autoriza. La puntuación es el auténtico termómetro de la comprensión de un texto. Debido a su subjetividad, es comprensible que se altere el argumento original; por tal motivo es necesario extremar la precaución, ya que esos textos no siempre representaban una puntuación coincidente con el devenir de los hechos. Aunque es una labor harto complicada, se ha procurado separar los períodos sintácticos y puntuar siguiendo criterios modernos sin desbaratar el significado. Además, en unas obras como estas donde los personajes se interpelan a menudo a gritos, ha sido necesario señalarlo con los correspondientes signos de admiración e interrogación, muy escasos en los impresos. Los apartes también se han marcado con los correspondientes paréntesis.

Todo este proceso de depuración queda explicado aquí y no se vuelve a dar cuenta de ello en el aparato de notas explicativas. En ellas se ha tomado en consideración contextualizar los hechos siempre que fuera posible. Conocidas son las pocas indicaciones históricas o geográficas en los versos de este tipo de entretenimientos. Tampoco era su objetivo, aunque al ser siempre contemporáneas a su escritura y muy apegadas a la realidad, todo apunta hacia el retrato del Madrid de mediados de siglo. Siempre que se ha podido se ha intentado aclarar el intríngulis de algunos pasajes acudiendo a fuentes léxicas, a ejemplos paralelos o a aquello que la lógica del razonamiento indicaba.

Por último, en un apartado final se relacionan las variantes resultantes del cotejo, aunque en casos justificados se suele ofrecer el razonamiento en nota al pie; y se colocan las acotaciones en el lugar que según la lógica escénica les correspondería, no donde las colocaban los impresores.

III

BIBLIOGRAFÍA GENERAL Y ABREVIATURAS

Bibliografía general

Agulló y Cobo, Mercedes, «Documentos sobre las fiestas del corpus en Madrid y sus pueblos», *Segismundo*, VIII, 1-2, 1972, pp. 51-65.
— «Cornejos y Peris en el Madrid de los Siglos de Oro (Alquiladores de trajes para representaciones teatrales)», en *Cuatro siglos de teatro en Madrid*, A. Andena Valera (coord.), Madrid, Consorcio Madrid Capital Europea de la Cultura, 1992, pp. 181-200.
Aicardo, José Manuel, *Palabras y acepciones castellanas omitidas en el diccionario académico*, Madrid, Fortanet, 1906.
Alborg, Juan Luis, *Historia de la literatura española. Época barroca*, 2ª ed., Madrid, Gredos, 1970, tomo II.
Alemán, Mateo, *Guzmán de Alfarache*, ed. Francisco Rico, Barcelona, Planeta (Clásicos Universales Planeta, 55), 1983.
Andrés de Uztarroz, Juan Francisco, *Aganipe de los cisnes aragoneses celebrados en el clarín de la fama*, Zaragoza, Tip. de Comas hermanos, 1781.
Antología del entremés (Desde Lope de Rueda hasta Antonio de Zamora). Siglos XVI y XVII, ed. Felicidad Buendía, Madrid, Aguilar, 1965.
Antología del entremés barroco, ed. Celsa Carmen García Valdés, Barcelona, Plaza y Janés, 1985.
Antología del teatro breve español del siglo XVII, ed. Javier Huerta Calvo, Madrid, Biblioteca Nueva (Clásicos de Biblioteca Nueva, 17), 1999a.
Antonio Sánchez, Nicolás, *Bibliotheca Hispana Nova...*, Madrid, Joachinum de Ibarra, 1788 (e.o. 1672).

Arcadia de entremeses escritos por los ingenios más clásicos de España (Primera Parte), Pamplona, Juan de Micón, 1691.

Arco y Garay, Ricardo del, «Jerónimo de Cáncer y Velasco», en *El genio de la raza. Figuras aragonesas*, Zaragoza, Tip. Heraldo de Aragón, 1923, 1ª serie, pp.73-75.

— *La erudición aragonesa en el siglo XVII en torno a Lastanosa*, Madrid, Cuerpo Facultativo de Archiveros, Bibliotecarios y Arqueólogos, 1934.

Arellano, Ignacio, «Valores visuales de la palabra en el espacio escénico del Siglo de Oro», *Revista Canadiense de Estudios Hispánicos,* 19, 1995, pp. 411-443.

— (coord.), *Paraninfos, segundones y epígonos de la comedia del Siglo de Oro*, Barcelona/Pamplona, Anthropos/GRISO, 2004.

— «Las máscaras de Demócrito: En torno a la risa en el Siglo de Oro», en *Demócrito áureo. Los códigos de la risa en el Siglo de Oro*, I. Arellano/V. Roncero eds., Sevilla, Renacimiento (Iluminaciones, 26), 2006, pp. 329-359.

— «Medios escénicos en los entremeses de Quevedo», *La Perinola*, 20, 2016, pp. 273-297.

Arellano, Ignacio, véase también *Dos comedias burlescas*, *Poesía satírica y burlesca*, Quevedo, Quiñones de Benavente, Serralta, *Teatro breve*, Vélez de Guevara.

Asensio, Eugenio, *Itinerario del entremés. Desde Lope de Rueda a Quiñones de Benavente con cinco entremeses inéditos de D. Francisco de Quevedo*, 2ª ed., Madrid, Gredos (Biblioteca Románica Hispánica, 82), 1971.

Azcune, Valentín, *Los toros en el teatro*, Madrid, Unión de Bibliófilos Taurinos, 2015.

Baranda Leturio, Consolación, «Las hablas de negros. Orígenes de un personaje literario», *Revista de Filología Española*, LXIX, 3/4, 1989, pp. 311-333.

Barrera y Leirado, Cayetano Alberto de la, *Catálogo bibliográfico y biográfico del teatro antiguo español, desde sus orígenes hasta mediados del siglo XVIII*, Madrid, M. Rivadeneyra, 1860.

Bergman, Hannah E., *Luis Quiñones de Benavente y sus entremeses. Con un catálogo biográfico de los actores citados en sus obras*, Madrid, Castalia (Biblioteca de Erudición y Crítica, VII), 1965.

— «Algunos entremeses desconocidos de Luis Quiñones de Benavente», en *Homenaje a Casalduero. Crítica y poesía ofrecido por sus amigos y discípulos*, Rizal Pincus y Gonzalo Sobejano (eds.), Madrid, Gredos, 1972, pp. 85-94.

— «El "Juicio final de todos los poetas españoles muertos y vivos" (Ms. inédito) y el Certamen poético de 1638», *Boletín de la Real Academia Española,* tomo LV, cuaderno CCVI, 1975, pp. 551-610.

Bergman, Hannah E., véase también *Ramillete de entremeses*.

Blecua, José Manuel (ed.), *Poesías varias de grandes ingenios españoles recogidas por Josef Alfay*, Zaragoza, CSIC (Institución «Fernando el Católico»), 1946.

— *La poesía aragonesa del Barroco*, Zaragoza, Guara, 1980.

Blecua, José Manuel (ed.), véase Quevedo.

Bonilla y San Martín, Adolfo, *Vejámenes literarios por D. Jerónimo de Cáncer y Velasco y Anastasio Pantaleón de Ribera (siglo XVII). Anotados y precedidos de una advertencia histórico-crítica por el bachiller Mantuano (seudónimo de A. Bonilla y San Martín)*, Madrid, Bernardo Rodríguez (Colección Oro Viejo, Doblón II), 1909.

Buezo, Catalina, «*El sacristán fariseo*. Edición de un entremés inédito y apuntes sobre la figura del fariseo», *Criticón*, 50, 1990, pp. 93-112.
— «Entremés y tiempo de carnaval: "El rufián viudo llamado Trampagos"», *Theatralia*, 5, 2003, pp. 293-304.
— *Prácticas festivas en el teatro breve del siglo XVII*, Kassel, Reichenberger, 2004.
— *La mojiganga dramática. De la fiesta al teatro. I. Estudio*, Kassel/Madrid, Reichenberger/Caja de Madrid, 1993; vol. II, edición, 2005.
Buezo, Catalina, véase también *Teatro breve de los Siglos de Oro*.
Calderón de la Barca, Pedro, *Octava parte de comedias del célebre poeta español...*, Madrid, Francisco Sanz, 1684.
— *Auto sacramental alegórico Amar y ser amado y divina Filotea*, en *Autos sacramentales, alegóricos y historiales del insigne poeta español... Obras póstumas que del archivo de la villa de Madrid saca originales a don Pedro de Pando y Mier*, Madrid, Manuel Ruiz de Murga, 1717, Parte primera, pp. 169-201.
— *Comedias de D. Pedro Calderón de la Barca, cotejadas con las mejores ediciones hasta ahora publicadas*, ed. Juan Jorge Keil, Leipsique, Ernesto Fleischer, 1827-1830. Tomo I.
— *Las manos blancas no ofenden*, ed. A. Valbuena Briones, en *Obras completas, Tomo II, Comedias*, Madrid, Aguilar, 1973.
— *La vida es sueño*, ed. José Mª García Martín, Madrid, Castalia, 1984.
— *Teatro cómico breve*, ed. Mª Luisa Lobato, Kassel, Reichenberger, 1989.
— *Entremeses, jácaras y mojigangas*, ed. Evangelina Rodríguez y Antonio Tordera, Madrid, Castalia (Clásicos Castalia, 116), 1990.
— *El alcalde de Zalamea*, ed. crítica de las dos versiones, Juan M. Escudero Baztán, Madrid/Frankfurt am Main, Iberoamericana/Vervuert (Biblioteca Áurea Hispánica, 1), 1998.
— *La dama duende*, ed. Fausta Antonucci, Barcelona, Crítica (Biblioteca clásica, 69), 1999.
— *El médico de su honra*, ed. Ana Armendáriz, Madrid/Frankfurt am Main, Iberoamericana/Vervuert (Biblioteca Áurea Hispánica, 40), 2005.
Canavaggio, Jean, «Los disfrazados de la mujer en la comedia», en *La mujer en el teatro y la novela del siglo XVII. Actas del IIº coloquio del grupo de estudios sobre el teatro español (GESTE)*, Toulouse-Le Mirail, Institut d'Études Hispaniques et Hispanoaméricaines, 1978, pp. 135-152.
Cáncer y Velasco, Jerónimo, *Las mocedades del Cid, burlesca. Fiesta que se representó a Sus Majestades martes de Carnestolendas*. En *Parte treinta y nueve de Comedias nuevas de los mejores ingenios de España*, Madrid, Josef Fernández de Buendía. A costa de Domingo de Palacio y Villegas, 1673, pp. 276-292.
— *Vejamen que dio siendo secretario de la Academia*. En *Revista literaria de "El Español", semanario de literatura, bellas artes y variedades*. Segunda época. Tomo I. Madrid, 1847, pp. 108-111; y en *Poetas líricos de los siglos XVI y XVII colección ordenada por don Adolfo de Castro*, Madrid, M. Rivadeneyra, 1857 (BAE, 42, tomo segundo), pp. 435-437.

— *Poesía y prosa completas*, ed. crítica de Juan C. González Maya, Palma de Mallorca, Universitat Illes Balears, 2000.
— *Las mocedades del Cid*, ed. Rodríguez Rípodas, en *Comedias burlescas del Siglo de Oro*, tomo IV, Madrid/Frankfurt am Main, Iberoamericana/Vervuert (Biblioteca Áurea Hispánica, 19), 2003, pp. 29-123.
— *Obras varias*, Madrid, Diego Díaz de la Carrera, 1651. Hay edición de Rus Solera López en Zaragoza, Huesca, Prensas Universitarias de Zaragoza/Departamento de Educación, Cultura y Deporte del Gobierno de Aragón, Instituto de Estudios Altoaragoneses (Larumbe Clásicos Aragoneses), 2005.
— *Poesía completa*, ed. crítica Juan C. González Maya, Madrid, FUE, 2007.
CÁNCER, Jerónimo y Agustín MORETO, *La Virgen de la Aurora*, en *Parte treinta y cuatro de comedias nuevas escritas por los mejores ingenios de España*, Madrid, Josef Fernández de Buendía. A costa de Manuel Meléndez, 1670, pp. 282-318.
CÁNCER Y VELASCO, Jerónimo y Juan VÉLEZ DE GUEVARA, *Los siete infantes de Lara*, en *El mejor de los mejores libros que han salido de comedias*, Alcalá de Henares, María Fernández, 1651.
— *Los siete infantes de Lara*, ed. P. Taravacci, Viareggio, M. Baroni, 1999.
CARMONA TIERNO, Juan Manuel, «Las hablas de minorías en el teatro del Siglo de Oro: Recursos de comicidad», *Teatro de palabras*, 7, 2013, pp. 335-355.
CARO BAROJA, Julio, *El carnaval: análisis histórico cultural*, Madrid, Taurus, 1979.
CARRASCO URGOITI, Mª Soledad, «En torno a "La luna africana", comedia de nueve ingenios», *Papeles de Son Armadams*, tomo XXXII, nº XCVI, 1964, pp. 255-298.
CASCALES, Francisco, *Tablas poéticas*, ed. Benito Brancaforte, Madrid, Espasa Calpe (Clásicos Castellanos, 207), 1975.
CASTAÑEDA, Juan, «Notas para una historia de la ciudad de Trujillo del Perú en el siglo XVII», en *La tradición andina en tiempos modernos*, ed. Hiroyasu Tomoeda y Luis Millones, Osaka, National Museum of Ethnology, 1996, pp. 159-189.
CASTRO, Adolfo de (ed.), *Poetas líricos de los siglos XVI y XVII*, Madrid, Rivadeneyra (BAE, 42), 1857.
CASTRO, Guillén de, *Los mal casados de Valencia*, ed. Luciano G. Lorenzo, Madrid, Castalia (Clásicos Castalia, 76), 1976.
CEJADOR Y FRAUCA, Julio, *Diccionario fraseológico del Siglo de Oro (Fraseología o estilística castellana)*, ed. A. Madroñal y D. Carbonell, Barcelona, Serbal, 2008.
CERVANTES, Miguel de, *Entremeses*, ed. Eugenio Asensio, Madrid, Castalia (Clásicos Castalia, 29), 1993.
— *Don Quijote de la Mancha*, ed. Instituto Cervantes, Barcelona, Crítica (Biblioteca clásica, 50), 1998.
— *Novelas ejemplares*, ed. Jorge García López, Madrid, RAE (Biblioteca Clásica de la RAE, 46), 2013.
CHAMORRO, Mª Inés, *Tesoro de villanos. Diccionario de germanía*, Barcelona, Herder, 2002.
CHAUCHADIS, Claude, «Risa y honra conyugal en los entremeses», en *Risa y sociedad en el teatro español del Siglo de Oro*, Paris, C.N.R.S., 1980, pp. 165-185.

CHEVALIER, Maxime, *Cuentecillos tradicionales en la España del Siglo de Oro*, Madrid, Gredos (Biblioteca Románica Hispánica, 9), 1975.
— *Folklore y literatura: El cuento oral en el Siglo de Oro*, Barcelona, Crítica (Filología), 1978.
— *Tipos cómicos y folklore (Siglos XVI-XVII)*, Madrid, EDI-6 (Temas y formas de la literatura, 1), 1982.
— *Cuentos folklóricos españoles del Siglo de Oro*, Barcelona, Crítica (Lecturas de Filología), 1983.
CLARAMONTE, Andrés de, *Deste agua no beberé*. Ed. Alfredo R. López Vázquez, Kassel, Reichenberger, 1984.
Comedias burlescas del Siglo de Oro, Tomo II, ed. Griso, Madrid/Frankfurt am Main, Iberoamericana/Vervuert (Biblioteca Áurea Hispánica, 13), 2001.
Comedias burlescas del Siglo de Oro, Tomo III, ed. Griso, Madrid/Frankfurt am Main, Iberoamericana/Vervuert (Biblioteca Áurea Hispánica, 16), 2002.
Comedias burlescas del Siglo de Oro, Tomo IV, ed. Alberto Rodríguez, Madrid/Frankfurt am Main, Iberoamericana/Vervuert (Biblioteca Áurea Hispánica, 19), 2003.
Comedias burlescas del Siglo de Oro, Tomo V, ed. Griso, Madrid/Frankfurt am Main, Iberoamericana/Vervuert (Biblioteca Áurea Hispánica, 20), 2004.
Comedias burlescas del Siglo de Oro, Tomo VI, ed. Griso, Madrid/Frankfurt am Main, Iberoamericana/Vervuert (Biblioteca Áurea Hispánica, 47), 2007.
CORRAL, José del, *El Madrid de los Austrias*, 6ª ed., Madrid, Avapiés (Colección Avapiés, 3), 1994.
CORREA CALDERÓN, Evaristo, *Baltasar Gracián. Su vida y su obra*, Madrid, Gredos, 1970.
COTARELO, Emilio, *Colección de entremeses, loas, bailes, jácaras y mojigangas*, Madrid, Bailly-Baillière, 1911 (NBAE, 17-18). Ed. facsímil de José L. Suárez y Abraham Madroñal, Granada, Universidad de Granada, 2000. 2 vols.
COVARRUBIAS, Sebastián de, *Tesoro de la lengua castellana o española*, ed. Martín de Riquer, 3ª ed., Barcelona, Alta Fulla (Biblioteca Alta Fulla), 1993.
CRUICKSHANK, Don William, «Calderón de la Barca, Pedro», en *Diccionario filológico de literatura española. Siglo XVII. Vol. I*, Madrid, Castalia (Nueva Biblioteca de Erudición y Crítica, 31), 2010.
CUBILLO DE ARAGÓN, Álvaro, *Las muñecas de Marcela*, ed. Ángel Valbuena Prat, Madrid, [s.n.] (Los clásicos olvidados, NBAE, 3), 1928.
DELEITO Y PIÑUELA, José, *... También se divierte el pueblo*, Madrid, Alianza Editorial (El Libro de Bolsillo, 1351), 1988.
— *La mala vida en la España de Felipe IV*, Madrid, Alianza Editorial (El Libro de Bolsillo, 1252), 1989.
DÍAZ DE ESCOVAR, Narciso, «Jerónimo de Cáncer y Velasco», *Revista Contemporánea*, CXXI, 1901, pp. 392-409.
— *Anales de la escena española correspondientes a los años 1680 a 1700. O sea, colección de noticias curiosas sobre comediantes, obras dramáticas, formaciones de compañías, disposiciones legales, etc., referentes al teatro español de dicha época*, Valladolid, Imp. y Librería General de Viuda de Montero, 1916.

Díaz de Escovar, Narciso y Fco. de P. Lasso de la Vega, *Historia del teatro español. Comediantes-escritores-curiosidades escénicas,* Barcelona, Montaner y Simón, 1924, Tomo I.

Domínguez Matito, Francisco, «Noticias sobre actrices (y algunos actores) en los patios de comedias de la Rioja (1610-1694)», en *Las mujeres en la sociedad española del Siglo de Oro, Actas del II coloquio del Aula-Biblioteca "Mira de Amescua", celebrado en Granada-Úbeda del 7 al 9 de marzo de 1997,* Roberto Castilla y Juan A. Martínez (coord.), Granada, Universidad de Granada, 1998.

Domínguez Ortiz, Antonio, *La sociedad española en el siglo XVII, II. El estamento eclesiástico,* Granada/Madrid, Universidad de Granada/CSIC, 1992.

D'Ors, Miguel, «Representaciones dramáticas en la Pamplona del siglo XVIII», *Príncipe de Viana,* 134-135, 1974, pp. 281-316.

Dos comedias burlescas del Siglo de Oro, ed. I. Arellano y C. Mata, Kassel, Reichenberger, 2000.

Durán, Agustín (ed.), *Romancero general, colección de romances castellanos anteriores al siglo XVIII, recogidos, ordenados, clasificados y anotados por —,* Madrid, M. Rivadeneyra (BAE, 16), 1859-1861.

Egido, Aurora, *La poesía aragonesa del siglo XVII (raíces culteranas),* Zaragoza, CSIC (Institución "Fernando el Católico"), 1979.

Entremeses de Juan Rana, ed. Yolanda Pallín, Madrid, Fundamentos (Espiral/Fundamentos, serie teatro), 2008.

Entremesistas y entremeses barrocos, ed. Celsa Carmen García Valdés, Madrid, Cátedra (Letras Hispánicas, 573), 2005.

Entremeses nuevos (1643), ed. Juan C. González Maya, Newark, Juan de la Cuesta, 2012.

Escalonilla López, Rosa Ana, «Estética escénico-lingüística y ficción de los travestidos en las comedias de Tirso de Molina», en *Memoria de la palabra. Actas del VI congreso de la AISO,* Mª Luisa Lobato, Francisco Domínguez Matito (ed.), Madrid/Frankfurt am Main, Iberoamericana/Vervuert, 2004, pp. 723-736.

Espinosa, Aurelio M., *Cuentos populares recogidos de la tradición oral de España,* introducción y revisión de Luis Díaz Viana y Susana Asensio Llamas, Madrid, CSIC, 2009 [1923].

Esquerdo, Vicenta, «Indumentaria con la que los cómicos representaban en el siglo XVII», *Boletín de la Real Academia Española,* LVIII, 1978, pp. 447-544.

Estepa, Luis, *Teatro breve y de Carnaval en el Madrid de los siglos XVII y XVIII (Estudios sobre los géneros dramáticos del baile y la folla),* Madrid, Comunidad de Madrid, 1994.

Extremera Extremera, Miguel Ángel, *El notariado en la España Moderna. Los escribanos públicos de Córdoba (siglos XVI-XIX),* Madrid, Calambur (Biblioteca *Litterae,* 19), 2009.

Fernández García, Matías, *Parroquia madrileña de San Sebastián. Algunos personajes de su archivo,* Madrid, Caparrós, 1995.

Fernández Oblanca, Justo, *Literatura y sociedad en los entremeses del siglo XVII,* Oviedo, Universidad de Oviedo, 2004.

Fiesta del Corpus Christi, La, Gerardo Fernández, Fernando Martínez (coord.), Cuenca, Universidad de Castilla-La Mancha, 2002.

FLASCHE, Hans y Robert Pring-Hill, *Hacia Calderón. Coloquio anglogermano sobre Calderón (5º, 1978, Oxford)*, Wiesbaden, Franz Steiner, 1982.

Floresta de entremeses y rasgos del ocio a diferentes asuntos, de bailes y mojigangas. Escogidos por las mejores plumas de nuestra España, Madrid, viuda de Joseph Fernández de Buendía, 1680.

FRA MOLINERO, Baltasar, *La imagen de los negros en el teatro del Siglo de Oro*, Madrid, Siglo XXI de España, 1995.

FRENK, Margit, *Corpus de la antigua lírica popular hispánica (siglos XV a XVII)*, Madrid, Castalia, 1987.

— *Nuevo corpus de la antigua lírica popular hispánica (siglos XV a XVII)*, Ciudad de México, Universidad de México/El Colegio de México/FCE, 2003.

GARCÍA BUSTAMANTE, Manuel y Filippo COPPOLA, *El robo de Proserpina y sentencia de Júpiter (Nápoles 1678)*, ed. Luis Antonio González Marín, Barcelona, CSIC (Institución «Milà i Fontanals»), 1996.

GARCÍA GÓMEZ, Ángel María, *Vida teatral en Córdoba (1602-1694). Autores de comedias, representantes y arrendadores. Estudios y documentos*, London, Támesis, 2008.

GARCÍA LORENZO, Luciano, «La comedia burlesca en el siglo XVII. "Las mocedades del Cid", de Jerónimo de Cáncer», *Segismundo*, XIII, 25-26, 1977, pp. 131-146.

— (ed.), *La construcción de un personaje: el gracioso*, Madrid, Fundamentos, 2005.

GARCÍA LORENZO, Luciano, véase también Madroñal.

GARCÍA VALDÉS, Celsa Carmen (ed.), véase *Antología del entremés, Entremesistas y entremeses*, Quevedo, Quirós, *Ramillete de sainetes*, Tirso de Molina.

GÓMEZ SÁNCHEZ, Guillermo, «"Mire usted, señor letrado, / un ciego verá este robo": problema bibliográfico y conflicto ideológico en las *Obras varias* de Jerónimo de Cáncer», en *El eterno presente de la literatura. Estudios literarios de la Edad Media al siglo XIX*, ed. Mª Teresa Navarrete y Miguel Soler, Roma, Aracne, 2013.

— «Los "Once Entremeses" de Andrés García de la Iglesia: de teatro y pliegos sueltos», *Rilce*, 30.2, 2014, pp. 402-425.

— «Dos manuscritos poco frecuentados del entremés de *Los golosos*: BNE, Mss/15403/1 y BNE, Mss/14516/29 (con algunos detalles sobre la colección de entremeses Mss/15403)», en *Hispania Félix. Revista rumano-española de cultura y civilización de los Siglos de Oro. VI. La sátira política en los Siglos de Oro*, ed. José Enrique López Martínez, Craiova, Sitech, 2015, pp. 190-201.

GÓNGORA, Luis de, *Letrillas*, ed. Robert Jammes, Madrid, Castalia (Clásicos Castalia, 101), 1981.

— *Romances*, ed. Antonio Carreira, Barcelona, Quaderns Crema (La nueva caja negra, 25), 1998. 4 vols.

— *Antología poética*, ed. Antonio Carreira, Madrid, Planeta/Crítica (Austral, 876), 2009.

GONZÁLEZ, Lola, «La mujer vestida de hombre. Aproximación a una revisión del tópico a la luz de la práctica escénica», en *Memoria de la palabra. Actas del VI congreso de la AISO*, Mª Luisa Lobato, Francisco Domínguez Matito (ed.), Madrid/Frankfurt am Main, Iberoamericana/Vervuert, 2004, pp. 905-916.

González Cañal, Rafael, «Rojas Zorrilla ante el entremés», *Edad de oro Cantabrigense: Actas del VII Congreso de la AISO*, ed. Anthony Close, Madrid/Frankfurt am Main, Iberoamericana/Vervuert, 2006.

— «*Esto es hecho*, entre Rojas Zorrilla y Rosete Niño: un caso más de autoría conflictiva», *Serenísima palabra. Actas del X congreso de la AISO*, Venezia, Edizioni Ca' Foscari, 2017, pp. 532-545.

González Mas, Ezequiel, *Historia de la literatura española. Barroco (siglo XVII)*, Río Piedras, Universidad de Puerto Rico, 1989.

González Maya, Juan Carlos, «Vejamen de D. Jerónimo de Cáncer. Estudio, edición crítica y notas», *Criticón*, 96, 2006, pp. 87-114.

— «Entremés del *Francés*, de Jerónimo de Cáncer (Estudio, edición y notas)», en *Au bout du bras du fleuve. Miscelánea a la memoria de Gabriel Mª Jordá Lliteras*, Carlota Vicens Pujol (ed.), Palma de Mallorca, Universitat de les Illes Balears, 2007, pp. 296-315.

— «Cáncer y Velasco, Jerónimo de», en *Diccionario filológico de literatura española Siglo XVII. Volumen I*, Pablo Jauralde Pou (dir.), Madrid, Castalia (Nueva Biblioteca de Erudición y Crítica, 31), 2010.

González Maya, Juan Carlos, véase también Cáncer y Velasco, *Entremeses nuevos (1643)*.

Gracián, Baltasar, *El Criticón*, ed. M. Romera-Navarro, Philadelphia, University of Pennsylvania Press, 1938-1940.

— *Agudeza y arte de ingenio*, ed. E. Correa Calderón, Madrid, Castalia (Clásicos Castalia), 1981.

Granja, Agustín de la, «El entremés y la fiesta del *Corpus*», *Criticón*, 42, 1988, pp. 139-153.

— «Los dos testamentos de Cosme Pérez, alias Juan Rana», en *Actas del V congreso de la AIH (Münster, 1999)*, Christoph Strosetzki ed., Madrid/Frankfurt am Main, Iberoamericana/Vervuert, 2001, pp. 652-662.

Hermenegildo, Alfredo, «Los signos condicionantes de la representación: el bloque didascálilico», en *Critical Essays on the Literatures of Spain and Spanish America*. Ed. Luis T. González y Julio Baena, Boulder, Society of Spanish and Spanish-American Studies, 1991, pp. 121-131.

— *Teatro de palabras. Didascalias en la escena española del siglo XVI*, Lleida, Universitat de Lleida (Ensayos/Scriptura, 9), 2001.

Herrero García, Miguel, *La vida española en el siglo XVII*, Madrid, Gráfica Universal, 1933.

— *Ideas de los españoles del siglo XVII*, Madrid, Gredos (Biblioteca Románica Hispánica. Estudios y Ensayos), 1966.

— *Oficios populares en la sociedad de Lope de Vega*, Madrid, Castalia (Literatura y Sociedad, 13), 1977.

Horozco, Sebastián de, *Libro de los proverbios glosados*, ed. Jack Weiner, Kassel, Reichenberger, 1994. 2 vols.

Hidalgo de la Mancha, El. Juan Matos Fragoso, Juan Bautista Diamante, Juan Vélez de Guevara, ed. Manuel García Martín, Salamanca, Universidad de Salamanca, 1982.

HUERTA CALVO, Javier, «Para una poética de la representación en el Siglo de Oro: función de las piezas menores», *1616. Anuario de la SELGC*, 3, 1980, pp. 69-81.
— «La teoría literaria de Mijail Bajtín (Apuntes y textos para su introducción en España)», *Dicenda. Cuadernos de Filología Hispánica*, 1, 1982, pp. 143-158.
— «*Stultifera et festiva navis* (De bufones, locos y bobos en el entremés del Siglo de Oro)», *Nueva Revista de Filología Española*, XXXIV-2, 1986, pp. 691-722.
— (coord.), *Formas carnavalescas en el arte y la literatura*, Barcelona, Serbal (Libros del Arlequín, 10), 1989.
— *El nuevo mundo de la risa. Estudios sobre el teatro breve y la comicidad en los Siglos de Oro*, Palma de Mallorca, José J. Olañeta (Oro viejo), 1995.
— «El teatro de Juan Rana», *Acotaciones*, 2, 1999a, pp. 9-37.
— (ed.), *Teatro y carnaval. Cuadernos de Teatro Clásico*, 12, 1999b.
— *El teatro breve en la Edad de Oro*, Madrid, Laberinto (colección Arcadia de las Letras, 4), 2001.
— «Algunas reflexiones sobre el teatro breve del Siglo de Oro y la Posmodernidad», *Arbor*, CLXXVII, 699-700, 2004, pp. 475-495.
— (dir.), *Historia del teatro breve en España*, Madrid/Frankfurt am Main, Iberoamericana/Vervuert (Teatro Breve Español, III, siglos XVI-XX), 2008.
HUERTA CALVO, Javier y Héctor URZÁIZ (coord.), *Diccionario de personajes de Calderón*, Madrid, Pliegos, 2002.
HUERTA CALVO, Javier, véase también *Antología del teatro breve*, Martínez Rodríguez, *Teatro breve de los siglos*.
JAMMES, Robert, «Refranero malsonante de Gonzalo Correas», en *El siglo de Oro en escena. Homenaje a Marc Vitse*, Odette Gorse, Frédéric Serralta (eds.), Toulouse, Presses Universitaires du Mirail (Anejos de Criticón, 17), 2006, pp. 507-528.
JAMMES, Robert, véase también Góngora.
JIMÉNEZ, Antonio, *Colección de refranes, adagios y locuciones proverbiales, con sus esplicaciones e interpretaciones*, Madrid, Imprenta de Pierart Peralta, 1828.
LAPESA, Rafael, *Historia de la lengua española*, 9ª ed. Madrid, Gredos (Biblioteca Románica Hispánica. Manuales, 45), 1988.
LATASSA Y ORTÍN, Félix de, *Biblioteca nueva de los escritores aragoneses que florecieron desde el año de 1641 hasta 1680*, Pamplona, Joaquín Domingo, 1799, tomo III.
— *Biblioteca antigua y nueva de escritores aragoneses*, Zaragoza, Calisto Ariño, 1884, tomo I.
LOBATO, Mª Luisa, «Tres calas en la métrica del teatro breve español del Siglo de Oro: Quiñones de Benavente, Calderón y Moreto», en *Homenaje a Hans Flasche*, Stuttgart, Franz Steiner Verlag, 1991, pp. 113-154.
— «Ensayo de una bibliografía anotada del gracioso en el teatro del Siglo de Oro», *Criticón*, 60, 1994, pp. 149-170.
— «Dos nuevos entremeses para Juan Rana», *Studia Hispanica. Teatro español del Siglo de Oro*, Christoph Strosetzki, ed., Madrid/Frankfurt am Main, Iberoamericana/Vervuert, 1998, pp. 191-236.
LOBATO, Mª Luisa, véase también Calderón, Escalonilla, González, Moreto.

López Novoa, Saturnino, *Historia de la muy noble y muy leal ciudad de Barbastro y descripción geográfico-histórica de su diócesi*, Barcelona, Pablo Riera, 1861.

Lozón Urueña, Ignacio, *Madrid Capital y Corte. Usos, costumbres y mentalidades en el siglo XVII*, Madrid, Comunidad de Madrid (Madrid en el Tiempo), 2004.

Ly, Nadine, «La pulsión anthologique. Anthologies de poésie espagnole: 1975-1996», en *Le phénomène anthologique dans le monde ibérique contemporain*, Geneviève Champeau y Nadine Ly (coord.), Bordeaux, Presses Universitaires de Bordeaux, 2000, pp. 35-55.

Madroñal, Abraham, «Catálogo de entremeses de la biblioteca de la Real Academia Española», *Boletín de la Real Academia Española*, LXXV, 1995, pp. 523-568.

— «*La tierra de Jauja* en entremeses barrocos», en *América y el teatro español del Siglo de Oro. II Congreso Iberoamericano de teatro*, ed. C. Reverte Bernal y S. Reyes Peña, Cádiz, Universidad de Cádiz, 1998, pp. 435-447.

— «De nuevo sobre la autoría de *Los refranes del viejo celoso*, entremés atribuido a Quevedo», *La Perinola*, 17, 2013, pp. 155-177.

— «La lengua de Juan Rana y los recursos lingüísticos del gracioso en el entremés: un manuscrito inédito y otro autógrafo de Luis Quiñones de Benavente», *En torno al teatro del Siglo de Oro: XVI-XVII Jornadas de Teatro del Siglo de Oro*, O. Navarro, A. Serrano (coord.), 2004, pp. 73-100.

— «"Entremés de rey jamás se ha visto": sobre la figura real en el teatro breve del Siglo de Oro», en L. García Lorenzo (ed.), *El teatro clásico español a través de sus monarcas*, Madrid, Fundamentos, 2006, pp. 321-334.

— «"*La muerte de Valdovinos*", de Jerónimo de Cáncer, comedia en colaboración», en *La comedia escrita en colaboración en el teatro del Siglo de Oro*, ed. Juan Matas Caballero, Valladolid/Olmedo, Universidad de Valladolid/Ayuntamiento de Olmedo, 2017, pp. 45-57.

Madroñal, Abraham, véase también Cejador y Frauca, Cotarelo y Mori, Quiñones de Benavente.

Maltby, William S., *Auge y caída del imperio español*, Madrid, Marcial Pons, 2011.

Martínez, Ramón, «Mari(c)ones, travestis y embrujados. La heterodoxia del varón como recurso cómico en el Teatro Breve del Barroco», *Anagnórisis*, 3, 2011, pp. 9-37.

Martínez Carro, Elena y Alejandro Rubio San Román, «Documentos sobre Jerónimo de Cáncer y Velasco», *Lectura y Signo*, 2, 2007, pp. 15-32.

— «Relaciones entre Rojas Zorrilla y Jerónimo de Cáncer», *Arbor*, CLXXXIII, 2007, pp. 461-473.

— «Documentos sobre Jerónimo de Cáncer y su familia (Parte II)», *Lectura y Signo*, 4, 2009, pp. 61-77.

— «Una nota biográfica sobre Jerónimo de Cáncer y Velasco», *Revista de Literatura*, LXXVII, 2015, pp. 585-595.

Martínez López, María José, *El entremés: radiografía de un género*, Toulouse, Presses Universitaires du Mirail (Anejos de Criticón, 9), 1997.

Martínez Rodríguez, Ramón, *El teatro breve de Francisco de Castro*, Tesis Doctoral dirigida por Javier Huerta Calvo, Madrid, Universidad Complutense, 2015.

Matas Caballero, Juan (edit.), *La comedia escrita en colaboración en el teatro del Siglo de Oro*, Valladolid, Universidad de Valladolid (Olmedo Clásico, 14), 2017.

Menéndez Onrubia, Carmen, «Notas sobre las piezas representables en pliegos de cordel de la Casa Hernando», en *Palabras para el pueblo. Vol. II. La colección de pliegos del CSIC: Fondos de la imprenta Hernando*, Luis Díaz G. Viana (coord.), Madrid, CSIC, 2001, pp. 35-70.

Mesonero Romanos, Ramón de, *Dramáticos posteriores a Lope de Vega*, Madrid, M. Rivadeneyra (BAE, 49), 1858-1859.

— *Dramáticos posteriores a Lope de Vega*, Madrid, Atlas (BAE, 47), 1951.

La mojiganga dramática. De la fiesta al teatro, ed. Catalina Buezo, Kassel, Reichenberger (Teatro del Siglo de Oro. Ediciones críticas, 144), 2005.

Moreto, Agustín, *El desdén, con el desdén*, ed. Enrico di Pastena, Barcelona, Crítica (Biblioteca Clásica, 77), 1999.

— *Loas, entremeses y bailes de Agustín Moreto*, ed. Mª Luisa Lobato, Kassel, Reichenberger (Teatro del Siglo de Oro. Ediciones críticas, 137), 2003. 2 vols.

Navarro de Zuvillaga, Javier, «De la tapada al desnudo (El vestuario como signo escénico en el teatro español)», en *En torno al teatro del Siglo de Oro. Actas de las jornadas XII-XIII celebradas en Almería*, ed. J.J. Berbel Rodríguez, Almería, Instituto de Estudios Almerienses, 1996, pp. 121-146.

Nieto Molina, Francisco, *El fabulero*, Madrid, Imprenta Antonio Muñoz del Valle, 1764.

Ociosidad entretenida en varios entremeses, bailes, loas y jácaras, escogidos de los mejores ingenios de España, Madrid, Andrés García de la Iglesia, 1668.

Olmedo Bernal, véase *El teatro breve de Alonso de Olmedo*.

Once entremeses, Madrid, García de la Iglesia, 1659.

Ovidio, *Amores. Arte de amar*, ed. Vicente Cristóbal, Madrid, Gredos (Biblioteca Básica Gredos, 66), 2001.

Parte veinte y tres de comedias nuevas, escritas por los mejores ingenios de España, Madrid, Ioseph Fernández de Buendía, 1665.

Paz y Meliá, Antonio, *Catálogo de las piezas de teatro que se conservan en el departamento de manuscritos de la Biblioteca Nacional*, Madrid, Patronato de la Biblioteca Nacional, 1934-35. 2 vols.

— *Sales españolas o agudezas del ingenio nacional*, Madrid, Atlas (BAE 176), 1964 (e.o. 1890).

Periñán, Blanca, *Poeta ludens. Disparate, perqué y chiste en los siglos XVI y XVII. Estudio y textos*, Pisa, Giardini editori, 1979.

Pinto, Elena di, *La tradición escarramanesca en el teatro del Siglo de Oro*, Madrid/Frankfurt am Main, Iberoamericana/Vervuert (Biblioteca Áurea Hispánica, 35), 2005.

Poesía satírica y burlesca de los Siglos de Oro, ed. I. Arellano y V. Roncero, Madrid, Espasa (Austral, 534), 2002.

Puyol, Julio, «Precedentes históricos y literarios de algunas frases, locuciones y palabras castellanas», *Boletín de la Real Academia de la Historia*, 106, 1934, pp. 33-82.

Querol Gavaldá, Miguel, *La música en la obra de Cervantes*, Alcalá de Henares, Centro de Estudios Cervantinos, 2005.

Quevedo, Francisco de, *Poesía original completa*, ed. José M. Blecua, Barcelona, Planeta (Clásicos Universales Planeta, 22), 1981.
— *Los sueños*, ed. I. Arellano, Madrid, Cátedra (Letras Hispánicas, 335), 1991.
— *La vida del Buscón*, ed. Fernando Cabo, Barcelona, Crítica (Biblioteca Clásica, 63), 1993.
— *Un Heráclito cristiano, canta sola a Lisi y otros poemas*, ed. Lía Schwartz e I. Arellano, Barcelona, Crítica (Biblioteca Clásica, 62), 1998.
— *Poesía burlesca. Tomo II: Jácaras y Bailes*, ed. I. Arellano, Alicante, Biblioteca Virtual Miguel de Cervantes, 2007.
— *Teatro completo*, ed. I. Arellano y C.C. García Valdés, Madrid, Cátedra (Letras Hispánicas, 673), 2011.
Quiñones de Benavente, Luis, *Nuevos entremeses atribuidos a Luis Quiñones de Benavente*, ed. Abraham Madroñal, Kassel, Reichenberger (Teatro del Siglo de Oro. Ediciones críticas, 69), 1996.
— *Entremeses completos I. Jocoseria*, ed. I. Arellano, J. M. Escudero y A. Madroñal, Madrid/Frankfurt am Main, Iberoamericana/Vervuert (Biblioteca Áurea Hispánica, 14), 2001.
Quirós, Francisco Bernardo de, *Obras de don Francisco Bernardo de Quirós y Aventuras de don Fruela*, ed. Celsa Carmen García Valdés, Madrid, Instituto de Estudios Madrileños/CSIC, 1984.
RAE, *Diccionario de la lengua castellana*, 5ª ed. Madrid, Imprenta Real, 1817.
— *Diccionario de autoridades*, 1726-1739, ed. facsímil, Madrid, Gredos, 1976.
Ramillete de entremeses y bailes nuevamente recogido de los antiguos poetas de España. Siglo XVII, ed. Hannah E. Bergman, Madrid, Castalia (Clásicos Castalia, 21), 1970.
Ramillete de sainetes, ed. Celsa Carmen García Valdés, Madrid, Fundamentos (Espiral/Fundamentos, serie teatro, 388), 2012.
Rasgos del ocio en diferentes bailes, entremeses y loas de diversos autores. Segunda parte, Madrid, Domingo García Morras. A costa de Domingo de Palacio y Villegas, 1664.
Restrepo, Pablo, «Afeminados, hechizados y hombres vestidos de mujer: la inversión sexual en algunos entremeses del Siglo de Oro», en *Lesbianism and Homosexuality in Early Modern Spain*, ed. Mª José Delgado y Alain Saint-Saëns, New Orleans, University Press of the South, 2000, pp. 199-215.
Riquelme Jiménez, Carlos José, *La Administración de Justicia en el Siglo de Oro. La obra de Francisco de Quevedo y Villegas*, Ciudad Real, Instituto de Estudios Manchegos, 2004.
Risa y sociedad en el teatro español del Siglo de Oro, Actes du 3º colloque du Groupe d'Etudes Sur le Théâtre Espagnol, Toulouse 31 janvier-2 février 1980, Paris, C.N.R.S., 1980.
Rodríguez, Evangelina y Antonio Tordera, *Calderón y la obra corta dramática del siglo XVII*, London, Tamesis Books, 1983.
Rodríguez Cuadros, Evangelina, *La técnica del actor español en el Barroco. Hipótesis y documentos*, Madrid, Castalia, 1998.
— «El hato de la risa: identidad y ridículo en el vestuario del teatro breve del Siglo de Oro», en *El vestuario en el teatro español del Siglo de Oro*, Mercedes de los Reyes (ed.), Madrid, *Cuadernos de Teatro Clásico*, 13-14, 2000, pp. 109-138.

RODRÍGUEZ-GALLEGO, Fernando, «La labor editorial de Vera Tassis», *Revista de Literatura*, LXXV, 150, 2013, pp. 463-493.

RODRÍGUEZ RÍPODAS, Alberto, *Las mocedades del Cid*. Véase Cáncer y Velasco.

RODRÍGUEZ VILLA, Antonio, *La corte y monarquía de España en los años de 1636 y 37 con curiosos documentos sobre corridas de toros en los siglos XVII y XVIII*, Madrid, Luis Navarro, 1886.

ROMERA NAVARRO, Miguel, *Estudios sobre Gracián*, Austin, The University of Texas Press, 1950.

Romancero viejo, ed. Mª Cruz García de Enterría, Madrid, Castalia (Castalia Didáctica, 18), 1987.

SÁEZ RAPOSO, Francisco, «Cosme Pérez, actor tudelano», *Teatro*, 19, 2003, pp. 57-77.

— «La herencia de la *commedia dell'arte* italiana en la conformación del personaje de Juan Rana», *Bulletin of the Comediantes*, 56-I, 2004, pp. 77-96.

— *Juan Rana y el teatro cómico breve del siglo XVII*, Madrid, FUE, 2005.

SAINZ DE ROBLES, Federico Carlos, «*La muerte de Baldovinos*, comedia burlesca de Jerónimo de Cáncer y Velasco», en *El teatro español. Historia y antología (desde sus orígenes hasta el siglo XIX)*, Madrid, Aguilar, 1943, vol. IV, pp. 825-870.

SARDELLI, Maria Antonella, «Las paremias en una obra de Calderón de la Barca», en *Fraseología y paremiología: enfoques y aplicaciones*, Vanda Durante (ed.), Madrid, Instituto Cervantes, Centro Virtual Cervantes, 2014, pp. 259-271.

SEMINARIO DE ESTUDIOS TEATRALES, «Edición de una comedia burlesca del siglo XVII: *Las mocedades del Cid*, de Jerónimo de Cáncer», *Cuadernos para la Investigación de la Literatura Hispánica*, 23, 1998, pp. 243-297.

— «La comedia burlesca del siglo XVII: *La muerte de Valdovinos*, de Jerónimo de Cáncer (Edición y estudio)», *Cuadernos para la Investigación de la Literatura Hispánica*, 25, 2000, pp. 101-164.

SERÍS, Homero, *Nuevo ensayo de una Biblioteca Española de libros raros y curiosos. Formado en presencia de los ejemplares de la Biblioteca de The Hispanic Society of America en Nueva York y de la Ticknor Collection en la Biblioteca Pública de Boston*, New York, Hispanic Society, 1969.

SERRALTA, Frédéric, «Juan Rana homosexual», *Criticón*, 50, 1990, pp. 81-92.

— «La risa y el actor: el caso de Juan Rana», en *Del horror a la risa: los géneros teatrales clásicos*, C. Falio-Lacourt, I. Arellano, V. García Ruiz y M. Vitse (ed.), Kassel, Reichenberger, 1994, pp. 287-302.

SOLERA LÓPEZ, Rus, véase CÁNCER Y VELASCO.

SUBIRATS, Rosita, «Contribution à l'établissement du répertoire théâtral à la cour de Phillippe IV et de Charles II», *Bulletin Hispanique*, tome LXXIX, 1977, pp. 401-479.

TARAVACCI, Pietro, «Cáncer», en *Historia del teatro breve en España*, Javier Huerta Calvo (dir.), Madrid/Frankfurt am Main, Iberoamericana/Vervuert (Teatro Breve Español, III, siglos XVI-XX), 2008, pp. 315-343.

Tardes apacibles de gustoso entretenimiento partidas en varios entremeses y bailes entremesados, escogidos de los mejores ingenios de España. Madrid, Andrés García de la Iglesia, 1663.

El teatro breve de Alonso de Olmedo, Tesis Doctoral de Francisco J. Olmedo Bernal, Madrid, Universidad Complutense, 2013.

Teatro breve de los Siglos de Oro: antología, ed. Catalina Buezo, Madrid, Castalia (Castalia Didáctica), 1992.

Teatro breve de los siglos XVI y XVII, ed. Javier Huerta Calvo, Madrid, Taurus (Temas de España, sección «Clásicos», 148), 1985.

Teatro breve (loas y entremeses) del Siglo de Oro, ed. Ignacio Arellano, Barcelona, Debolsillo (Clásicos comentados, 88), 2005.

TERRÓN GONZÁLEZ, Jesús, *Léxico de cosméticos y afeites en el Siglo de Oro*, Cáceres, Universidad de Extremadura, 1990.

THOMPSON, Peter E., *The outrageous Juan Rana Entremeses. A bilingual and annotated selection of plays written for this spanish Golden age Gracioso*, Toronto, Toronto University Press, 2009.

TIRSO DE MOLINA, *La villana de la Sagra*, ed. Berta Pallares, Madrid, Castalia (Clásicos Castalia, 135), 1984.

— *La gallega Mari Hernández*, ed. Sofía Eiroa, Pamplona, Instituto de Estudios Tirsianos, 2003.

— *Las quinas de Portugal*, ed. Celsa C. García Valdés, Pamplona, Instituto de Estudios Tirsianos, 2003.

TÍSCAR MARTÍNEZ, María, *Nueve entremeses anónimos escritos para el actor Juan Rana: Edición y estudio*, Granada, Universidad de Granada, 1987.

URZÁIZ TORTAJADA, Héctor, véase también Huerta Calvo, Vélez de Guevara.

— *Catálogo de autores teatrales del siglo XVII*, Madrid, FUE, 2002.

VALBUENA PRAT, Ángel, *Historia de la literatura española, tomo II*, Barcelona, Gustavo Gili, 1937.

VALDECEBRO, fray Andrés Ferrer de, *Templo de la fama. Con instrucciones políticas y morales*, Madrid, Imprenta Imperial, 1680.

VAREY-SHERGOLD, 1970. Véase «Vélez de Guevara».

VAREY, J.E. y N.D. Shergold, *Representaciones palaciegas: 1603-1699. Estudio y documentos*, London, Tamesis Books, 1968.

VEGA GARCÍA-LUENGOS, Germán, «Teatro e imprenta en Sevilla durante el siglo XVIII: los entremeses sueltos», *Archivo Hispalense*, 226, 1991, pp. 47-98.

VEGA CARPIO, Lope de, *Arcadia, prosas y versos*, Lérida, Jerónimo Margarit y Luis Menescal, 1612.

— *Séptima parte de sus comedias, con loas, entremeses y bailes...* Madrid, viuda de Alonso Martín de Balboa, 1617.

— *Oncena parte de las comedias de Lope de Vega Carpio...*, Madrid, viuda de Alonso Martín de Balboa, 1618.

— *Docena parte de las comedias de Lope de Vega Carpio...* Madrid, Viuda de Alonso Martín, 1619.

— *Las bizarrías de Belisa*, ed. Zamora Vicente, Madrid, Espasa-Calpe (Clásicos Castellanos, 157), 1970.

— *Peribáñez y el comendador de Ocaña*, ed. Donald McGrady, Barcelona, Crítica (Biblioteca Clásica, 53), 1997.

— *El caballero de Olmedo*, ed. Francisco Rico, 20ª ed., Madrid, Cátedra (Clásicos Castalia, 147), 2003.

Vélez de Guevara, Luis, *Los celos hacen estrellas*, ed. J. E. Varey y N. O. Shergold, London, Tamesis Books, 1970.
— *El diablo cojuelo*, ed. A. R. Fernández e I. Arellano, Madrid, Castalia (Clásicos Castalia, 170), 1988.
— *Teatro breve*, ed. Héctor Urzáiz Tortajada, Madrid/Frankfurt am Main, Iberoamericana/Vervuert (Teatro Breve Español, 1), 2002.
Vélez de Guevara, Luis, Antonio Coello y Francisco de Rojas, *También la afrenta es veneno*, Alicante, Biblioteca Virtual Miguel de Cervantes, 1999.
Verdores del Parnaso en veinte y seis entremeses, bailes y sainetes de diversos autores, Madrid, Domingo García Morrás, 1668.
Villanueva Lizana, Mª Luz, *Cruces de término. Origen, función, evolución y conservación*, Valencia, Universidad de Valencia, 2012.
Ynduráin, Francisco, «Refranes y 'frases hechas' en la estimativa literaria del siglo xvii», *Archivo de Filología Aragonesa*, VII, 1955, pp. 103-130.
Zamora, Antonio de, *Teatro breve (Entremeses)*, ed. Rafael Martín Martínez, Madrid/Frankfurt am Main, Iberoamericana/Vervuert, (Teatro Breve Español, 2), 2005.

Abreviaturas

Francés	*El francés* (F).
Gigante	*El gigante* (GI).
Golosos	*Los golosos* (GO).
Lenguas	*Las lenguas* (L).
Libro	*El libro de qué quieres, boca* (Q).
Mariona	*La mariona* (M).
Paga	*Este lo paga* (P).
Rana	*Juan Rana mujer* (RM).
Ranilla	*Juan Ranilla* (R).
Regañona	*La regañona y fiesta de toros* (RF).
Sí	*El sí* (S).
Tamborilero	*El tamborilero* (T).

Abreviaturas de las obras de referencia en la anotación

Aut	*Diccionario de autoridades.*
Correas	Correas, *Vocabulario de refranes.*
Cotarelo	*Colección de entremeses.*
Cov	Covarrubias, *Tesoro de la lengua.*
DRAE	*Diccionario de la Real Academia Española.*

Jocoseria	Quiñones de Benavente, *Jocoseria*.
Lapesa	*Historia de la lengua española*.
Léxico	Hernández, *Léxico del marginalismo*.
POC	Quevedo, *Poesía Original Completa*.
Poesía completa	Cáncer, *Poesía completa*.
Quijote	Rico, *Don Quijote de la Mancha*.

IV

TEXTO CRÍTICO DE LOS ENTREMESES

ENTREMÉS DE ESTE LO PAGA.*

DE CÁNCER

Interlocutores.

Un vejete. El gracioso.
Hombre 1º. Dos mujeres.
Sargento.

Sale el vejete, tras el gracioso de villano.

Gracioso	Deténgase, muesamo, que me han muerto.
Vejete	Si no lo estás, que lo estarás es cierto.
Gracioso	No tuvo Herodes tan cruel fiereza; ya que me pega, guarde la cabeza.
Vejete	¡Vive Dios! Mentecato.
Gracioso	Diga. ¿Qué he hecho? 5
Vejete	No hacer cosa que mando de provecho.
Gracioso	Abaje el palo y cesen las mohínas.

---

* Texto base: *Laurel de entremeses* (1660).

v. 1 *muesamo*: 'mueso amo, mi amo', forma rústica o vulgar, como *nuesama* y derivados. Es el lenguaje empleado por el gracioso, como se aprecia en los siguientes versos. Lope: «Seguidme todos, amigos, / porque muesama no diga / que porque muesamo falta, / andan las hoces baldías» (*Peribáñez*, vv. 1648-1651).

v. 4 *guarde la cabeza*: 'tenga cuidado con la cabeza'.

Vejete	Pues ven acá. ¿Qué has hecho? Las gallinas que estaban por pelar...	
Gracioso	Oiga un instante. Que debe de pensar que so inorante. ¿No me dijo: Chamorro, aquellas pollas se han de pelar y echarlas en las ollas?	10
Vejete	Yo lo dije y lo digo.	
Gracioso	Pues téngame atención y esté conmigo. Pelé y probé la una y parecía un barbo en gran laguna.	15
Vejete	Si faltaba la vaca y el carnero, el tocino y garbanzos, majadero, claro es que estaría holgada.	
Gracioso	Atiéndame y verá por qué se enfada. Eché dos por pelar...	20
Vejete	¡Hay tal locura!	
Gracioso	¿No servirían las plumas de verdura, de vaca y perejil? Claro está eso, pues así que las puse quedó espeso.	
Vejete	¡A cólera me obliga solo oíllo!	25
Gracioso	El caldo a fe que está bien amarillo.	
Vejete	¡Que un hombre de juicio esto consienta!	
Gracioso	De azafrán se lo escusa y de pimienta.	
Vejete	Por estar como estoy he de sufrillo, que aunque quiera no puedo despedillo.	30

---

v. 11 *Chamorro*: aquí aparece por primera vez el nombre del gracioso, «lo que no tiene barbas ni pelo» (*Aut*).

v. 12 *ollas*: se alude a la 'olla podrida', un 'cocido de carne, tocino, verduras y legumbres', algunos de cuyos ingredientes se mencionan a continuación. Era plato muy importante en las mesas diarias de aquel tiempo, y de abundantes referencias literarias, como recuerdan las primeras líneas de *Don Quijote*.

v. 14 *téngame atención y esté conmigo*: lo mismo que 'escúcheme y esté atento' (de «vaya conmigo»).

v. 19 *holgada*: lógicamente, la polla sin nada más quedaría «holgada»; una olla vacía, vamos.

v. 28 *azafrán*: por el color amarillo, claro, del v. 26 («En la pintura es el color amarillo», *Aut*).

	¿Aquel ingüente blanco y de plomo	
	trujístele, Chamorro, di?	
Gracioso	¡Y cómo!	
Vejete	Dámele acá. Acaba impertinente,	
	que es hora de curarme ya la fuente.	
Gracioso	¡Mas juro a Dios! ¿Luego para eso era?	35
Vejete	Quien de tontos se sirve, aquesto espera.	
	¡Puede haber mayor plaga!	
Gracioso	Yo le vi a la gallina cierta llaga	
	cuando la fui a pelar, y como veía	
	que aquesto mismo vuesarced ponía	40
	en la suya, por ver si así sanaba	
	tomé un garbanzo y una berza.	
Vejete	¡Acaba!	
Gracioso	Y con un trapo viejo de cocina	
	fajé muy lindamente la gallina.	
	Y esta es la hora…	
Vejete	¿Puede haber más pena?	45
Gracioso	…Que estará la gallina sana y buena.	
Vejete	¿Desollaste el conejo?	
Gracioso	Que es desollar, con gran desvelo	
	le pelé casi todo, pelo a pelo.	
Vejete	Este mozo sin duda ha de acabarme.	50
Gracioso	Pues venga acá, pues si no sabe mandarme,	
	¿qué culpa tengo yo? ¡Hay tal enfado!	

---

v. 31 *ingüente blanco*: 'ungüente', forma vulgar de 'ungüento'. El 'ungüento blanco' era una pomada cicatrizante, compuesto de cera, albayalde y aceite rosado (*Don Quijote*, nota 114.14, p. 296); aunque con ese nombre también era conocida la 'plata'; así como ungüento amarillo era el oro, según *Autoridades*. «De plomo» es de 'sulfuro de plomo', 'cicatrizante'.

v. 34 *fuente*: 'herida', «llaga pequeña y redonda abierta artificialmente en el cuerpo humano con fuego, o con cáustico, para purgar y evacuar los humores superfluos» (*Aut*). Cervantes: «Pues sepa vuesa merced que lo puede agradecer primero a Dios y luego, a dos fuentes que tiene en las dos piernas, por donde se desagua todo el mal humor de quien dicen los médicos que está llena» (*Quijote*, p. 1022).

v. 44 *fajé*: 'vendé' (vendar).

v. 48 Verso hipométrico en los testimonios (9 s.).

Vejete	Todo cuanto te dije lo has errado.	
Gracioso	Y aun para trocar es todo lo hecho. Siempre le dije no era de provecho mi persona en su casa.	55
Vejete	Yo me llego a la plaza, que se pasa la hora de venir los cazadores.	
Gracioso	La olla hace lo mismo. ¡Ea, señores, desta vez quedo potro cocinero!	60
Vejete	Si alguien viene a comer por su dinero, le darás lo que pida y ajústale la cuenta a la comida. Abre los ojos, pues, y no te espantes que esto te avise, que hay dos mil bergantes que comen a porfías, y suele ser la paga en cortesías.	65

Vase.

Gracioso	Vaya con Dios. ¿No basta mi zapato para hacellos pagar, so mentecato? ¿Más que habiendo comido muy severo, decir so compadre venga el dinero?	70

Salen sargento y un hombre.

Hombre 1	No hay mejor medio en el mundo que el que dispuesto tenemos, pues que el vejete se ha ido.	
Sargento	Comamos muy bien, que luego Dios dijo lo que será.	75
Hombre 1	¡Que en efecto, seor sargento, treinta mil hombres mataron!	

---

    v. 54 *trocar*: 'cambiar'; es decir, todo lo que hace está mal.

    v. 60 *potro cocinero*: no encontrada la expresión; probable prevaricación de *protococinero*, 'el primero de los cocineros'.

    v. 66 *a porfías*: 'con empeño'.

    vv. 70-71 Versos hipermétricos en los testimonios que se han tenido que ajustar (ver «Aparato crítico»).

    v. 78 *treinta mil hombres*: aquí empiezan las bravuconadas para intentar impresionar al gracioso. Aunque el número podría ser mera invención, es posible que se recuerde la batalla de Lepanto, similar en el número de bajas. Lo cual cuadraría con la condición militar de uno de los burladores.

Sargento	Sin más de diez mil que huyeron.	
	No se vio mayor batalla	80
	después que se usan sombreros.	
Gracioso	Esta no es gente de honra.	
Hombre 1	Prosiga usted con el cuento;	
	mas no, mejor es comer.	
	¡Ah, mozo!	
Gracioso	¿Señor?	
Hombre 1	Ea, presto.	85
	Saca la mesa y comamos.	
Gracioso	¿Qué pide usted?	
Hombre 1	Un conejo.	
Gracioso	¡Vele aquí que no habrá gato	
	que le aventaje en lo grueso!	

Saca un plato con algo que comer.

Hombre 1	Saca unos pichones.	
Gracioso	Digo.	90
	¿En aquel horrible cerco	
	que contaba hicieron muchos?	

Saca otro plato con cosa de comer.

Sargento	En aqueste brazo izquierdo	
	tengo una herida que dice	
	lo animoso deste pecho.	95
Gracioso	Pues mire que esos pichones	
	son biznietos de unos cuervos,	
	y rabian por mataduras.	

Saca vasos y en ellos que beber.

---

v. 81 *después que*: 'desde que'.

v. 88 *¡Vele aquí!*: '¡Míralo!'. «Gato» es alusión al refrán 'dar gato por liebre', por la mala fama de los mesones. De ahí que incida Chamorro en la calidad de su producto.

v. 91 *cerco*: posible nueva alusión a la batalla de Lepanto, que el gracioso, en su ignorancia, confunde con un cerco.

v. 92 *biznieto de unos cuervos*: un disparate. Chamorro parece continuar el juego de las bravuconerías de los timadores con otra barbaridad.

v. 98 *mataduras*: aunque las mataduras son 'las llagas en la piel de las bestias a causa de los aparejos', la analogía con las heridas de guerra apunta aquí hacia las quejas de los pichones

Hombre 1	¡A la salud de don Pedro! ¡Que viva docientos años!	100
Sargento	Dame de beber, gallego, y mira que sea de Esquivias.	
Gracioso	¿No debe de ser su suegro?	
Sargento	¡Allá va!	

Arroja el vaso.

Gracioso	¡Ay! ¡Pobre taza!	
Sargento	¡Venga otra!	
Gracioso	¡Bueno es eso! ¿Y si me riñe mi amo?	105
Sargento	Dinero hay aquí, y vidriero a la vuelta de la calle.	
Gracioso	Pues tome usté si hay dinero.	
Sargento	Hago la razón, compadre. ¡Allá va!	110

Arroja el vaso.

Gracioso	Yo soy de acuerdo, que muden la vidrería siquiera pared en medio.

---

muertos. No obstante, el gracioso pone de relieve la mala fama de los venteros, por sus estafas; aquí 'pichón-cuervo', lo mismo que antes 'conejo-gato'.

v. 100 *docientos*: era la forma etimológica y usual de la época. Del latín *ducenti*.

v. 101 *gallego*: «Gallego era sinónimo de 'lacayo' en el siglo XVII» (*Tesoro de villanos*). Era, además, un tipo social muy satirizado por la literatura áurea y el refranero: «Antes puto que gallego. Matraca contra gallegos, porque la gente baja suele encubrir su tierra por haber ganado descrédito» (*Correas*). Lanini: «más pobre que "Dios te dé", / y mísero que un gallego» (*Darlo todo y no dar nada*, vv. 152-153, *Comedias burlescas V*).

v. 102 *Esquivias*: pueblo toledano famoso por sus vinos, muy citado por la literatura áurea: Cervantes, *Entremés de la elección de los alcaldes de Daganzo*, v. 73; Tirso, *La villana de la Sagra*, v. 328; López: «¿Quién eres, Palas borracha? / ¿Quién eres, húngara zorra? / ¿quién eres, pasmo de Esquivias?» (*Escanderbey*, vv. 1-3, *Comedias burlescas VI*). Según Miguel Herrero fue el vino que más triunfó en la literatura: «Desde Cervantes, Lope y Tirso, todos los novelistas y poetas le hicieron el reclamo» (1933, p. 31).

v. 110 *hago la razón*: 'corresponder con un brindis a otro' (*RAE*).

v. 111 *soy*: 'estoy'. El empleo del verbo ser con el significado del actual 'estar' era usual en el siglo XVI, aunque fue disminuyendo en la centuria siguiente (Lapesa, 1988, pp. 400-401).

v. 113 *pared en medio*: 'contigua, al lado'.

Hombre 1	¿Cuánto monta la comida?	
Gracioso	Diez y ocho reales, luego las tazas que me han quebrado.	115
Hombre 1	Que vendrá a ser hasta ciento.	
Gracioso	En fin, gente de la guerra, que no son nada avarientos, lo que vuesarced quisiere.	120
Hombre 1	Pues cuenta aquí.	
Sargento	Quedo, quedo, que yo fui el que convidé y he de pagar.	
Hombre 1	¡Lindo cuento!	
Sargento	Aquí no hay que replicar.	
Hombre 1	No hagamos de aquesto empeño, que el pagar a mí me toca conforme a la ley del duelo.	125
Sargento	Pues riñamos.	
Hombre 1	Pues riñamos.	
Gracioso	¡Ah, señores, quedo, quedo! ¿Pues por eso han de reñir? No anden en cumplimientos, en fin, gente de milicia, que no son nada avarientos. ¡Máteme Dios con tal gente!	130
Hombre 1	No hay que tratar, seor sargento. Vuesarced no ha de pagar.	135
Sargento	No ha de quedar con recelo mi opinión.	
Hombre 1	También mi honra sabe del honor los fueros.	

---

    v. 127 *ley del duelo*: en la estimativa de aquel tiempo, una genérica 'ley del pundonor', que no se podía identificar con ninguna ley ni libro concreto, aunque existiera, al igual que la 'ley del honor'. Expresiones habituales en el teatro de la época.
    v. 138 *opinión*: 'fama, imagen'.
    v. 139 *fueros*: 'los fueros del honor, las leyes del honor'. Ver v. 127.

SARGENTO	¡Pues riñamos!	
HOMBRE 1	¡Pues riñamos!	140
SARGENTO	Pues dese en aquesto un medio.	
GRACIOSO	Eso sí, paguen entrambos.	
HOMBRE 1	Tampoco vengo a hacer eso.	
GRACIOSO	Pues decid lo que ha ser.	
SARGENTO	Vendemos a este mancebo los ojos, y al que cogiere ese ha de pagar.	145
GRACIOSO	¡Qué bueno! ¡Lo que un buen ingenio alcanza! Ea, pues, tápenme presto antes que venga mi amo.	150
HOMBRE 1	Eso es lo que yo deseo.	
SARGENTO	Dad acá esa servilleta.	
GRACIOSO	¿No fuera mejor pañuelo?	
HOMBRE 1	Este mío es de cambray.	
SARGENTO	El mío es de holanda.	

Sacan unos trapos vendando los ojos.

GRACIOSO	Quedo, que me aprietan mucho.	155
HOMBRE 1	Ea, vamos, que aquesto ya queda hecho.	

Vanse y queda el gracioso solo como que quiere coger alguno hasta que sale el vejete.

GRACIOSO	Si uno fuera miserable me escusaba andar a tiento. Bien sabe Dios que quijera que le cupiera al sargento	160

---

vv. 154-155. *[pañuelos] de cambray ... holanda*: tipos de telas muy finas procedente de esos lugares y en sí burlescas como atuendo de esos caballeros. Quevedo: «Pegóseme la herejía, / y, con favor de Lutero, / de Holanda pasé a Cambray, / más delgado y menos bueno» (*POC*, 720, vv. 17-20).

la suerte, que es liberal.
Y ha confrontado en estremo
con mi sangre. Aquesto es gloria,
no como otros embusteros 165
que no pagan lo que comen.
¡Señores, estense quedos,
parezco gallina ciega!

VEJETE ¡Jesús, qué caro está el tiempo!
Un capón cuesta ocho reales; 170
veinte y dos gallinas, ciento.

GRACIOSO Este lo paga.

VEJETE   ¿Qué dices?

GRACIOSO Este lo paga.

VEJETE   ¿Qué es esto?

GRACIOSO Este lo paga.

VEJETE   ¿Hay tal caso?

GRACIOSO ¡A ver quién es!

Quítase el paño de los ojos.

      ¡Santo cielo, 175
a mi amo solo miro!

VEJETE Dime, qué es este embeleco.

GRACIOSO ¡Señor…!

VEJETE   ¡Acaba, menguado!

GRACIOSO Aquí…

VEJETE   Dime, ¿estás sin seso?

GRACIOSO Dos hombres de la milicia 180
aquí entraron, y comieron
un conejo y dos pichones.
Vusté sabrá si yo miento.
Y el uno dijo que había
de pagar; otro, lo mesmo. 185
Y así estuvieron un rato.

---

v. 162 *liberal*: 'dadivoso, generoso'.
v. 163 *confrontado*: 'congeniado'.

	Y por escusar de pleitos	
	se convinieron entrambos	
	que el que yo cogiera a tiento	
	ese había de pagar.	190
Vejete	¡Matarete, vive el cielo!	
	Salen los dos con las espadas desnudas.	
Gracioso	¡Socorro, aquí, que me matan!	
Hombre 1	¿Qué ruido es este buen viejo?	
	¿Es esclavo aqueste mozo?	
Vejete	¿Quién le mete a usté en eso?	195
Sargento	Tome él, potrilla.	
	Dale una bofetada.	
Vejete	¡En mi cara!	
Gracioso	No tenéis que hacer estremos.	
	Las blancas manos no agravian	
	y estas lo son con estremo.	
Vejete	¡Fuera, digo, no me tengan!	200
Mujer 1	Metan paz los instrumentos.	
	Los valientes que se usan	
	en estos tiempos,	

---

v. 196 *él*: 'tú', tratamiento despectivo; «potrilla» es un insulto, «Apodo que se da a los viejos que ostentan verdor y mocedad. Díjose porque los viejos ordinariamente tienen potra» (*Aut*). *Los celos de Escarramán*: «¿Cuando estoy en la pendencia / enviáis sin mi licencia / a un potrilla y su mujer?» (vv. 445-447, *La tradición escarramanesca*).

v. 198 *Las blancas manos no agravian*: «nos agravian» en el impreso (verso no incluido en el manuscrito). Evidente error por ser un verso largo y, sobre todo, por ser variante de una posible paremia que aparece en algunas obras de Calderón (*Fieras afemina amor*) y, especialmente, en *Las manos blancas no ofenden*, publicada en 1657, pero escrita alrededor de 1640 (Cruickshank, 2010, p. 210). Aunque al final de esta comedia se alude a su condición paremiológica, no aparece registrada ni en *Correas* ni en *Autoridades* ni en *Covarrubias*: «[...] Con que corriente / queda refrán, que las blancas / manos no agravian, mas duelen» (final jornada III, ed. Valbuena Briones, p. 1126). Se puede consultar, al respecto, el interesante artículo de Maria Antonella Sardelli (2014, pp. 259-271).

v. 200 *tengan*: 'detengan, sujeten'.

v. 202 *valientes*: como se verá en los versos siguientes, parece tomar su acepción germanesca: 'valentones'.

	unos son sellados	
	y otros sin sello.	205
Mujer 2	Por temerones campan	
	aquestos crudos.	
Gracioso	No serán los primeros	
	que hay en el mundo.	

Sacan matapecados y le dan al viejo todos.

---

v. 205 *sello*: 'marca del látigo en la piel del azotado' (*Tesoro*).
    v. 206 *temerones*: es sinónimo de los «valientes» anteriores: 'valentones, rufianes' (*germ.*); «El que afecta valentía y esfuerzo, especialmente con las acciones, infundiendo con ellas miedo» (*Aut*).
    v. 207 *crudos*: 'valentones, valientes, jaques…' (*germ.*). Todos son equivalentes.
    v. 209+ *matapecados*: una especie de cachiporra con ruido. Ver *Rana*, v. 138+.

ENTREMÉS DEL FRANCÉS.

De Cáncer. *

INTERLOCUTORES.

El gracioso.	*Clara, graciosa*	*Don Juan.*
Palomino.	*Francisca.*	*Músicos.*

Salen don Juan y Francisca y el gracioso.

D. JUAN	Desesperado estoy, Francisca, amiga.
FRANCISCA	Señor don Juan, su pensamiento diga.
D. JUAN	Yo le he dado mi hacienda a doña Clara, y como no le doy, tuerce la cara.
GRACIOSO	¿Eso tiene por malo? 5 Vuélvela a dar y sea con un palo, que es la mujer como la encina, bruta.

---

* Texto base: *Flor de entremeses*, 1676.

v. 4 *como*: con valor causal, lo mismo que 'porque'. «Doy» es alusión a 'regalar'. Tópico de la dama malcontenta. 'Torcer la cara' es «volver el labio inferior hacia alguno de los dos carrillos en ademán o en demostración de algún disgusto» (*Aut*).

v. 5 *¿Eso tiene por malo?*: '¿De eso te quejas?'

v. 6 *dar*: dentro del juego polisémico del v. 4 con el que juega el gracioso, aquí 'dar' equivale a 'golpear, pegar'. Estos versos recogen la tradición de la literatura misógina. La mujer, como ser inferior o propensa al castigo, es habitual en la literatura del Siglo de Oro, como sucede en este entremés o en el refranero: «La burra y la mujer, apaleadas quieren ser. La mula, la noguera, la encina, la bestia y la mujer: con todas estas cosas se varía» (*Correas*).

v. 7 *bruta*: 'tosca, salvaje'.

D. Juan	¿Cómo, Toribio?	
Gracioso	A palos da la fruta.	
D. Juan	¿Qué traza daré yo para vengarme?	
Gracioso	Yo la daré, si quieres escucharme.	10
D. Juan	Di, pues, que ya te escucho.	
Gracioso	Estame atento, que te quiero decir mi pensamiento. Engañar Eva a Adán no es cosa nueva, mas hoy Adán ha de engañar a Eva. El mayor embeleco he imaginado del mundo.	15
D. Juan	¿De qué modo?	
Gracioso	Francisca ha de ayudarme, que es el todo para mi pretensión.	
Francisca	Yo no te entiendo.	
Gracioso	Pues venid y sabréis lo que pretendo.	

Vanse y salen Palomino y Clara, graciosa.

Clara	Palomino.	
Palomino	Señora.	
Clara	¿Emprestillaste al mercader?	20
Palomino	Ya queda emprestillado.	
Clara	¿Qué cantidad será la que ha prestado?	
Palomino	Serán seiscientos reales.	
Clara	¿Y a qué plazo?	
Palomino	Hasta que llegue el último gatazo; que es emprestar tan presto, que el sexto pasa sin llegar al sexto.	25

---

    v. 20 *Emprestillaste*: '¿Pediste prestado?' (s.v. 'emprestar', *Aut*).

    v. 23 *seiscientos reales*: la base del sistema monetario español, tanto podían ser de plata como de vellón. Estos últimos se cotizaban a 34 maravedís; los de plata, a 275, en la década de 1620 (Maltby, 2000, p. 12).

    v. 24 *gatazo*: 'engaño, timo'. Término derivado de «gato»; en germanía, 'ladrón'.

CLARA	Eso es lo que procuro,	
	que he de fundar en esta tierra un juro.	
	Que me enfadan los hombres, Palomino,	
	que con garbo y guedejas,	30
	rizando espadas y arqueando cejas,	
	siendo ellos ignorantes,	
	quieren enamorar hembras brillantes.	
	Hombre ninfo, alcorzado,	
	marchita la guedeja y lo rizado	35
	y cuélgate un bolsillo en las orejas,	
	y rendirás las mozas y las viejas,	
	que es cuerdo pensamiento.	
	Dales pecunia y les darás contento.	

Sale Francisca.

FRANCISCA	¡Oh, Clara!	
CLARA	¡Oh, mi Francisca! Bienvenida.	40
FRANCISCA	Dame atención un rato por tu vida	
	porque vengo deprisa.	
CLARA	Di lo que trays.	
FRANCISCA	No he de poder de risa.	
	Ha venido aquí un príncipe extranjero	
	cargado de doblones,	45

---

v. 26 *que el sexto pasa sin llegar al sexto*: posible alusión a los plazos del préstamo que no piensa satisfacer.

v. 28 *juro*: 'especie de pensión perpetua'.

v. 30 *guedejas*: 'melenas'. Alusión a cierta moda prohibida por «escándalo y afeminamiento» en 1617 y en 1639, cuya premática decía: «ningún hombre pueda traer copete o jaulilla, ni guedejas con crespo u otro rizo en el cabello, el cual no pueda pasar de la oreja» (citamos por la ed. de Zamora Vicente de *Las bizarrías de Belisa*, de Lope de Vega, p. 169). Quevedo dedicó un romance a esta moda: *Una figura de guedejas se motila en ocasión de una premática* (*Un heráclito cristiano*, ed. Schwartz-Arellano, nº 251).

v. 31 *rizando espadas*: 'siendo diestro en el manejo de las espadas'. Espada es símbolo masculino.

v. 34 *ninfo*: 'narciso'; «alcorzado», 'aseado, adornado'.

v. 36 *bolsillo*: 'bolsa de dinero'.

v. 39 *pecunia*: 'dinero'. Tópico de la mujer pedidora, tan característico del género. Hay un entremés de Calderón con ese título.

v. 43 *trays*: forma anticuada y vulgar de 'traéis', que también sirve para romper el hiato. Muy frecuente en la época.

v. 45 *doblones*: 'monedas de oro'.

	que los gasta con todas a montones.	
	Pidió en casa de Julia un jarro de agua.	
	Sacole una criada	
	una toalla al hombro muy doblada,	
	y en la salvilla aquella calderilla	50
	que compró el otro día,	
	por gran regalo, llena de agua fría.	
	Diole por esto una cadena, hermana,	
	de quinientos escudos, y un bolsillo	
	con otros ciento.	
CLARA	¿Qué me dices?	
FRANCISCA	Digo	55
	que de lo que he contado soy testigo.	
	Hale dado muy largos mil escudos	
	en cinco días. Tráigotelo a casa	
	lleno de pluma y muy enamorado.	
CLARA	Él volverá, Francisca, bien pelado.	60
FRANCISCA	Hala, lerta, que ya entra.	

Sale el gracioso de francés ridículo, y don Juan con barba.

GRACIOSO	*Besi li mani di vostra* señoría.	
CLARA	Bienvenido vuestra excelencia sea.	
GRACIOSO	*Care millo.*	
CLARA	¿Qué es *care millo*?	65
D. JUAN	Preguntaros, señora, cómo estáis.	
CLARA	Yo estoy para serviros.	
	¿Y vos, cómo venís, príncipe mío?	

---

    v. 50 *salvilla*: 'bandeja' sobre la que se coloca la «calderilla» o 'jarra pequeña'.

    v. 57 *muy largos*: 'generosamente'. Los «escudos» eran también monedas de oro, pero de valor inferior a los doblones.

    v. 59 *pluma*: «Metafóricamente se toma por riquezas, bienes y hacienda» (*Aut*).

    v. 60 *pelado*: chiste fácil por las plumas metafóricas y reales del sombrero de la nota anterior y la acción de desplumar.

    v. 61 *lerta*: 'alerta', 'a' embebida, 'cuidado'.

    v. 64 *care millo*: posible deformación de la expresión italiana *caro mio*; aunque también se podría deducir cierto sentido pecuniario (¿'milione'?). Por otra parte, este verso y el siguiente son dos irregulares difíciles de encajar en la silva. Es posible que se hayan perdido dos sílabas que lo convertirían en un endecasílabo.

Gracioso	*Veni bono,* poltrón, tripivacío.	
Clara	¿Queréis silla?	
Gracioso	*Lo vostro servitore*	70
	volitime sentar lo nalgatori.	
Clara	¿Qué lengua es esta, hermana? ¿No la entiendes?	
Francisca	Yo, ni por pensamiento.	
Gracioso	*Ricadea*	
	e mulo de trifalte longitudo.	
Clara	¿Vueselencia es romano?	75
Gracioso	*Nani.*	
Clara	¿Napolitano?	
Gracioso	*Nani, nani.*	
Clara	¿Es ginovés, acaso?	
Gracioso	*Nani, nani.*	
D. Juan	Desde el reino de Francia vino aquí.	
Clara	¿Vueselencia es francés?	
Gracioso	*Güi, güi, güi.*	
D. Juan	Mira que dices treinta desatinos.	80
Gracioso	Calla, que le hablo en lengua de cochinos.	
Clara	¿Vueselencia es soltero o es casado?	
Gracioso	*No me casamente, sun soletado.*	
Clara	¿Qué es soletado? ¿Es calza?	
Gracioso	*Calcineto.*	
	(Juro a Cristo que estoy en grande aprieto).	85

---

v. 69 *poltrón*: 'cansado'. Del italiano *poltrone*; «tripivacío», 'hambriento', parece neologismo del autor.

v. 73 *Ricadea*: lo mismo que 'he caído'. Del verbo italiano *ricadere*. Parece expresar en estos versos que ha caído de una mula.

v. 81 *lengua de cochinos*: alusión a la onomatopeya de '*güi, güi, güi*', ayudándose el actor de ciertos gestos o sonidos. ¿Ininteligible o insulto a la vecina nación?

v. 84 *soletado*: es 'soltero', prevaricación lingüística; y «calza» es 'pieza de tela masculina ajustada a la pierna'. El interrogante de Clara viene porque ella confunde la 'soledad' del gracioso con «soleta. Pieza de tela con que se remienda la planta del pie de la media o calcetín cuando se rompe» (*DRAE*). De ahí la respuesta del gracioso, ya que «calcineto» es 'calcetín'. Del italiano, *calzino*.

Clara	¿Entiende vueselencia lo que digo?	
Gracioso	Maletón, peltrechón, ombligo, ombligo.	
D. Juan	Dice que sí, y que está muy obligado.	
Gracioso	*¿Suti casata u suti gatupera?*	
D. Juan	Dice si sois casada o sois soltera.	90
Clara	Yo soy soltera, aunque casada he sido; y muriose en las Indias mi marido.	
Gracioso	Duca… tilín *milesimo redate*.	
D. Juan	(¡Jesús, y qué notable disparate!) Dice que os da catorce mil ducados, que en esa cara están bien empleados. Yo los trairé al momento.	95
Clara	Ya, señor, aunque sea atrevimiento, la brevedad en esta os apercibo.	
D. Juan	Por ser de vuestra mano, la recibo.	100
Gracioso	¿*Nari gotin a te salin y baco?*	
Clara	¿Qué dijo agora?	
D. Juan	Si tomáis tabaco.	
Clara	No, señor.	

---

v. 87 *maletón*: en el español de la época era, como hoy, una 'maleta grande'; «ombligo» parece alusión al «tripivacío» del v. 69.

v. 89 *gatupera*: el término no tiene ninguna relación con 'soltería', a pesar de lo expresado en el verso siguiente, parece más bien apuntar a 'gato' (ladrona), acompañándose el actor de algunos gestos. También podría recordar a 'gatuno', por su carácter independiente.

v. 93 *Duca… tilín*: se ha optado por separar una forma que en todos los testimonios va unida («ducatilin»: 'ducado') para resaltar, en la onomatopeya, el valor lucrativo de la acción, seguramente acompañado de gestos del actor; «milesimo», lo mismo que en italiano, *millesimo*; y «redate» parece provenir de *reddito*, 'rédito'.

v. 97 *trairé*: 'traeré'. Vacilación en el vocalismo átono, entonces usual.

v. 101 No se ha podido dar con la traducción del verso aunque todo parece una acumulación de disparates.

v. 102 *tomáis tabaco*: *Autoridades* incluye con esta frase (s.v. 'tomar tabaco') tanto el aspirado por vía nasal, como el fumado. A juzgar por el origen noble y extranjero del personaje, podría llevar una cajita con la sustancia en polvo.

JERÓNIMO DE CÁNCER   153

GRACIOSO   Yo tomo un poquito,
                     de faltiquin pillo un tabaqui… rico.
                     ¿No *volite* probar?

CLARA   Yo no lo *vollo*.   105

GRACIOSO   De cuanto dicho, solo entendió el *vollo*.

CLARA   Hola, saquen la colación a su excelencia.

GRACIOSO   *Nani, nani.* Yo le *vollo* gastar.
                     Juan de Florencia, *pillate chento escuti*,
                     y otros *chento portete colachione*.   110

D. JUAN   ¿Qué *colachione*?

GRACIOSO   *Portate* peladilla, *canelone*,
                     gragea, bocadillo di pilada,
                     caja de patatón y mierda helada
                     para aquestas señoras.   115

CLARA   ¡Qué Alejandro! ¡Hay, Francisca, semejante!

FRANCISCA   Da la plata al criado en un instante.

CLARA   Dad la plata al criado, Palomino,
                     para la colación.

PALOMINO   Voy en un vuelo.
                     (Este pez ya ha caído en el anzuelo)   120

                     Vase.

GRACIOSO   ¡Qué *belo sortichone*! ¿Son diamantos?

---

v. 104 *tabaqui… rico*: parece nuevo calambur. Como más arriba, en «ducatilin», también se ha optado por la separación.

v. 106 *De cuanto dicho*: «De cuanto tú dicho» en los tres testimonios. Se suprime el pronombre para ajustar el cómputo silábico; «vollo», 'bollo'; pero también corrupción del italiano *voglio*.

v. 107 *Hola*: era la forma habitual de dirigirse a los criados. Ver *Boca*, v. 54; «colación», 'merienda que se da por las tardes'. Más abajo «colachione». Del italiano *colazione*. Verso hipermétrico en los testimonios (13 s.).

v. 109 *chento*: *cento*, 'cien'.

v. 112 *canelone*: «Confite largo que tiene dentro una raja de acitrón u de canela» (*Aut*).

v. 113 *gragea*: un tipo de dulce de pequeño tamaño. «Bocadillo» es una pequeña ración de comida, no necesariamente con pan; «pilada» en castellano es un 'montón de cosas', acepción que podría querer dar a entender el gracioso.

v. 114 *patatón*: por el contexto, podría tratarse de 'diacitrón', 'cidra confitada'; ya que «mierda helada» parece deformación de 'mermelada'.

v. 116 *Alejandro*: «al que loamos de liberal y dadivoso, decimos que es un Alejandro» (*Cov*).

v. 121 *sortichone*: deformación de 'sortijón'.

Francisca	Clara, dile que sí. Dásele luego.	
Clara	¿Queréis serviros dél?	
Gracioso	De bona gana, mas ha de ser con una *condichone*: que encagi lo dedi de curazone.	125

    Sale Palomino.

Palomino	Señora.	
Clara	¿Qué hay, Palomino?	
Palomino	Aquel hombre que aquí estaba me ha dado que sospechar porque se llevó la plata; y al bajar por la escalera, hallé en el suelo estas barbas, y él quedó de *rapio rapis*.	130
Gracioso	Eso quiere decir rapa por *rapaverum*, amiga.	
Clara	¡Ay, Jesús, qué claro que habla!	135
Gracioso	Hablo en mi lengua vulgar, que es la lengua castellana.	
Clara	¡Ay, qué engaño! ¡Ay, qué traición!	
Gracioso	Solo gatazo se llama, no le pongan tantos nombres.	140

---

    v. 122 *Dásele*: 'dáselo'. Leísmo, muy común en la época.

    v. 125 *dedi de curazone*: 'que encaje en el dedo anular'; pero también es una alusión al apretón de ese dedo, porque se creía que se comunicaba directamente con el corazón y servía para remediar desmayos. Quevedo: «—¡Pobre dél! —decían los bellacos (yo hacía del desmayado)—; tírele V. Md. mucho de ese dedo del corazón» (*Buscón*, ed. Cabo Aseguinolaza, p. 91).

    v. 132 *rapio rapis*: 'rapado, afeitado'. Del verbo latín *rapio rapis*, latín macarrónico. Fórmula habitual del género. Cervantes: «si viene alguno al *rapio rapis*, que aguarde un poco» (*Entremés del Rufián viudo llamado Trampagos*, ed. Elena di Pinto, vv. 253-254). Aunque «rapio» también recuerda 'robar'; por tanto, acusación de 'ladrón'.

    v. 133 *rapa*: 'robo'. Juego de palabras. Del latín *rapere*.

    v. 134 *rapaverum*: 'lo que desaparece', por asimilación de volavérunt. No existe en latín, pero sí era conocida por el refranero: «Sacristán que vende cera y no tiene colmenar, rapio rapis del altar; o rapaverun del altar, o volaverun del altar». Dan noticia de él Gonzalo Correas (nº 20583) y M. Frenk (*Nuevo Corpus*, 2003, nº 1334).

    v. 139 *gatazo*: 'engaño, timo'. Ver v. 24.

Sale D. Juan.

D. JUAN Escuche, señora Clara.
¿Conóceme?

CLARA Sí conozco.

D. JUAN Yo soy quien llevó la plata
que yo mismo le había dado.
Que a correspondencias falsas,
hay engaños como aqueste,
que son lícitas venganzas.
Jugó de falso conmigo,
saliéronme buenas cartas,
y, en fin, le he ganado el resto.

GRACIOSO Y yo, que inventé la traza,
solo llevo de barato
lo *sortichón*. Corta paga
del tabaco que ofrecí
por servilla y regalalla.
Yo voy por la *culachone*.

CLARA Oye, vuelva acá la cara.
¿Ha de volver?

GRACIOSO *Nani, nani.*

CLARA Pues no importa que se vaya.
¿Ha de bailar?

GRACIOSO *Güi, güi.*

---

v. 143 *plata*: tanto la plata de los versos 120 y 131 como la «hacienda» del v. 3 que, ahora, le reprocha.

v. 145 *correspondencias*: lo mismo que 'relaciones personales'. Recuerda refranes del tipo «Con buena correspondencia, la amistad se conserva» (*Correas*).

v. 148 *de falso*: «Falsamente y con intención contraria a la que se quiere dar a entender. Es muy usado este término en los juegos de envite» (*Aut*).

v. 150 *resto*: en el juego de cartas, «cantidad que separa el jugador de demás dinero para jugar y envidar» (*Aut*).

v. 152 *barato*: una especie de propina. El «barato» era una cantidad de dinero que daban los que ganaban en el juego a los mirones.

D. Juan	Entre el baile; y baile, Clara, que ello habrá restitución.

Salen todos, y los músicos.

Clara	Yo tomo aquesa palabra.	
Cantan	El amor de las damas	
	cambio se ha vuelto,	165
	no de ciento por uno	
	sino de uno por ciento.	
Gracioso	No se fíe en la pinta	
	de hombres estraños,	
	que tal vez son franceses	170
	los castellanos.	

---

v. 162 *ello*: en ocasiones como esta tenía valor pleonástico: «Esta palabra ello comienza muchas veces ociosa, y se entremete baldíamente en muchas ocasiones» (*Correas*); «restitución» lo mismo que 'devolución'.

v. 166 *ciento por uno*: «Hale de costar; da Dios ciento por uno» (*Correas*).

v. 167 *uno por ciento*: de la expresión «Vale uno por ciento. Alabando una cosa. Válelo como una blanca» (*Correas*).

v. 169 *estraños*: 'extranjeros, forasteros'.

ENTREMÉS DEL GIGANTE.

De Cáncer.

INTERLOCUTORES.

Burguillos, sacristán.   *Un vecino.*
Palomeque.   *Casilda.*
Un pintor.   *María.*
Músicos.

   Salen Burguillos, sacristán, y Palomeque deteniéndole la daga.

BURGUILLOS   Déjeme vuesarced, seor Palomeque,
que he de matarme.

PALOMEQUE   ¿Quiere que yo peque
en dejalle matar? Tenga la daga.

BURGUILLOS   El que ha querido bien así lo paga.

PALOMEQUE   ¡No me dirá que es esto que le ha dado!   5

BURGUILLOS   Perdido estoy.

PALOMEQUE   ¿De qué?

---

* Texto base: *Flor de entremeses*, 1676.
v. 3 *en*: 'por'. «Tenga», 'Detenga', aféresis habitual.

BURGUILLOS   De enamorado.

PALOMEQUE   ¿De enamorado? ¿Que esa es su dolencia?
               Buen remedio, señor.

BURGUILLOS   ¿Cuál es?

PALOMEQUE   Paciencia.

BURGUILLOS   Que la tenga algún marido;
               que ocioso todo el día y divertido,   10
               mientras él la ciudad pasea y pasa,
               la comida le buscan en su casa.
               Y quien tiene tan ancha la conciencia,
               coma, pesie a su alma, con paciencia;
               no yo que gasto quiries y bodigos   15
               en guardarme la calle los amigos.
               Y por más que trasnoche, no es posible
               hablar a un ángel de quien infalible
               tengo la voluntad cuanta me cuadre;
               pero tiene un Herodes por su padre,   20
               que poniendo al hablarme inconvenientes
               degüella mis deseos inocentes.
               Déjeme vuesarcé pasar el pecho.

PALOMEQUE   Téngase, no se mate.

---

v. 6 *enamorado*: los sacristanes enamorados representan una tipología de lo más frecuente en los entremeses. Según Cotarelo, «Es el Adonis preferido de las mujeres» (1911, p. CLIII); para Huerta Calvo, es un «fogoso amador» (1999, p. 35).

v. 8 *Paciencia*: por el contexto, posible alusión a 'paciente', 'marido cornudo'.

v. 9 Verso hipermétrico en los testimonios (8 s.).

v. 13 *ancha la conciencia*: «El poco escrupuloso y que no repara mucho en considerar si es bien hecho o mal hecho lo que ejecuta» (*Aut*).

v. 15 *quiries y bodigos*: kiries, la conocida invocación al Señor; y «bodigos», unos panecillos que se utilizan como ofrenda. En los entremeses de sacristanes son habituales las pullas con sus cometidos. En el *Entremés del Sacristán mujer*, de Calderón, una dama lo tilda de «tarasca universal de los bodigos» (v. 4, *Entremeses, Jácaras y Mojigangas*). Y en el *Entremés famoso y nuevo de los sacristanes*, de Quiñones de Benavente, otra dama de «degüella-bodigos» (v. 44, *Nuevos entremeses*).

v. 16 *en guardarme la calle los amigos*: es decir, que lo ganado con los quiries y bodigos lo invierte en pagar a los amigos para que vigilen la calle o vivienda de la dama… no como los confiados cornudos.

v. 17 *trasnoche*: aquí con el valor de 'aceche'.

v. 18 *ángel*: 'la dama por la que suspira'.

v. 19 *cuanta me cuadre*: 'cuanto deseo, de mi agrado'.

v. 22 *inocentes*: alusión a la matanza de los inocentes, Mateo, 2:16-18.

v. 23 *pasar*: 'traspasar'.

Burguillos	Aquesto es hecho.	
	Los curas, sacristanes, monacillos	25
	encomienden el alma de Burguillos.	
Palomeque	¿Quién es la dama? ¿Quién su padre ha sido?	
Burguillos	Es el pintor.	
Palomeque	Que se sosiegue pido,	
	mas ¿cuál de las dos hijas es la suya?	
Burguillos	La que en mi alma toca el aleluya;	30
	la que cuando repico las campanas,	
	a sus horas las tardes y mañanas,	
	digo a los dos badajos aplaudida,	
	no le digas din dan sino Casilda.	
Palomeque	Yo, Burguillos, con ese inconveniente,	35
	de Marica, su hermana, estoy doliente;	
	mas vos, ¿a la mujer del mesonero	
	no quisisteis un tiempo?	
Burguillos	Yo me muero	
	por Casilda.	
Palomeque	Pues de esa misma suerte,	
	pues la experiencia este remedio advierte,	40
	poned en otra moza vuestros ojos	
	y de Casilda cesarán enojos.	
Burguillos	La mesonera fue mujer taimada,	
	mas la Casilda es cuerda y es honrada.	
	Y a mí siempre me agrada en la hermosura	45
	lo honesto, mas no [la] desenvoltura.	
	La mesonera quiere al licenciado,	
	al sastre, al zapatero y al barbero,	
	diciendo, aunque la ven tan relamida,	
	que es su mujer de todos bien querida.	50
Palomeque	¿Casada está y de tantos se enamora?	
Burguillos	Tiene el marido viejo la pecadora.	

---

v. 25 *monacillos*: era la forma entonces corriente de 'monaguillos'.

v. 46 *la*: verso decasílabo sin el artículo.

v. 52 *marido viejo*: tópico del vejete cornudo, una de las figuras más abundantes y ridículas del entremés. Verso hipermétrico en los testimonios (12 s.).

PALOMEQUE	Pues, licenciado Burguillos...
BURGUILLOS	Amigo.
PALOMEQUE	...Tened buen ánimo,
	que pues los dos de sus hijas 55
	vivimos enamorados,
	y él las encierra y las guarda
	tan cuidadoso, he pensado
	una industria para verlas,
	y entrar en su casa entrambos. 60
BURGUILLOS	Palomeque, si eso hacéis
	desde aquí soy vuestro esclavo.
PALOMEQUE	Pues mirad, la villa tiene
	un gigante maltratado.
	Hale pedido al pintor 65
	que se lo retoque, vamos,
	que por ser cerca del Corpus
	es ya tiempo de llevarlo.
	Los dos habemos de hacer,
	ocultos y disfrazados, 70
	los dos papeles. A vos
	el gigante os ha tocado,
	y a mí el ganapán. Yo tengo
	de llevaros por debajo,
	y vos, con cetro y corona, 75
	seréis figura de palo,

---

v. 64 *gigante maltratado*: los gigantes de la villa o gigantones eran figuras que sacaban en procesión, especialmente en el Corpus, como se dirá más abajo. La importancia del color ya era reseñada por el propio autor en unas quintillas al Nacimiento, donde «Tres Reyes le entran a ver / del color que suelen ser / los gigantes de la villa» (*Poesía completa*, 39, vv. 73-75); «maltratado» es 'deslucido, estropeado'.

v. 68 *llevarlo*: 'sacarlo en procesión'.

v. 69 *habemos*: 'hemos'. Era la forma etimológica, del latín *habemus*, que ya en latín vulgar sufría la contracción *hemus* (Menéndez Pidal, 1980, p. 303). Se empleaban ambas formas indistintamente, como en este fragmento de *La vida es sueño*: «dos los que, entre desdichas y locuras / aquí habemos llegado, / y dos los que del monte hemos rodado» (vv. 28-30).

v. 73 *ganapán*: 'un mozo de carga', pero como se explica más abajo, el que lleva sobre sus hombros al gigantón. Solían ser estos hombres corpulentos o fuertes, ya que hacían bailar esas figuras en las fiestas del Corpus. Ver más abajo «palanquín» (v. 184+).

v. 76 *figura de palo*: como si su cara hiciera de careta de palo, de madera, «con cetro y corona», o sea, 'de rey'.

	que una vez dentro veréis	
	de la suerte que lo trazo	
	para que habléis a Casilda	
	mientras a Marica hablo.	80
BURGUILLOS	Vení acá. ¿Os parece a vos	
	que yo soy hombre abultado,	
	y que basta esta presencia	
	para un gigante tamaño?	
PALOMEQUE	A pedir de boca sois.	85
BURGUILLOS	Pues disponedlo y trazadlo	
	como os parezca, que yo	
	desde luego me engiganto;	
	pero aguardad, ¿no decís	
	que una figura de palo	90
	he de hacer?	
PALOMEQUE	Sí.	
BURGUILLOS	Pues pregunto,	
	amigo mío, si acaso	
	mientras me retoca el viejo,	
	una mosca va llegando	
	a la miel de la pintura	95
	y me pica y yo me rasco,	
	dirá ¿no sois palo vos?	
	¿Y me cargará de palos?	
PALOMEQUE	¿No saldré yo a defenderos?	
BURGUILLOS	Mirad los enamorados.	100
	Están siempre divertidos.	
	No quisiera que entre tanto	
	que os divertís con Marica,	
	pagase el paloteado.	

Salen el pintor con recado de pintar y el vecino.

---

v. 82 *hombre abultado*: 'de suficiente tamaño, grande'. El actor debía de acompañarse aquí de gestos significativos.

v. 97 *palo*: 'de madera', pero también 'golpe que se da con un palo'.

v. 104 *paloteado*: «riña o contienda ruidosa en que hay golpes» (*Aut*). Existe un entremés anónimo titulado *El paloteado* (*Verdores del Parnaso*, 1668).

Pintor	Digo que vuesa merced,	105
	señor vecino, es cansado.	
	¿Once mil vírgines quiere	
	que pinte en tan breve espacio?	
Vecino	¿Ese no ha sido el concierto?	
	¿No fue de esa suerte el trato?	110
Pintor	Once mil maravedís	
	fue el concierto, y es barato,	
	pues sale cada doncella	
	a maravedí; y hogaño	
	es muy barato, que hay pocas;	115
	y es muy excesivo el gasto.	
Pintor	Yo pido once mil pintadas.	
Pintor	¡Que no hay lugar para tanto!	
	Pues no caben más de cinco.	
	Mire, téngolo trazado	120
	de modo que con pintar	
	la puerta que sale al campo	
	de una ciudad y que salgan	
	por ella, está demostrado	
	que van saliendo once mil	125
	tras las cinco que adelanto.	
Vecino	Pues ve aquí vuesa merced,	
	señor mío, y no riñamos.	
	De las cinco que han salido,	
	cinco maravedís. Cuando	130
	vayan saliendo las otras	
	iré contando y pagando.	
Pintor	¿Cómo o cuándo han de salir?	
	Que esto es suponer el caso.	

---

    v. 106 *cansado*: 'pesado'.

    v. 107 *vírgines*: 'vírgenes'. Es la forma etimológica, del latín *virgines*; y así se atestigua en numerosos textos medievales y modernos. Es posible que la pintura o encargo aluda a la leyenda de santa Úrsula y las once mil vírgenes.

    v. 111 *maravedís*: moneda de cobre, de menor valor que los reales (plata) y escudos (oro).

    v. 115 *que*: 'porque'; «pocas» son las doncellas o vírgenes.

    v. 127 *ve aquí*: como si dijera 'venga aquí'.

Vecino	Pues, señor, las once mil salgan o las cinco pago.	135
Pintor	¡Eso cómo puede ser! Vecino de Mauregato, aficionado a doncellas.	
Vecino	Once mil o no hay un cuarto.	140

Vase.

Pintor	¡Válgate el diablo el capricho! Once mil doncellas. ¿Cuándo el arte pintó once mil, ni cuándo juntas se hallaron? Que para guardar yo dos, sabe el cielo lo que paso, que son un poco pollastras, y temo falto de gallo. ¡Muchachas!	145

Salen las dos.

Las dos	Señor.	
Pintor	¿Qué hacéis?	
Las dos	Aquí estamos, haciendo algo.	150
Pintor	Esto me parece bien, y no mano sobre mano todo el día.	

Dentro Palomeque.

Palomeque	¿Quién está en su casa?

Salen las dos, Casilda y María.

---

v. 138 *Mauregato*: alusión al tributo de las cien doncellas que pagaban los cristianos al rey moro Mauregato: «Cuando los moros estaban apoderados de la mayor parte de España, siendo rey de Oviedo y de León Mauregato, les daba cien doncellas nobles en parias cada año, cosa lastimosísima. Y esto duró hasta el tiempo del rey don Bermudo» (*Cov*, s.v. 'doncella'). Quevedo: «ALGUACIL. Que no, señor; es caso nuevo y grave: / ella se hace doncella cuando quiere / y ha sido cien doncellas en diez años / y lo tiene por trato. / JUEZ. Tributo puede ser de Mauregato» (*Entremés de los enfadosos*, vv. 244-248, *Teatro completo*).

v. 147 *pollastras*: 'crecidas'.

v. 148 *falto*: como 'desliz'. Concepto del padre como guardián de la honra familiar.

Casilda	¡Aguarde, hermano,	
	que ya le bajan a abrir!	155
	Señor, un hombre tan alto	
	está llamando a la puerta;	
	y como nos has mandado	
	que huyamos de los hombres,	
	aunque sean como enanos,	160
	para defendernos deste	
	déjanos ir al terrado.	
Pintor	Debe de ser el gigante,	
	que la villa me ha mandado	
	que le aderece. Perded	165
	el miedo. (Estarán temblando.	
	¡Qué obediencia! Aquestas sí	
	son doncellas de recato	
	y obedientes; no parecen	
	a las doncellas de hogaño,	170
	todo el día el manto acuestas	
	y el labrar a esotro barrio).	
	No temáis. Abrid la puerta,	
	que ese es un hombre pintado.	
Casilda	Voy a abrir, pues tú lo mandas.	175
	¡Jesús, y qué sobresalto!	
María	Señor, dime. ¿Y el que tray	
	al gigante por debajo	
	es también pintado?	
Pintor	No,	
	será algún hombre ordinario.	180
María	¿De los ordinarios hombres	
	no habemos de hacer espanto?	

---

v. 171 *manto*: pieza femenina imprescindible en las salidas nocturnas y poderosa arma de engaño, cubría toda la cabeza. También era indumentaria habitual en las dueñas. Quevedo, en su famoso soneto *Confisión que hacen los mantos de sus culpas, en la premática de no taparse las mujeres* (*POC*, 687).

v. 172 *labrar a esotro barrio*: como si dijera 'ociosas'.

v. 177 *tray*: 'trae', forma habitual entre los poetas de la época para destruir el hiato. Moreto: «en que a su compañía / la tray en palmas» (*Loa entremesada con que empezó en Madrid la compañía del Pupilo*, vv. 72-73).

| PINTOR | No, porque estos hombres viven
sin malicia y a lo llano. | |
| --- | --- | --- |
| | *Salen Burguillos, vestido de gigante con cetro y corona, y Palomeque de palanquín.* | |
| PALOMEQUE | Dice el señor regidor… | 185 |
| PINTOR | Ya entiendo. | |
| MARÍA | Si no me engaño
este es Palomeque. | |
| CASILDA | Y este
gigante disimulado
es Burguillos. | |
| MARÍA | Para vernos
esto los dos han trazado. | 190 |
| PINTOR | Muchachas, mientras retoco
el gigante dadle un trago
a este buen hombre, y hacedme
de almorzar a mí entretanto. | |
| MARÍA | ¿Con este no importa nada
que hablemos? | 195 |
| PINTOR | No, mas guardaos
destos mocitos que se usan
encrespados y aliñados,
estos de media de pelo,
porque son grandes bellacos;
que aquese es hombre sencillo. | 200 |
| BURGUILLOS | Antes ha entrado doblado. | |

---

v. 184+ *palanquín*: lo mismo que 'ganapán', 'mozo de carga' (v. 73). El que sostiene al gigante. Los palanquines eran los mozos que transportaban las sillas de mano.

v. 185 *regidor*: concejal 'encargado del gobierno económico' en los ayuntamientos' (*Aut*).

v. 194 *almorzar*: «Comer por la mañana temprano cualquiera cosa la primera vez» (*Aut*).

v. 197 *se usan*: 'van a la moda'.

v. 198 *encrespados y aliñados*: 'con los cabellos rizados y arreglados'.

v. 199 *media de pelo*: parece juego con el sentido de 'prenda de vestir' («pelo» es un tipo de seda) y 'de media barba, mozalbetes'. Fernando de Zárate: «Señor mío, hablemos claro, / los dos estamos sin blanca, / y presumir que podemos / ponernos hoy un vestido, / comprar la media de pelo, / comer y galantear, / y esto sin tener dinero, / no es posible» (*La presumida y la hermosa*, jornada I, *Parte veinte y tres*, fol. 472).

v. 202 *doblado*: «persona recia y fuerte de miembros» (*Aut*), pero, sobre todo, 'fingido'.

Casilda	Pues vamos con tu licencia.	

Habla cada uno con la suya.

María	¿Qué es esto?	
Palomeque	Estarte adorando.	
Casilda	Sácanos de aqueste viejo.	205
Palomeque	Hoy verás cómo lo trazo.	

Vanse.

Burguillos	Por los órganos de Cristo,	
	que se van y me han dejado.	
	No hay sino tener paciencia,	
	y llevar aqueste chasco.	210
Pintor	Empiezo en nombre de Dios,	
	pues no está muy desollado.	
	Antes parece que al humo	
	le han tenido.	
Burguillos	Aquí es el diablo.	
Pintor	Cara tiene de pernil	215
	de Algarrobillas, cristiano	
	viejo es aqueste gigante.	
Burguillos	Ya yo voy oliendo a rancio.	

Pónele en la cara blanco.

Pintor	Ahora con dos pinceladas	
	le quiero poner más blanco.	220
Burguillos	Cierto es el casarme, pues	
	me da el viejo su retrato.	

---

v. 203 *con tu licencia*: 'con tu permiso'.
v. 207 *por los órganos de Cristo*: 'por el cuerpo de Cristo'.
v. 210 *chasco*: 'burla, industria'.
v. 212 *desollado*: 'deteriorado'.
v. 213 *al humo*: aquí parece indicar imagen sucia, pero no deteriorada.
v. 216 *pernil de Algarrobillas*: dilogía de 'cerdo alimentado con algarrobas' y 'jamón de Algarrobillas', pueblo de Cáceres famoso por sus jamones. Quevedo: «más preciada de perniles / que Rute y Algarrobillas» (*POC*, 868, vv. 31-32).
v. 222 *retrato*: posible alusión a las opiniones manifestadas por el pintor, al que parece empezar a conocer. Se relaciona con el anterior 'oler a rancio'.

Sale Casilda.

CASILDA Señor, aquí está el almuerzo.

PINTOR Mientras que se va oreando
almorzaré. Pon aquí   225
la mesa. Dame ese banco.

Pone la mesa.

CASILDA Ten paciencia y seré tuya.

BURGUILLOS Casilda, de buen tamaño
es menester la paciencia.

CASILDA ¡Qué hermoso que te han dejado!   230

BURGUILLOS Desde que me quieres bien,
nunca me has dicho otro tanto.

PINTOR ¿Con quién hablas?

CASILDA Yo, señor,
digo que está mal sentado
este banco.

PINTOR   ¿Qué me trays   235
de almorzar?

CASILDA   Lo necesario.
Un torrezno; y de lo añejo,
media docena de tragos.

BURGUILLOS Gran dicha será la mía
si me alcanza algún bocado.   240

Come el pintor.

PINTOR Mientras que se come bien
no hay dotor ni cirujano.
Éntrate allá con tu hermana,
no la dejes sola hablando
con aquel hombre.

CASILDA   ¡Qué importa,   245
si al fin es hombre ordinario!

---

v. 234 *sentado*: 'asentado, colocado'.
v. 235 *trays*: 'traéis'. Ver nota v. 177.
v. 237 *añejo*: 'vino añejo'.

DOCE ENTREMESES NUEVOS

      Vase.

PINTOR Saladillo está. Ahora bien,
      en nombre de Dios bebamos.

BURGUILLOS Los duelos con pan son menos.
      Mientras que bebe, un bocado   250
      quiero alcanzar.

PINTOR   ¡Zape aquí!
      Un torrezno se ha llevado.
      Imaginación sería,
      porque aquí no hay ningún gato.

BURGUILLOS Harto es que no los haya   255
      en este sitio en que estamos.
      Él come, y el tocinillo
      está a petición del jarro.
      Ciégale tú, Santantón.
      Doyle el cetro a estotra mano   260
      y esta al jarro.

PINTOR   ¡Zape aquí!
      ¿Mas qué miro, cielo santo?
      ¡El gigante está bebiendo!

BURGUILLOS Toda aquesta vida es tragos.

PINTOR ¡Traición, traición! ¡Ah del pueblo!   265
      ¡Santo Toribio, san Pablo!

      Salen todos.

BURGUILLOS Sosiéguese y no dé voces,
      sino acabe este retrato.

PINTOR ¡Mariquilla, Casildilla!

      Salen las dos.

---

 v. 247 *Saladillo*: … el torrezno.

 v. 259 *Ciégale tú Santantón*: «En burlas, maldice y llama bestia» (*Correas*). «Santantones, en los rincones y lugares, donde queremos se guarde limpieza. Del amenazar a los que ensuciaban u orinaban en ellos, pintando un Santo Antón o enfermedad asquerosa o fuego sacro. Porque estas enfermedades pretendían curar los religiosos de S. Antón, cuyas casas eran hospitales generales» (Cejador, *Diccionario fraseológico*).

 v. 264 *Toda aquesta vida es tragos*: además de su sentido recto, 'infortunios'.

 v. 266 *Santo Toribio*: la elección de este nombre puede deberse a sus connotaciones burlescas o jocosas en el teatro de la época. En Quevedo es nombre ridículo.

Las dos	Señor, señor, aquí estamos.	270
Pintor	¡Justicia!	
Vecino	¿De qué dais voces? Yo no tengo de pagaros más de las cinco doncellas.	
Burguillos	Muchas son, no paguéis tanto, que estas dos están casadas.	275
Pintor	¿Esta burla a un hombre honrado?	
Burguillos	¿Pues no pido yo justicia, que me habéis manoseado, y la pedís vos?	
Vecino	Aquí no hay sino paciencia, hermano, que aquesto estaba de Dios.	280
Burguillos	¿Y estotro estaba del diablo?	
Pintor	¡Ah, traidoras!	
María	Pues, señor, ¿no son hombres ordinarios?	
Pintor	¡No en mis días!	
Burguillos	Oiga, escuche, y se lo diré cantado.	285

Cantan y bailan.

Todos	Érase que se era un padre que se ha metido a padrastro, pues hijas de diez y ocho años las tiene en el noviciado.	290
Burguillos	Padrecito, si bien las quieres,	

---

v. 281 *estaba de Dios*: «Frase con que se significa que alguna cosa no se pudo evitar por medios humanos» (*Aut*).

v. 285 *No en mis días*: 'no lo consentiré'.

v. 288 *padrastro*: también «cualquier obstáculo, impedimento u inconveniente que estorba o hace daño en alguna materia» (*Aut*).

v. 290 *noviciado*: 'encerradas'. Ver v. 148.

	casa tus hijas,	
	que ya son mujeres.	
Pintor	Gigantillo,	295
	no quiero casallas,	
	que me hacen la costa	
	y me pagan la casa.	

---

v. 295 *Gigantillo*: lo mismo que 'cabezudo': «Figura de pasta de una gran cabeza y miembros desproporcionados en estatura pequeña. Destas se llevan dos por guía de los gigantones en la procesión del Corpus, la una de hombre y la otra de mujer» (*Aut*).

v. 297 *me hacen la costa*: «Trabajar uno para provecho de, ayudarle» (Cejador, *Diccionario fraseológico*). Suárez de Deza: «Gobernador. No sé / si podré haceros la costa / mientras tanto, mas verélo» (*Los amantes de Teruel*, vv. 1476-1478, *Comedias burlescas II*).

ENTREMÉS DE
LOS GOLOSOS DE BENAVENTE.*
De D. Jerónimo Cáncer.

Con licencia, en Madrid por Andrés García
de la Iglesia. Año de 1659.

Personas.

Vejete.   *Marina.*
Lorenzo.   *Perico.*

Sale el vejete.

VEJETE   El hombre viejo, rico y con cuidados
tiene en casa enemigos no escusados.
Yo tengo tres de condición tan sana,
que quitarán los pelos a una rana.
Un Perico, un Lorenzo, una Marina,   5

---

* Texto base: Andrés García de la Iglesia (1659).

* Benavente: título controvertido que, en cualquier caso, no adjudica la obra a Quiñones de Benavente. Puede que Cáncer quisiera ilustrar el conocido refrán «Benavente, buena tierra y mala gente» (Correas).

v. 2 *enemigos no escusados*: 'inevitables'. La mala relación entre amos y criados es proverbial en los documentos de la época, tal como lo refleja el refranero. Sebastián de Horozco: «Y todas las cosas que se hacen y administran por terceras personas especialmente por criados que se dan poco por las cosas del señor, y son criados enemigos no escusados» (*Libro de los proverbios glosados*, 471); «Criados, enemigos pagados». También Calderón, entre otros dramaturgos: «¡Oh criados / en efeto, enemigos no excusados» (*El médico de su honra*, ed. A. Armendáriz, vv. 2435-2436).

           los tres autores de la golosina:
           que en siendo de comer, cualquier recado
           viene como zapato desvirado;
           mas yo me vengaré, que son golosos,
           y habrá para un traidor dos alevosos.   10
           Al fin llamarlos quiero.
           ¡Ha, Lorenzo! Lorenzo, ven ligero.

                  Dentro.

LORENZO   Muesamo, ¿qué me manda?
VEJETE   ¿Dónde asistes
           que del abismo la respuesta distes?
           ¡Ha, Lorenzo!
LORENZO   ¿Señor?
VEJETE   ¡Lindas matracas!   15
LORENZO   Ando, muesamo, a caza de urracas.
VEJETE   ¡Cómo! Di de qué suerte.
           Que en risa mi impaciencia se convierte.
LORENZO   Yo tengo un asno viejo
           lleno de mataduras el pellejo;   20
           échole al prado atándole primero
           a la cola una mano de mortero.
           Las urracas, golosas y seguras,
           se llegan a picar las mataduras,
           y él, con la mano que en la cola saca,   25
           mata de cada golpe una urraca.
VEJETE   Dejad eso y, con paso extraordinario,
           llevadle este pastel al boticario.

---

   v. 6 *golosina*: «El apetito desreglado de comer sin necesidad» (*Aut*).
   v. 8 *zapato desvirado*: 'pulido', como pintiparado. Es término de zapateros.
   v. 10 *para un traidor dos alevosos*: «Refr. que da a entender que al que falta a la fe y la quebranta obrando infiel y cautelosamente, no se le debe guardar» (*Aut*).
   v. 13 *¿Dónde asistes?*: '¿Qué hacías?'.
   v. 15 *matracas*: 'burlas'.
   v. 16 *urracas*: aquí, como 'depredador muy extendido del campo'. Lorenzo expone en los siguientes versos su método de caza, aprovechando la proverbial glotonería de estos pájaros.
   v. 28 *pastel*: entonces una especie de empanada de carne cubierta de hojaldre.

	Y porque esté seguro en el camino,	
	maniatado habéis de ir como pollino.	30

Dale el pastel y átale las manos a la pretina.

LORENZO	Muesamo, ¿qué imagina
	que las manos me cose a la pretina?
VEJETE	Los que ya somos viejos y ingeniosos
	tenemos contrahierba de golosos.
LORENZO	(Deste viejo malino	35
	procuraré vengarme en el camino)

Vase. Sale Marina.

VEJETE	¡Ha, Marina, Marina!
	Al punto ven aquí. ¡Hay tal mohína!
MARINA	Mándeme usted, señor.
VEJETE	Gentil doncella.
	No la hay mejor de aquí a donde está ella.	40
MARINA	Yo soy doncella y redoncella y todo.
VEJETE	Doncella y redoncella no es buen modo,
	que doncella aforrada
	o está rota o a pique de rasgada.
	Tomad, llevad a Inés, el dueño mío,	45
	aquesos naterones que la envío;
	y porque no lleváis dellos el escote,
	las manos he de ataros al cogote.

---

v. 30 *pollino*: metáfora de 'asno joven', por diferencia del «asno viejo» del parlamento anterior.

v. 30+ *pretina*: 'cinturón'.

v. 33 *y ingeniosos*: la colisión y + i era habitual en la lengua hablada, y así sucede también en el teatro. Lope de Vega: «y mirar sin pensar, Fabia, / es de inorantes, / y implica contradicción» (*El caballero de Olmedo*, vv. 167-169). Moreto: «y iba creciendo en mi pecho / este fuego tan aprisa» (*El desdén, con el desdén*, vv. 273-274).

v. 34 *contrahierba*: 'antídoto contra'.

v. 39 *doncella*: a las criadas de las casas también se les llamaba doncellas. Recuerda, no obstante, el tópico de las doncellas falsas, en ese lenguaje tan conceptista característico de Cáncer.

v. 41 *y todo*: 'también'.

v. 43 *doncella aforrada*: 'doncella redoblada'.

v. 44 *a pique*: 'a punto'.

v. 46 *naterones*: 'requesones'.

v. 47 *lleváis*: 'cortéis, hurtéis'; el «escote» es la parte correspondiente, 'un trozo'.

Átale las manos atrás.

MARINA (¿Quién le dio tal consejo?
Mas vengareme del caduco viejo). 50

Vase. Sale Perico.

VEJETE ¡Ah, Perico, Perico! ¡Hay tal paciencia!
Ven al punto, al instante, a mi presencia.

PERICO Mande usted, señor.

VEJETE ¡Qué agudo viene!

PERICO Ahí verá usted el mozo que en mí tiene.

VEJETE Eres un santo.

PERICO Y tanto, que sin daño 55
pasaré sin comer lo más del año.

VEJETE ¿De qué modo tu pecho a tal se atreve?

PERICO Almorzaré a las nueve
y otras veces más tarde,
y cenaré a las cinco de la tarde. 60
Y desta suerte, con la virtud mía,
no comeré en un año a mediodía.

VEJETE Linda abstinencia, un santo te imagino.
Lleva al cura este jarro de buen vino,
y porque el ir seguro es maravilla, 65
llevarás este brazo en esta arquilla,
y el otro atrás atado.

Pónele la muñeca atada en una arquilla, y la otra mano se la ata detrás en la pretina.

PERICO (Pareceré soldado
que viene de la guerra estropeado.
Como paciencia tengo, 70
de pena moriré si no me vengo).

Vase.

---

v. 53 *agudo*: 'pronto y ligero' (*Aut*).
v. 55 *sin daño*: 'sin problemas'.
v. 66 *arquilla*: 'cajita'.

Vejete	Con esto iré seguro,	
	y así vengarme de los tres procuro.	
	Sale Lorenzo con el pastel.	
Lorenzo	¡Oh, cómo huele mi pastel hermoso!	
	¡Qué limpio me parece y qué sabroso!	75
	¡Ay Dios, quién te alcanzara,	
	y contigo la lengua regalara!	
	Mas si en vano peleo,	
	recibe, pastel mío, el buen deseo.	
	Sale Marina con el plato al cogote.	
Marina	¡Ay naterones! ¿Quién os causó enojos	80
	que ni aun miraros puedo de mis ojos?	
	¿Quién para aqueste viejo matalote	
	os pudiera comer por el cogote?	
	¿Quién me dará un consejo	
	para tomar venganza deste viejo?	85
	Sale Perico con el jarro.	
Perico	¿Qué es esto jarro amigo?	
	¿Cómo tan lejos vais yendo conmigo?	
	¡Vino alegre y travieso,	
	quién te pudiera dar siquiera un beso!	
	Que por modo tirano	90
	me huya el bien teniéndolo en la mano.	
Lorenzo	¡Marina!	
Marina	¡Mi Lorenzo! ¡Amigo Pedro!	
Perico	En mí vive el refrán de poco medro.	
	También me maniató como a vosotros,	
	sin podernos valer unos a otros;	95

---

v. 79 *el buen deseo*: recuerda el refrán «El infierno está lleno de buenos deseos, y el cielo de buenas obras» (*Correas*).

v. 82 *matalote*: «se aplica a la caballería muy flaca» (*Aut*). Es un insulto recurrente en otros entremeses, especialmente contra los vejetes. Calderón: «Sal aquí, viejecillo, injerto en mona, / sal aquí, papanduja con valona, / sal aquí, matalote, / valiente venial, ladrón a escote» (*Entremés de Los instrumentos*, vv. 1-4).

v. 93 *el refrán de poco medro*: «Pedro, contigo poco medro. -Y menos medrarás si yo puedo. / Lo primero dice el amo, lo segundo el mozo rezongón; otros dicen: "Pedro, por ti poco medro"» (*Correas*).

	mas yo lo haré de modo	
	que todos tres nos lo comamos todo.	
	Marina y yo en el plato de Lorenzo,	
	Lorenzo el de Marina.	

Come Lorenzo los naterones del plato de Marina, y Pedro y Marina en el de Lorenzo.

Perico	De verte me da risa,	100
	más vendrás a comer con menos prisa.	
Lorenzo	Comiendo me deshago.	
	Amigo Periquito, venga un trago.	
Perico	Espérate que quiero,	
	pues traigo el jarro yo, beber primero.	105

Echa vino en el plato del pastel, y beben Perico y Marina.

Lorenzo	El alma por beber está envidiosa.	
	Dejad para este pobre alguna cosa.	
Perico	Lorenzo, aparta, tente,	
	que has de beber a chorro como en fuente.	
Lorenzo	¡Oh vino lindo que haces maravillas,	110
	yo quiero recibirte de rodillas!	

Híncase de rodillas Lorenzo y échale Perico el vino, y sale el viejo.

Vejete	¿Quién habrá que de aquestos me defienda?	
	Buenos van mis presentes y mi hacienda.	
	¿Quién hizo aqueste enredo?	
Lorenzo	Señor, Perico.	
Vejete	Pagará si puedo.	115
Perico	Tómale a cuestas, no se pase en plazos.	

Mete Lorenzo la cabeza por entre las piernas de Perico y sale por las espaldas, y luego le toma en brazos.

---

v. 102 *me deshago*: 'hacer algo con vehemencia' (s.v. 'deshacerse').

v. 115 *si puedo*: 'si su capacidad física se lo permite'.

v. 116 *Tómale a cuestas*: el vejete intentará subirse a las espaldas de Lorenzo. En el texto base, este verso pertenece al vejete, pero no tiene sentido; parece formar parte de la venganza de los criados.

Vejete	Aqueso es darle abrazos. Mira cómo me pongo desta suerte.	

    Pónese el Vejete a cuestas, encima de Lorenzo, y le agarra muy bien.

Perico	¡Agárrale, Lorenzo, tenle fuerte!	
Vejete	Suelta, Lorenzo, que de ti me quejo.	120
Marina	Pague la culpa el avariento viejo.	

    Aporréanle al viejo Perico y Marina con unos matapecados, y acábase el entremés.

---

v. 117 *a brazos*: calambur 'a brazos / abrazos'.

ENTREMÉS DE
JUAN RANA MUJER.*

De Cáncer.

INTERLOCUTORES.

Casilda. *Una mujer.*
El barbero. *Novio 1.*
Un herrador. *Novio 2.*
Juan Rana. *Un vejete.*

Sale el barbero, el herrador y Casilda.

BARBERO Casilda, ¿qué maraña es la que intentas?

HERRADOR ¿Por qué te vistes de hombre?

CASILDA   Aquesto ha sido
hurtar la bendición a mi marido.
Y para que lo entiendas,
esto es querer tener carnestolendas.
Porque mirando yo que no me deja

---

* Solo se conoce un testimonio: *Flor de entremeses* (1676).

v. 3 *hurtar la bendición*: «Hurta que es bendición. Frase vulgar para dar a entender la mala o ninguna conciencia con que proceden algunas personas de tratos mecánicos en el ejercicio y manejo de sus oficios» (*Aut*); «Llegar primero que el otro al bien y provecho» (*Correas*). En otras palabras, 'engañar'; «marido» debe tomarse en su sentido recto. La estrategia de Casilda consistirá en hacer pasar a su marido por hermana.

	salir de casa por hacerme vieja,	
	y que es tan grande bestia el majadero	
	que yo le hago creer cuanto yo quiero,	
	me he puesto su vestido	10
	y a él el mío, porque está dormido	
	con tan pesado sueño	
	que no lo ha sentido más que un leño.	
	Con esto ahora os contaré mi intento,	
	porque habéis de ayudar mi pensamiento.	15
Barbero	¿Pues qué intentas con eso?	
Casilda	Este es el caso: que ha tres noches arreo	
	que sueña que es mujer; y si despierta	
	y se halla de mujer, es cosa cierta	
	que con que me ayudéis a persuadillo	20
	le hemos de hacer, mudándole su nombre,	
	creer que él es mujer y yo soy hombre;	
	con que podré salir sin que él lo impida,	
	y nos hemos de holgar toda la vida.	
Barbero	Brava burla será si la logramos.	25
Herrador	Pues al instante a ejecutarla vamos.	
Casilda	Idos a prevenir a los amigos	
	porque ayuden al caso más testigos,	
	que yo al instante despertarle quiero.	
Barbero	¡Pues adiós!	
	Vase.	
Herrador	Tragarala el majadero.	30
	Vase.	
Casilda	¡Juana, muchacha, Juana! ¿No respondes?	
	¿Duermes aún? ¿Hay tal bellaquería?	
	¡Despierta, moza, que ya es mediodía!	
	Sale Juan Rana vestido de mujer.	

---

v. 13 *leño*: además, según *Covarrubias*, «Al que tiene poca habilidad y discurso decimos ser un leño», 'majadero'.

v. 17 *arreo*: 'tres noches seguidas' ('continuamente', s.v. 'arrear').

v. 27 *prevenir*: aquí, 'avisar'.

JUAN	¿A quién llamáis, Casilda?	
CASILDA	A ti, picaña.	
JUAN	¿Pues yo soy Juana?	
CASILDA	¡Hay flema más estraña!	35
	¿Pues qué eres, dormilona?	
JUAN	¡Mas qué veo, Jesús, y qué ilusiones!	
	¿Casilda, os habéis puesto mis calzones?	
CASILDA	¡Qué calzones, tontona! ¿Estáis soñando?	
	¿Aún duermes cuando estoy yo reventando	40
	por ir a traer carne, y el recado	
	para poner la olla que ha mandado	
	nuestro padre que esté como es costumbre,	
	y son las once ya y no has hecho lumbre?	
	Corre a encenderla presto, picarilla,	45
	que has de echar en la olla una morcilla	
	de las que hiciste ayer. ¿Qué, te has pasmado?	
JUAN	¿Pues, Casilda, os habéis emborrachado?	
CASILDA	¡Qué Casilda! ¿No ves que so Benito	
	y tú Juana, mi hermana?	
JUAN	¿Yo soy Juana?	50
CASILDA	¿Pues no lo ves? ¿Te olvidas de tu nombre	
	o has soñado esta noche que eres hombre?	
	¿No te ves con corpiños y manteo?	
JUAN	¡Qué miro! ¡Juro a Cristo que lo creo,	
	Casilda!	
CASILDA	¿Qué decís?	
JUAN	No alcéis el grito.	55
CASILDA	¡Benito so, tontona!	

---

v. 34 *picaña*: 'holgazana'.

v. 38 *calzones*: había dos tipos de calzones, unos largos y anchos hasta el tobillo; y otros cortos hasta la rodilla.

v. 42 *olla*: un guiso de carne y verduras. La literatura y el refranero abundan en referencias a este plato. Ver *Paga*, v. 12.

v. 49 *so*: apócope vulgar de 'soy'.

v. 53 *corpiños y manteos*: piezas ajustadas características de la indumentaria femenina. El corpiño era un tipo de camisa sin mangas; y el manteo, una especie de falda interior.

Juan	¡Ah sí, Benito! ¿Y de quién somos hijos?	
Casilda	De Antón Rana, y tú eres Juana Rana.	
Juan	¿Y vuesa hermana?	
Casilda	Pues de lo que eres tú no se te membra.	60
Juan	Pues si soy Rana, claro es que soy hembra, ¿mas si somos hermanos deste lado, con qué dispensación nos han casado?	
Casilda	¿Casado a ti, no ves que eres doncella?	
Juan	¿Doncella yo?	
Casilda	¿Pues, pícara, qué quiere?	65
Juan	¡A mí me lleve el diablo si tal fuere! ¿Yo mujer y doncella, Cristo mío, y barbas?	
Casilda	¿Por qué no?	
Juan	Ya caigo en ello, que ha muchos días que no me hago el vello. No lo acabo de creer, que es gran trabajo. Todo me he de tentar de arriba a abajo.	70
Casilda	¿Qué te tientas, muchacha?	
Juan	Si soy mujer.	
Casilda	¿Hay duda más bellaca?	
Juan	¿Luego me visteis vos limpiar la caca?	
	Sale el barbero.	
Barbero	¡Ha de casa!	
Casilda	¿Quién es?	
Barbero	¡Señora Juana!	75

---

    v. 58 *Antón Rana*: posible burla, por la rana de san Antón, o ranita de san Antonio, un pequeño anfibio.

    v. 60 *no se te membra*: 'no te acuerdas' (s.v. 'membrarse').

    v. 63 *dispensación*: 'privilegio concedido por el Papa o por un obispo' (*DRAE*). Claro, porque su mujer le ha hecho creer que son hermanos.

    v. 71 *tentar*: aquí, 'tocar' o 'tocarse', seguramente con gestos grotescos para comprobar su sexo.

    v. 74 *limpiar la caca*: parece querer decir la suciedad de la casa. El término era corriente en los entremeses por su connotación burlesca o escatológica.

JUAN	¿Con quién habláis, señor?	
CASILDA	Responde, hermana.	
BARBERO	¿Las camisas que os di se han acabado?	
JUAN	¿Vos camisas a mí?	
BARBERO	Buenas bobadas.	
	¿Ayer no estaban ya casi acabadas	
	y no os vi yo pegados los asientos?	80
JUAN	¡Qué es esto, Dios!	
CASILDA	¿Hay tales pensamientos?	
	¡Que da en decir que es hombre! Pierdo el tino.	
BARBERO	¡Jesús, qué desatino!	
JUAN	No, que bien sabía yo que mujer era,	
	mas no pensé que fuese costurera.	85

Sale el herrador.

HERRADOR	¡Ha de casa!	
CASILDA	¿Quién va?	
HERRADOR	Señora Juana.	
JUAN	(Yo amanecí mujer esta mañana).	
HERRADOR	Vengo por el hilado	
	si acaso me lo tiene ucé acabado,	
	que no puedo sin él echar la tela	90
	y está toda la trama apercibida.	

---

v. 77 *camisas*: 'camisetas'. Entonces una pieza interior de lino sobre la que se ponía la ropa.

v. 80 *asientos*: «Término de costureras y mujeres de labor. Son las tirillas de lienzo doblado que sirven para el cuello y puños de la camisa, y también para los cuellos blancos y puños postizos que traen los eclesiásticos. Llámanse asientos porque en ellas se fija y asienta lo demás de la ropa» (*Aut*).

v. 83 Verso hipermétrico. Se ha suprimido la palabra inicial «¿Hombre?» para cuadrar el verso.

v. 88 *hilado*: la madeja de hilo para hacer la trama.

v. 89 *ucé*: alomorfo frecuente del habla vulgar.

v. 90 *tela*: al hilo de lo expresado en los versos siguientes, puede tener varios significados. Aparte de su primera lectura, también es «enredo, maraña, embuste» (*Aut*) y, en lenguaje de germanía, 'acto sexual'. En este sentido recuerda la expresión «estar puesto en la tela» (*Léxico del marginalismo*). Cervantes: «¿Contra mí la Pizpita y la Mostrenca? / ¿En tela quieres competir conmigo, / culebrilla de alambre, y tú, pazguata?» (*Entremés del rufián viudo llamado Trampagos*, vv. 185-187, ed. Elena di Pinto). Como trampa: «conque está hecha un ovillo / teniendo urdida gran tela, / y pienso meterla a pleito / en sala de competencias» (*Los condes de Carrión*, vv. 877-880, en *Comedias burlescas V*).

Juan	Y ella a lo menos viene bien urdida.	
Casilda	¿No respondes a esto, mentecata?	
Juan	¡Pues qué he de responderle si me trata del hilado y en mí son usos nuevos, y yo no hilé en mi vida sino huevos!	95
Casilda	¿Qué dices, necia? ¿Pues no está en la rueca y tienes casi hecha una mazorca? ¿Que no faltan dos cerros deste lino?	
Juan	¡Qué echáis por los de Úbeda, imagino! ¿Qué sé yo hilar, señores?	100
Casilda	¡Me haces loco!	
Juan	¡Venga la rueca y probarelo un poco!	
	Sacan la rueca.	
Casilda	Veisla aquí, tontona.	
Juan	Aguárdense siquiera. Esto es andar el uso sin pollera.	105
Cantan	Por el arroyo de los cedros iba san Juan y *Dominus Deos.*	

---

vv. 91-92 *trama ... urdida*: uso dilógico del término, por su sentido recto y por el enredo en que se halla sometido Juan; «apercibida» es 'preparada'. Recuerda la *tela ... urdida*: «Calledes vos, mi señora, / no queráis hablar lo tal, / que una tela tengo urdida» (*Romancero viejo*, nº 23, vv. 136-138, ed. García de Enterría).

v. 98 *mazorca*: «Porción de lino o lana ya hilada y recogida del huso» (*DRAE*).

v. 99 *cerros*: «Manojo de lino después de rastrillado y limpio» (*DRAE*).

v. 101 *hilar*: es posible una velada alusión sexual, ya que «hilar» en germanía es 'realizar el acto sexual' (*Léxico*).

v. 105 *andar el uso sin pollera*: no parece frase hecha. Su lectura remite a dos significados en función de la hache de «uso». Sin hache, esto es 'costumbre', «andar sin pollera» es andar sin caminador los niños pequeños, lo cual explicaría la impericia de Juan con el instrumento; con hache, «pollera» es 'falda acampanada para ahuecar la vestidura exterior', es decir, apunta a manejar el huso persona no mujer (sin pollera).

vv. 106-107 *Por el arroyo de los cedros / iba san Juan y Dominus Deos*: en el entremés *La rabia*, de Calderón, esta misma expresión forma parte de un conjuro: «Por la insignia singular / que a favor del paladar / el cielo me quiso dar. / A la orilla de aquel cedro / por donde iba san Juan con *Dominus Deo*, / te conjuro mal de la peste, / aunque me cueste lo que me cueste» (vv. 273-279, ed. Rodríguez Tordera). Posible alusión al padecimiento del atribulado Juan. El «arroyo de los cedros» es el valle de Cedrón, lugar que separa Jerusalén del Monte de los Olivos, frecuentemente citado en la Biblia (Joel, 2 Samuel, 1 y 2 Reyes, 2 Crónicas, Jeremías) y lugar del arresto de Jesús (Juan, 18, 1).

Herrador	Lindamente lo hiláis.
Juan	Como buñuelos.
	Lo que es hilar lo hago de los cielos.

Dentro el vejete.

Vejete	¡Juana, Benito, hijos!	
Casilda	¡Nuestro padre!	110
Juan	Ay, padre mío, sea bien llegado.	
Vejete	Hija, ya es tiempo de tomar estado.	
Juan	¿Estado?	
Vejete	Sí. ¿No os causa mucho gozo?	
Juan	¿Estado? ¿Y ha de ser de los del pozo?	
Vejete	No, sino de un marido que he de daros.	115
Juan	¡Ay padre!	
Vejete	¿Qué decís?	
Juan	Yo estoy turbada,	
	que soy muy niña yo para casada.	
Vejete	Hoy ha de ser, porque el honor me incita.	
Juan	¡Ay padre, yo me inclino a ser monjita!	
Vejete	¿Qué es monjita? Que están ya prevenidos	120
	los que pretenden ser vuestros maridos,	
	y el que escogiereis vos para velado	
	ha de quedar ahora desposado.	
Juan	¿Y ha de dormir conmigo?	
Vejete	¿Eso es estraño?	

---

v. 108 *como buñuelos*: «mal y atropelladamente» (*DRAE*).

v. 109 *hilar*: parece nueva alusión al acto sexual (v. 101).

v. 110 *padre*: en estos versos se sugiere que el padre-vejete también está compinchado. Además, está al corriente de los nombres que Casilda había adelantado en los versos 49-50.

v. 114 *del pozo*: típico juego de palabras tan del gusto del autor. Por un lado, y al hilo del verso anterior, se recuerda la expresión 'el gozo en el pozo'; por otro, «tomar estado» es 'casarse'; y, finalmente, «estado» es una medida de longitud para medir la profundidad de los pozos. Además, si seguimos la metáfora sexual, «pozo» es también en germanía 'órganos sexuales femeninos' (*Tesoro de villanos*).

Juan	¿Pues no me hubierais hoy llevado al baño?	125
Vejete	¡Ea, vengan los novios!	
Juan	Padre mío, dilátelo, por Dios, hasta mañana.	
Vejete	¿Por qué me queréis dar esos trabajos?	
Juan	Porque ahora no tengo buenos bajos.	
Vejete	Aquesta noche has de quedar casada.	130
Juan	Pregunto, padre, ¿y me he de hacer preñada?	
Vejete	¿Pues para qué te casas, bobarrona?	
Juan	¿Y he de parir?	
Vejete	¿Pues eso no se infiere?	
Juan	¡El diablo lleve lo que yo pariere!	
Vejete	¡Vengan los novios!	
Juan	¡Virgen Soberana, que si me caso hoy a troche y moche me han de quitar mi honra aquesta noche!	135
Casilda	Ya están aquí los novios.	
Juan	¡Qué ventura!	
Novio 1	Señora, guarde a Dios vuestra hermosura.	
Novio 2	Bendiga Dios esa beldad tan bella.	140
Juan	Apárteseme allá, que soy doncella.	
Vejete	Este es un cazador.	
Juan	Pues no le quiero, porque me matará.	
Vejete	¿Quién? ¿Vuestro esposo?	

---

    v. 125 *llevado al baño*: la primera lectura remite a limpieza o higiene, al declarar más abajo que no tiene 'buenos bajos' o ropa interior: «lugares, o públicos o privados, adonde, o por sanidad o por limpieza, acudimos a lavarnos» (*Cov*). La segunda, a estar encerrado, por alusión al lugar donde los moros encerraban a los cautivos.

    v. 129 *bajos*: en plural, es la ropa interior de las mujeres. Alude a la suciedad, tal como lo pone de manifiesto Quevedo en un romance: «La nariz, casi tan roma / como la del Padre Santo, / que parece que se esconde / del mal olor de tus bajos» (*POC*, 729, vv. 49-52); «Lo barato es caro. ¿Tiene buenos bajos?» (*Entremés de la vieja Muñatones*, *Teatro completo*, ed. Arellano-García Valdés, p. 378).

Juan	Sí, que desnuda me tendrá por eso.	
Novio 2	Yo, monacillo.	
Juan	La mitad me agrada.	145
Novio 2	¿Pues por qué la mitad?	
Juan	La mona quiero, y el cillo que se quede en el tintero.	
Vejete	¡Ea, escoged aquí de los presentes!	
Juan	Pues si alguno ha de ser, venga el barbero, que es hombre que con barbas no se ataja y yo he menester mucha navaja.	150
Barbero	Pues aquesta es mi mano, prenda mía.	
Juan	No puedo yo decir eso de la mía.	
Barbero	¿Por qué no has de decillo, bella ingrata?	
Juan	Porque no sé si es mano o si es patata.	155
Barbero	Mano es y mano que yo estimo y quiero.	
Juan	Pues vesle ahí una mano de mortero. Señores, ¿no era hombre yo ayer mañana y la zurré a Casilda la badana porque me respondía?	
Casilda	¡Calla, necia! ¿Dudas que eres mujer?	160

---

v. 144 *desnuda*: en su acepción de «muy mal vestido e indecente» (*Aut*). Es decir, la matará de poco menos que indigente.

v. 145 *monacillo*: 'monaguillo'. En germanía, «Ayudante del que pone los grillos a los presos en las cárceles» (*Léxico*). Era frecuente la burla de este oficio en el teatro breve y en las comedias burlescas. «Si desta escapo me meto / monacillo de una iglesia» (*El comendador de Ocaña*, en *Dos comedias burlescas del Siglo de Oro*, vv. 662-663).

vv. 146-147 *mona ... cillo*: «mona» es 'borrachera'; «cillo», un «instrumento de que usan los cazadores para reclamar los conejos imitando su chillido, particularmente cuando están en celo» (*Aut*). Siguiendo con la metáfora sexual, otra forma de rechazo.

v. 150 *no se ataja*: además del sentido recto, «atajarse» es 'cortarse', «correrse un hombre de modo que no sepa obrar ni responder» (*Aut*).

v. 157 *mano de mortero*: el conocido 'utensilio para machacar'. El refranero recoge el carácter memo de este tipo de personas: «La moza alabó el mortero, y sospiró por el majadero», «Muchos ajos en un mortero, mal los maja un majadero» (*Correas*).

JUAN	Ya sé que es cierto,	
	mas esto del parir me tiene muerto.	
VEJETE	¡Ea, llevalda! Vuestro amor la venza.	
JUAN	No quiero, padre, que tendré vergüenza.	
BARBERO	Quedo, que vienen las vecinas todas	165
	a dar el parabién de aquestas bodas.	

Salen todos y una mujer cantando.

MUJER	Mil veces enhorabuena	
	esté de novio Juan Rana,	
	que ya de alcalde perpetuo	
	aquesta boda le saca.	170
CASILDA	¡Que se case Juan Rana!	
JUAN	¡Cásese noramala!	
CASILDA	El marido que encierra	
	la mujer en la casa,	
	si no ve lo que pasa,	175
	mete dentro la guerra;	
	y ella, que no lo yerra,	
	por la mano le gana.	
	¡Que se case Juan Rana!	
JUAN	¡Cásese noramala!	180
	La mujer que se quiere	
	escapar del marido	
	cuando la ha sacudido,	

---

v. 165 *Quedo*: 'quieto, alto, espera…'.

v. 169 *alcalde perpetuo*: uno de los disfraces habituales de Juan Rana. Según Sáez Raposo, «Hacia 1634 el personaje que interpretaba Pérez ya era unánimemente reconocido como el alcalde entremesil por excelencia (2005, p. 28). Se supone que de aldea, según se infiere de *Covarrubias*: «hay muchas diferencias de alcaldes; los preeminentes son los de Casa y Corte de su Majestad, y los de Cancillerías, y los ínfimos los de las aldeas, los cuales por ser rústicos, suelen decir algunas simplicidades en lo que proveen, de que tomaron nombre alcaldadas». Lo cual les lleva a ser personajes normalmente burlados. Quiñones de Benavente: «*Sale Juan Rana de alcalde*. JUAN. *Canta*. Señora mosquetería, / escuchá a vuestro Juan Rana. / ¿Yo no so alcalde perpetuo? / ¿Vos no me distis la vara?» (*El guardainfante (Primera parte)*, vv. 1-4, en *Jocoseria*, ed. GRISO).

v. 177 *que no lo yerra*: 'que no se equivoca'.

v. 178 *por la mano le gana*: 'se le anticipa'.

v. 183 *sacudido*: estos versos se incluyen dentro de la tradición misógina y de la cultura entonces imperante, a pesar del humor. Hoy se consideraría una apología de la violencia doméstica.

	a sí misma se hiere,	
	porque cuando volviere	185
	le zurre la badana.	
Casilda	¡Que se case Juan Rana!	
Juan	¡Cásese noramala!	

No obstante, se pueden ver repetidos en numerosas composiciones de la época, como en este romance del propio Cáncer, quien aconseja: «Y no enoje a su marido, / que suele asentar la mano, / y deja los mandamientos / en las tablas señalados» (*Poesía completa*, 52, vv. 41-44).

ENTREMÉS DE
JUAN RANILLA.*

Interlocutores.

Juan Ranilla.   *La mujer de Rana.*
Juan Rana.   *Un alcaide de la cárcel*
Un escribano.   *Voces dentro*
Un barbero.   *Una hermana del barbero.*

Salen Juan Ranilla, el escribano y barbero.

Escribano   Alcalde, ¿de qué es tanto sentimiento?
            ¿Que tenéis?

Ranilla   Estó triste que es contento.

Escribano   ¿Pues qué os ha sucedido?

Ranilla   ¡Sos un desvergonzado, un atrevido!
            Préndemele escribano.   5

---

* Texto base: *Rasgos del ocio* (1664).

v. 1 *Alcalde*: otro entremés con Juan Rana en su papel favorito. Ver *Juan Rana mujer* v. 169; «sentimiento» aquí «queja que se tiene contra algún sujeto que ha dado motivo de sentir» (*Aut*). En *Flor de entremeses*, Juan Rana y Juan Ranilla quedan sustituidos por Escamilla y Escamillilla, respectivamente, debido al nombre de los actores que los interpretaban, Antonio de Escamilla y su hija Manuela, algo habitual en los impresores de la época (Asensio, 1971, p. 220). Esta era una imitadora de Cosme Pérez (Lobato, 2003, pp. 146 y 163).

v. 2 *Estó*: 'estoy'. Forma rústica habitual en este personaje. En los versos siguientes se irán desgranando otras prevaricaciones lingüísticas: *sos, habelidad, estaño...*

v. 5 *escribano*: representante de la justicia, suele acompañar al alcalde en el ejercicio de su autoridad. Era un tipo social satirizado por la literatura de la época.

BARBERO   A mí, ¿por qué?

RANILLA   ¿No sos barbero?

BARBERO   Es llano.

RANILLA   Pues préndemele al punto.

ESCRIBANO   Ya preso está; ¿mas por qué?, os pregunto.

RANILLA   Porque siendo barbero,
               y sabiendo de todo el pueblo entero   10
               lo que pasa y no pasa
               sin que en él haya casa
               que escapar de su lengua intente en balde,
               no sabe de qué está triste el alcalde.

BARBERO   Dejad esas porfías.   15
               ¿Y de qué son vuestras melancolías?
               Decid, por si podemos
               remediarlas los dos.

RANILLA   De mis estremos
               la causa no sabéis que me trae loco.

ESCRIBANO   Yo no la sé.

BARBERO   Ni yo.

RANILLA   Ni yo tampoco,   20
               pero aunque no la sepa he de decilla.
               Ya sabéis que la villa,
               viendo mi habelidad, mi talle y cara
               de alcalde, estaño me entregó la vara.
               Pues con ella me vio apenas la villa   25
               cuando dio…

---

v. 6 *barbero*: otro oficio muy satirizado por la literatura áurea. Además de su labor como peluquero, ejercía de sangrador o de dentista, como auxiliar del médico. Es uno de los tipos más satirizados en los *Sueños* de Quevedo: endiablados, asesinos, ladrones, músicos (acusación de desatender su oficio por la música), lujuriosos… *Los condes de Carrión*: «¡Desolladores bárbaros y fieros / que más que condes parecéis barberos, / aguardad» (vv. 1214-1215, *Comedias burlescas V*). Aquí, como se verá, la acusación es de murmurador, chismoso.

v. 15 *porfías*: 'insistencias, ahínco'.

v. 18 *estremos*: aquí, como «hacer extremos. Lamentarse, haciendo con ansia y despecho varios ademanes, y dando voces y quejas en demonstración de sentimiento» (*Aut*).

v. 24 *alcalde*: por el contenido de estos versos, Ranilla parece poner en práctica el refrán «Hácenle alcalde y llora» (*Correas*); «estaño» es 'este año'. El lenguaje de paleto es una de las características de este oficio satirizado.

| Los dos | ¿En qué? |
| Ranilla | En llamarme Juan Ranilla. |

   Y tan corrido vivo
   de verme alcalde ser deminotivo,
   que ando de noche y día
   con una hipocondría   30
   en el alma arraigada,
   calletrando día y noche qué alcaldada
   haré yo cuyo hecho
   alcalde me confirme hecho y derecho.
   Y como no hallo modo   35
   he convertido el sentimiento todo
   contra aqueste Juan Rana.
   Y así es vengarme dél toda mi gana
   para que no me asombre
   el vivir de alimentos de su nombre;   40
   y más hoy, que atrevido
   en mi jurisdición se me ha metido,
   pues con achaque que a la heria viene,
   en verle todo el pueblo se entretiene.

---

v. 30 *hipocondría*: 'melancolía suma, dolor de estómago, flatos frecuentes, vómitos, opresión del pecho, dificultad en respirar, falta de sueño y otros' (*Aut*). Quiñones de Benavente: «Fabia. Melancólica estoy. Doctor. ¿hipocondrías / adonde yo estuviere? No en mis días» (*Los cuatro galanes*, vv. 230-231, *Jocoseria*). Calderón: «Coquín. Metime a ser discreto / por mi mal y hame dado / tan gran hipocondría en este lado / que me muero. / Jacinta. ¿Y qué es hipocondría? / Coquín. Es una enfermedad que no la había / habrá dos años, ni en el mundo era. / Usose poco ha y de manera / lo que se usa, amiga, no se excusa, / que una dama, sabiendo que se usa, / le dijo a su galán muy triste un día: / "tráigame un poco uced de hipocondría"» (*El médico de su honra*, vv. 2418-2428).

v. 32 *calletrando*: «Discurrir, conocer [...] Es voz rústica y bárbara' (*Aut*, s.v. 'encalletrar'). Calderón: «Con todo eso nunca acabo / de calletrar a qué efecto / le pide para un día solo» (Auto sacramental *Amar y ser amado y divina Filotea*, en *Autos sacramentales, alegóricos y historiales*, f. 174); «alcaldada» es la misma acción imprudente hoy conocida.

v. 37 *Juan Rana*: este y Ranilla son personajes diferentes, enfrentados en la jurisdicción de un mismo pueblo.

v. 42 *jurisdición*: la rivalidad entre los alcaldes que se anuncia en estos versos viene dada por el hecho de que en los pueblos solía haber dos alcaldes, uno para el estado noble otro para los pecheros (Cotarelo, 1911, p. CXLVIII). No se trata, pues, de dos pueblos diferentes. El tema de las disputas entre alcaldes era recurrente en el género, sobre todo a partir de *La elección de los alcaldes de Daganzo*, de Cervantes.

v. 43 *achaque*: 'ocasión, motivo o pretexto' (*Aut*); «heria», 'feria' en germanía.

Barbero	¿Qué me darás si a ese Juan Rana entero	45
	con una burla que hoy hacerle espero	
	os le pongo las manos	
	a que hagas dél justicia?	
Ranilla	Amigo, hermano,	
	yo os daré si eso hacéis casa pagada,	
	y de comer seis años sin que nada	50
	ni aun el vestir gastéis.	
Barbero	¿Será de veras?	
Ranilla	Cierto será.	
Barbero	¿Cómo?	
Ranilla	Echándoos a galeras;	
	pero haceldo por Dios, que os prometo	
	ser vueso amigo si es que llega a efeto	
	el verme dél vengado.	55
Barbero	Pues escuchad la burla que he pensado.	
	Yo he de fingir… mas ahora no prosigo,	
	que él viene allí. Veníos los dos conmigo	
	que allá lo sabréis todo.	
Ranilla	¡He Dios! Que si consigo deste modo	60
	el verme dél vengado	
	que ha de saber la villa	
	cuál el Juan Rana es u el Juan Ranilla.	

Vanse, y salen Juan Rana, con todo lo que dicen los versos, y la mujer.

Mujer	¡A qué si nada me compráis que os pido	
	a la feria con vos me habéis traído!	65

---

v. 47 *le pongo las manos*: 'le haga poner las manos', es decir, en posición de pedir piedad y misericordia. Aunque la lectura literal, con la que se juega, es «ofenderle y castigarle con ellas» (*Aut*).

v. 52 *echándoos a galeras*: en plural, la pena de remar en galeras, «y así se dice echar a galeras, condenar a galeras» (*Aut*). Verso hipermétrico en los testimonios (12 s.).

v. 60 *He*: «Interjección con que se da a entender se ha encontrado lo que se buscaba o pensaba. Y así se dice He, ya está aquí, he, ya lo he entendido» (*Aut*).

v. 65 *feria*: en el v. 43 «heria».

Rana	¡Mujer del diablo, en Dios y en mi conciencia!
	¿Pretendes apurarme la paciencia?
	¿Qué más he de comprar si me ves lleno
	de trastos para ti?
Mujer	¿Para mí? Bueno.
	¡Pues heme de poner esos zapatos! 70
Rana	No, que te dieran muy bellacos ratos,
	pues aunque fueran uno todos juntos,
	fueran para tu pie punto de puntos.
	¿Pero para quién son?
Mujer	Para Perico,
	para Marica y para Toribico. 75
Rana	Y ese Perico y esa Marica
	y ese Toribico para quien se aplica,
	aunque habrá mucho que decir en eso,
	¿son hijos del vecino?
Mujer	Pierdo el seso con vuestros desvaríos. 80
	Mis hijos son.
Rana	Así lo fueran míos.
	¿Y este candil?
Mujer	Ese es para alumbraros.
Rana	¿Y aquestos fuelles?
Mujer	Son para aventaros.
Rana	Pues si habéis de aventarme,
	¿no es mejor deslumbrarme que alumbrarme? 85
	¿Y esta sartén?

---

v. 66 *en Dios y en mi conciencia*: «decir o asegurar las cosas cómo ellas son en la realidad, sin ficción, y según la verdad y cómo se sienten» (*Aut*).

v. 72 *aunque fueran uno todos juntos*: 'aunque fueran todos iguales'.

v. 73 *punto de puntos*: se juega con el valor del pie pequeño («punto»), entonces de moda; y el de «puntos» como medida de calzado, igual que 'número' en la actualidad. El calzado entonces se medía por puntos. Cáncer: «Tu pie es un punto no más, / y yo soy tan comedido / que lo creí porque un día / tu zapato me lo dijo» (*Romance A una dama*, 17, vv. 45-48, en *Poesía completa*).

v. 77 *para quien se aplica*: 'para quienes los asignas'.

v. 85 *deslumbrarme*: dilogía por 'encandilar' y 'apagar'. Viene a decir Rana, ante su mujer pidona, que ¿no es mejor quitar fuego («desalumbrar», 'rebajar antojos, calmar') que agregarlo («alumbrar», 'incitar')?

Mujer	Para freír con ella.	
Rana	Si fuera a vos, qué alhaja era tan bella.	
Mujer	No será en vuestros días.	
Rana	¿Y aqueste talego de alcamonías?	
Mujer	Para que esté la olla sazonada.	90
	Y en fin de todo, no hay para mí nada,	
	pues no veo delante	
	moño, pollera, enaguas, guardainfante.	
	Y es verdad, y lo digo y lo redigo.	

Sale el barbero admirándose de ver a Rana.

Barbero	¡Él es!	
Rana	No es él.	
Barbero	Sí, él es ¡Juan Rana, amigo,	95
	primo y señor, hermano de mi vida!	
	Enhorabuena sea su venida,	
	donde veáis que os amo y os estimo.	
Rana	Mi amigo, mi señor, mi amo y mi primo.	
	Enhorabuena sea la llegada	100
	donde veáis, por no deberos nada,	
	lo que os estimo y amo.	
Barbero	¡Jesús, Jesús! Desde hoy feliz me llamo.	
	¿Que os hablo, os toco y veo?	
	No lo creo.	
Rana	Tampoco yo lo creo.	105
	¡Jesús, Jesús! ¿Que os veo, toco y hablo?	
Mujer	¿Quién es?	

---

v. 87 *Si fuera a vos...*: es decir, 'si fuera para freíros a vos sería buena alhaja', al hilo del verso anterior.

v. 88 *No será en vuestros días*: 'no será por ti', «frase con que uno se excusa absolutamente de hacer o conceder lo que otro le pide» (*Aut*).

v. 89 *talego de alcamonías*: 'bolsa de semillas'. Las alcamonías eran las «semillas que de ordinario se gastan en ollas y guisados» (*Aut*).

v. 93 *moño, pollera, enaguas, guardainfante*: prendas de vestir o de adorno femeninas. El moño es un postizo de pelo, entonces de moda en la Corte; la pollera era una falda que se ponía sobre el guardainfante, y este era un entramado de aros o alambre para ahuecar las faldas.

Rana	Si yo lo sé me lleve el diablo;
	mas coged con todo eso
	y entraos allá, no sea que el suceso
	deste señor pariente 110
	serlo de afenidad con vos intente.
Mujer	Malicias y a ello.

Vase.

Barbero	Ahora he de enojarme,
	ya que de veros se pasó el holgarme.
	¿Aquesta ingratitud conmigo pasa?
	¿Vos en este lugar y no en mi casa? 115
	Mal lo habéis hecho, y ya para enseñaros
	a lo que habéis de hacer he de trataros
	con llaneza. Esta noche cenar quiero
	con vos.
Rana	Yo no.
Barbero	Yo sí, porque así espero
	deciros lo que habéis de hacer. Es llano. 120
	Conmigo el que es mi amigo, más que hermano.
Rana	Pues si eso es de ese modo,
	enójome yo y todo,
	y digo lo que había de hacer. Es llano.
	Conmigo el que es mi amigo más que hermano, 125
	que es dejarme ir al punto.
Barbero	¿Dónde?
Rana	A mi pueblo.
Barbero	Eso es lo que os pregunto.
	Por saber dónde vais, porque no quiero
	que me esperéis, yo llegaré primero
	que vos a él.

---

v. 111 *afenidad*: «afinidad. Parentesco que se contrae por el matrimonio entre el marido y los parientes de la mujer, y entre la mujer y los parientes del marido» (*Aut*).

v. 123 *yo y todo*: 'yo también'.

Rana	En él no habéis de hallarme,	130
	porque en llegando tengo de ausentarme	
	diez leguas más allá.	
Barbero	¡Qué desatino!	
	Diez leguas para mí no son camino.	
	Allá iré yo, que, de cualquier manera,	
	he de cenar con vos adondequiera.	135
	De aquesto os doy palabra.	
Rana	Yo no la tomo.	
Barbero	Tanto en mi amor labra	
	el deudo y amistad, que ha de ser cierto.	

Sale el escribano y dale al barbero con un matapecados y cae en el suelo.

Escribano	¿Aquí, traidor, estás?	
	Vase.	
Barbero	¡Ay, que me ha muerto!	
Rana	¡Jesús, y qué pantuflazo	140
	a mi camarada dieron	
	tan bien dado!	
Barbero	Confi… confi…	
Rana	¡Confites está pidiendo!	
	¿Aún no ha cenado y ya pide	
	los postres?	
Barbero	¡Ay, que me ha muerto!	145

---

v. 131 *tengo de*: 'he de, tengo que'. La fórmula de obligación tener de + infinitivo era corriente entonces. Era frecuente en Calderón (Antonucci, 1999, p. 213): «¿Yo me tengo de esconder?» (*El médico de su honra*, v. 1152).

v. 132 *diez leguas*: unos 55 km. (una legua, 5572 m.).

v. 138 *deudo*: 'parentesco', aunque también recuerda 'compromiso'.

v. 138+ *matapecados*: también 'castigapecados', una especie de cachiporra que hace ruido pero no duele, característico de los carnavales y que solía aparecer en los finales de los entremeses de la centuria anterior que acababan a palos para castigar a alguien (Asensio, 1971, pp. 20-22; Cotarelo, 1911, p. CLVI).

v. 140 *pantuflazo*: el golpe dado con el pantuflo o zapatilla.

v. 143 *confites*: aunque se juega con el sentido de postre 'dulce', en realidad, lo que pide el barbero es 'confesión', solicitud ritual antes de morir, sobre todo en el teatro del Siglo de Oro.

RANA	¡Triste de mí! ¿Qué haré yo sin amigo y sin mi deudo? ¿Quién cenará ya conmigo?	

Salen Ranilla y gente y la hermana y el escribano.

RANILLA	¿Qué ha sido esto? ¿Qué ha sido esto? Téngase aquí a la justicia.	150
RANA	Al que se cae digan eso, que por la gracia de Dios ahora en mi pie me tengo.	
HERMANA	¡Ay, hermano de mi vida! ¿Quién desta suerte te ha puesto?	155
BARBERO	Oíd por el paso en que estoy…	
TODOS	¿Qué?	
BARBERO	Que Juan Rana me ha muerto.	
RANA	¡Miente como un difuntillo! Que infame de dos de queso no sabes lo que te mueres.	160
HERMANA	Señor alcalde, aunque puedo vengarme deste traidor, a Dios y a vusted lo dejo. ¡Justicia pido, justicia!	
RANILLA	¡Ah, traidor, aquí te tengo! Venid, venid a la cárcel.	165

---

v. 150 *Téngase*: lo mismo que '¡Alto!'.

v. 156 *por el paso en que estoy*: «Frase con que alguno pondera la verdad de lo que dice, aludiendo al peligro o lance dificultoso en que se halla. Tómase esta frase del riesgo de la muerte en que se dicen las verdades y se obra con ingenuidad» (*Aut*).

v. 158 *Miente como un difuntillo*: aunque es una expresión no encontrada en los repertorios léxicos, podría ser conocida en la época a juzgar por su aparición en otras obras de teatro, como *También la afrenta es veneno*, de Luis Vélez, Antonio Coello y Francisco de Rojas: «mientes como difuntillo» (Jornada Primera, de Luis Vélez). El significado es obvio, ya que el propio Rana se he encargado en los versos anteriores de repetir que está muerto.

v. 159 *de dos de queso*: «Expresión jocosa que se aplica a lo que es de poco valor o provecho» (*Aut*). «Hombre de dos de queso. El leve / Hombrecillo de dos de queso; mujercilla de dos de queso» (*Correas*). Cáncer, Juan Vélez: «REY. ¡Hola! ¿qué es eso? / CRIADO. Un moro de dos de queso» (*Los siete infantes de Lara*, vv. 1134-1135).

Rana	Mire usted que le protesto,
	que so alcalde en mi lugar.
Ranilla	Yo en el mío. Vamos luego.
	¡Aquí del Rey!

Vase.

Todos	¡Resistencia!	170
Escribano	Yo le añadiré el proceso.	

Llévanle preso y queda el barbero y el escribano.

Barbero	¿Lleváronle ya a la cárcel?
Escribano	Sí.
Barbero	Pues venid, que no tengo
	de dejar aquí la burla,
	pues agora… pero luego 175
	lo sabréis. Venid conmigo
	para que sepáis mi intento.

Vanse y dicen dentro.

Ranilla	¡Hola, hao del calabozo!

(dentro)

Todos	¡Hola, hao!

(dentro)

Ranilla	¡Allá va un preso!	
Rana	No va tal, que antes le envían.	180

Salen.

Ranilla	El calabozo de adentro	
	abrid, que nadie ha de hablarle;	
	que esta noche aquí os dejo,	
	señor alcalde Juan Rana;	
	donde os aviso y advierto	185
	que os pongáis muy bien con Dios,	

---

v. 171 *proceso*: 'pleito'. Calderón: «Don Lope. ¿Qué es proceso? / Crespo. Unos pliegos de papel / que voy juntando, en razón / de hacer la averiguación / de la causa» (*El alcalde de Zalamea*, vv. 2597-2601).

v. 178 *hao*: «modo de llamar a otro que se halla distante» (*Aut*).

| | porque aquí no hay más remedio
que dar al muerto la vida
u dar al verdugo el cuello. | |
|---|---|---|
| | *Vase.* | |
| RANA | ¿Porque aquí no hay más remedio
que dar al muerto la vida
u dar al verdugo el cuello...? | 190 |
| | *Suena una cadena dentro.* | |
| | ¿Pero qué cadena es esta
que se escucha, santo cielo? | |
| | *Canta una voz.* | |
| | Zampuzado en un banasto
me tiene su majestad
en un callejón Noruega,
aprendiendo a gavilán.
La causa es porque maté
a un don fulano de tal,
a quien le quité el comer
por no darle de cenar. | 195

200 |
| RANA
(canta) | Aunque fuera muy bien hecho,
juro a Dios que no hice tal,
que él se me murió en un tris
porque otro le pegó un zas. | 205 |
| Voz | Esto Juan Rana cantaba
en su obscura soledad | |

---

v. 195 *Zampuzado en un banasto*: conocida jácara de Quevedo de la que se copia íntegra la primera cuarteta (*POC* 856, vv. 1-4). La segunda es invención de Cáncer. Como en toda jácara el lenguaje empleado es el de germanía: «zampuzado» es 'arrojado, encerrado' y «banasto» es 'cárcel'.

v. 197 *callejón Noruega*: «Noruega» es en germanía 'oscuridad'. Y dado que Zampuzado está en la cárcel, probable 'celda oscura o lóbrega', como el poco sol que debían pensar entonces cubría Noruega.

v. 198 *gavilán*: ave de caza. En germanía, 'ladrón'; pero también se recuerda a los famosos gavilanes o halcones noruegos, de los que Zampuzado puede aprender (Quevedo, *Poesía burlesca. Tomo II*, ed. Arellano, 2007, p. 58).

v. 202 *no darle de cenar*: manipulación del refrán «A quien has de dar de cenar, no le quites el almorzar» (*Correas*).

	cuando todos los muchachos	
	decían por el lugar…	210

Dentro campanillas y la voz.

	Para el alma de Juan Rana
	que sacan a ajusticiar.
En el patio	Para el alma de Juan Rana
	que sacan a ajusticiar.
Rana	¡Malo va esto, juro a Dios! 215
(llora)	Ya es verdad y no es agüero,
	pues a campana tañida
	lo dice la voz del puebro.
	Ahorcado vaya, que es cosa
	que pasa por muchos buenos, 220
	pero a manos de un alcalde
	de Corinto es lo que siento.

Sale la mujer de Juan Rana con una cesta con merienda y el alcaide de la cárcel.

Mujer	¡Señor alcaide! Por Dios,
	me deje entrar allá dentro.
Alcaide	Entre usted.
	(dentro)
Mujer	¿Qué hay, buena pieza? 225
Rana	Ya podéis ver estar preso.
(llora)	¡Diz que me ahorcan!
Mujer	Claro está,
	y aunque me pesa me huelgo,
	para que todos conozcan
	lo que yo con vos padezco; 230
	pues a un primo que venía

---

v. 217 *a campana tañida*: «con gran prisa y en tropel como si fueran llamados con campana» (*Aut*); pero también «Convocarse el pueblo a voz de campana» (*Correas*).

v. 221 *alcalde de Corinto*: no es expresión sino invención de Cáncer. El sentido parece ser 'alcalducho'. ¿'Arrugado, cantarín, desconocido, bello'?...

v. 227 *diz que*: 'dicen que'. Expresión popular muy frecuente en la expresión de Cáncer (*Poesía completa*, 2:39, 89:7).

| | a solo honraros y veros,
le matasteis a traición. |
| :----- | :--- |
| Rana | ¿Yo le maté? |
| Mujer | ¿Pues no es cierto? |
| Rana | No, juro a Dios. |
| Mujer | ¿Pues a mí, |
| | que lo vi desde allá dentro, |
| | me lo negáis? |
| Rana | ¿Vos lo visteis? |
| Mujer | Yo lo vi, mas no por eso
lo diré. Que de mi boca
no ha salido por lo menos
sino para que lo escriban
debajo de juramento
el alcalde y escribano. |
| Rana | Grande merced me habéis hecho;
no en balde os tuve yo siempre
por mujer de gran secreto.
Pues si eso está en ese estado,
¿a qué venís? |
| Mujer | A traeros
de cenar, que yo faltar
a mi obligación no puedo;
y hasta dejaros ahorcado
no os he de dejar. |
| Rana | Por verlo. |
| Mujer | Cená un bocado, porque
tengáis ánimo, que quiero
que no os desmayéis y tengan
que decir que fue de miedo. |
| Rana | ¡Oh, qué gran cosa es tener
mujer de varonil pecho!
Mostrad acá porque al fin |

235

240

245

250

255

---

v. 246 *de gran secreto*: además de su sentido recto, de pulla, «sin formalidad o ceremonia pública» (*Aut*).

v. 252 *Por verlo*: lo mismo que 'Eso está por ver'.

                            los duelos con pan son menos.   260
                            Muera Marto y muera harto;
                            mas de una cosa me huelgo,
                            que no vendrá el convidado.

                                Sale el barbero con una sábana envuelto.

BARBERO   Mucho hay que decir en eso.
MUJER   ¡Jesús mil veces! ¿Qué miro?   265
RANA   *¡Verbum caro! ¡Fitor Deo!*
MUJER   El diablo que pare aquí,
                            aun ir huyendo no puedo.

                                Vase.

RANA   ¿Quién sois?
BARBERO   Soy el convidado
                            de piedra.
RANA   ¡Válgame el cielo!   270
                            ¿Pues qué queréis?
BARBERO   La palabra
                            que yo os di a cumpliros vengo

---

v. 261 *Muera Marto y muera harto*: manipulación del refrán «Muera Marta y muera harta. Es tan grande la sed de algunos enfermos, o el antojo de otra cosa, que a trueco de satisfacer la sed o apetito no reparan en el daño que les puede hacer, y con encarecimiento dicen "Denme de beber y muérame luego, y no me maten de sed"; y si está desahuciado y apetece comer, se lo dan y tienen por piedad, y no dejarlos morir de hambre; porque morir de hambre es cosa muy lastimosa, mas el beber siempre se lo regatean» (*Correas*).

v. 263 *el convidado*: en los siguientes versos se ofrece una parodia del asunto del convidado de piedra. Lo cual demuestra que Cáncer leía y tenía bien aprendidos a sus contemporáneos y a las tradiciones.

v. 266 *¡Verbum caro! ¡Fitor Deo!*: la frase conocida es *Verbum caro factum est*, 'El Verbo se hizo carne', famoso pasaje del evangelio de san Juan y del Ángelus. En cambio, la que propone Cáncer abarca dos expresiones diferentes. La primera rompe la fórmula del Ángelus y la segunda es una petición de confesión, como la que hace uno que va a morir. *Fiteor Deo* («fitor» no existe en latín), procede de la conocida expresión de perdón de la liturgia católica *Confiteor Deo omnipotenti* ('Yo, pecador, me confieso ante Dios todopoderoso'), que los feligreses de aquel tiempo debían conocer de memoria. Así, juntas, también las escribe Calderón en su teatro cómico (*La dama boba*, v. 1584; *Entremés del Mayorazgo*, v. 274, en *Teatro cómico breve*), entre otros. Ambas son expresiones de uso burlesco en el teatro.

	de cenar con vos, porque	
	no porque vos me hayáis muerto	
	falte yo a la cortesía	275
	y a la obligación que tengo.	
Rana	¿En fin, yo os maté?	
Barbero	¿No es claro?	
Rana	¿Todavía dais en eso?	
	¿Luego ahorcáranme?	
Barbero	¿Pues no?	
	Mañana en amaneciendo.	280
	Sentaos y cená.	
Rana	Sentaos	
	vos y vuestra alma.	
Barbero	No puedo,	
	que no fuera convidado	
	de piedra a doblar el cuerpo.	
	Cenad, cenad, que yo solo	285
	haceros compañía quiero	
	por cumpliros mi palabra,	
	que yo ni como ni bebo.	
Rana	Pues yo sí.	
Barbero	Yo no.	
	Tómale el pastel.	
Rana	¿Vos no?	
	¿Pues qué es eso?	
Barbero	Amigo, esto	290
	no es comer sino probar	
	si es el refrán verdadero	

---

   v. 273 *cenar con vos*: la invitación hace referencia al diálogo que mantuvieron el barbero y Rana entre los versos 143-148, que acaba con un premonitorio «¿Quién cenará ya conmigo?» de Rana después de la solicitud del muerto fingido.

   v. 278 *dais*: «suponer falsamente alguna cosa» (*Aut*, s.v. 'dar').

   v. 289+ *pastel*: ver *Golosos*, v. 28.

	de que cualquiera pastel	
	lo puede comer un muerto.	
RANA	Para este susto bebamos.	295
	Tómale la taza.	
BARBERO	Yo iba a decir lo mesmo.	
	Bebamos para este susto.	
RANA	¿Vos teneisle o yo le tengo?	
BARBERO	Nada tienen mis amigos	
	que yo no tenga.	
RANA	Pues si ello	300
	es verdad, y que lo somos,	
	una cosa sola os ruego	
	que hagáis por mí.	
BARBERO	¿Y es?	
RANA	Resucitar	
	agora por un momento.	
BARBERO	Si este fuera tan buen vino,	305
	que resucitara un muerto	
	yo lo hiciera. A ver, bebamos	
	otra vez…	
RANA	Y aún otras ciento.	
BARBERO	¡Albricias, que ya va el hombre	
	poco a poco reviviendo!	310
RANA	¿Cómo, si es de piedra?	
BARBERO	Como	
	dice aquel docto proverbio	
	que *Lapidem gutta cavat*	
	non vi, sed saepe cadendo.	

---

v. 293 *cualquiera pastel / lo puede comer un muerto*: refrán no encontrado, si es que existe; más bien parece ocurrencia del poeta, con un convidado de piedra que tampoco puede sentarse por su condición de estatua. Es evidente la parodia del *Burlador de Sevilla*, ya que en esta don Gonzalo no come en ningún momento.

v. 298 *teneisle*: el vino.

v. 301 *somos*: amigos, claro.

vv. 313-314 *Lapidem gutta cavat / non vi, sed saepe cadendo*: cita tomada del *Ars Amandi* de Ovidio I, 471-475: 'La gota horada la piedra no por fuerza sino por constancia'.

Rana	Que es decir quien con sed bebe	315
	acaba la bota presto.	
Barbero	¿Hay más?	
Rana	No hay más.	
Barbero	Pues no hay	
	más revivir.	
Rana	Según eso	
	medio ahorcáranme no más,	
	pues solo he mediomuerto.	320
Barbero	No harán tal, y yo me voy	
	a haceros alojamiento.	
	En la otra vida os aguardo.	
Rana	¿A qué parte?	

Salen todos.

Todos	¡Hacia el infierno!	
Rana	Yo pienso que hemos llegado	325
	según se escucha el estruendo.	
Ranilla	Pues alegrémosle un rato	
	todos bailando y tañendo.	

Canta.

	Pague la patente,	
	seor preso nuevo.	330
Rana	Si es patente de ahorcado	
	yo no la debo.	
Ranilla	¿Ve cómo es un tonto,	
	señor Juan Rana,	
	y que Juan Ranilla	335
	lleva la gala?	

---

v. 319 *no más*: 'nada más'.

v. 329 *patente*: «especie de tributo arbitrario que el estudiante novato tenía que pagar a los ya veteranos» (*Léxico*). Quevedo: «Ofrecieron para pagar la patente sus vestidos, haciendo cuenta que era mejor entrarse en la cama por desnudos que por heridos» (*Buscón*, p. 176).

v. 336 *lleva la gala*: «Por aventajarse en algo a otros» (*Correas*); «Merecer el aplauso, atención y estimación de las gentes» (*DRAE*).

ENTREMÉS DE LAS LENGUAS.

De don Jerónimo Cáncer. *

PERSONAS.

Un alcalde gracioso.	Un negro.
Un hombre.	Una irlandesa.
Un italiano.	Un moro.
Un estudiante.	Un francés.
Una gallega.	Un amolador.
Un valenciano.	Uno que adoba sillas.

Sale el gracioso de villano con vara de alcalde.

GRACIOSO   Dichoso es el que camina
si en llegando a la posada
encuentra la mesa puesta
y prevenida la cama.
Las tres ánades cantando   5
vengo buscando una danza;

---

* Texto base: *Floresta de entremeses* (1691).

v. 5 *Las tres ánades cantando*: 'alegremente'. Es frase hecha (*Aut*, s.v. 'Cantar las tres ánades, madre'). Coplilla popular muy citada por la literatura (Frenk, 1987, nº 182A).

v. 6 *danza*: baile con alguna compañía que lo ejecute para las fiestas de su pueblo, como manifiesta más abajo: «regularmente son ocho hombres o mujeres, acompañados de uno u dos que tocan tamboril, gaita, guitarra u otro instrumento» (*Aut*).

	pero se me va por pies,	
	y así no puedo alcanzarla.	
	En aqueste lugarcillo,	
	que no sé cómo se llama,	10
	pienso comprarla si la hay,	
	aunque me cueste muy cara.	

Sale un hombre con una carta.

Hombre	Loado sea Dios.	
Gracioso	Amén.	
Hombre	¿Qué es esto, alcalde honrado?	
	¿Dónde vais por aquí descaminado?	15
Gracioso	A Madrid.	
Hombre	Y decidme, ¿allá qué os lleva?	
Gracioso	Ver si encontrase alguna danza nueva	
	para una fiesta que mi lugar hace.	
	Decid si sabéis della.	
Hombre	Que me place.	
Gracioso	Yo pagarlo prevengo.	20
Hombre	Jesús, lástima os tengo.	
Gracioso	Yo también, por vida mía.	
Hombre	De que perdéis el juicio hoy a porfía	
	o que venís infiero de Bolonia,	
	porque esta no es Madrid, es Babilonia.	25

---

v. 7 *se me va por pies*: de la expresión «irse por pies», 'se me escapa'.

v. 15 *descaminado*: 'desorientado'.

v. 20 *prevengo*: 'pretendo pagar con antelación'.

v. 22 Verso hipermétrico en todos los testimonios consultados (8 s.).

v. 23 *a porfía*: 'con obstinación'.

v. 24 *venís de Bolonia*: 'sois un ignorante'. La expresión proviene de «Bolonio. Equivale a ignorante y es antífrasis tomada de los colegiales y hombres doctos que cursaban en el Colegio que fundó en Bolonia el cardenal Albornoz, que llamaban en España bolonios; y llamándoselo por ironía a algunos indoctos pasó el nombre a significar los hombres sin letras» (*Aut*).

v. 25 *Babilonia*: Madrid como la Babilonia española era censura también en otros textos de la época, burlescos o no. Vélez de Guevara: «que es el lugar más eminente de Madrid [...], te he de enseñar todo lo más notable que a estas horas pasa en esta Babilonia española» (*El diablo cojuelo*, 1988, p. 78). En germanía, «aparece repetidamente en textos con el significado de 'confusión' o 'ruido'» (*Léxico*).

Gracioso	Según andan las cosas no he dudado
	que en Babilonia se haya transformado.
	Triste de mí, mezquino,
	¿que haya podido errar así el camino?
	Pues a Madrid venía 30
	y [ahora] me hallo dentro de Babilonia,
	donde aunque sea fraco de mimoria
	me han de hacer entre lenguas pepitoria.
Hombre	Ea, no hagáis estremos,
	que remedio tenemos 35
	que a vuestro intento acuda.
Gracioso	¿Y es el remedio echarme alguna ayuda?
Hombre	No sino aquesta carta que os entrego.
Gracioso	¿Y con esto tendré la danza luego?
Hombre	En ella está seguro el desempeño 40
	solo con que busquéis quién es el dueño,
	haciéndole leer a voz y en grito,
	a cualquiera que halléis, su sobrescrito.
(*aparte*)	Bien le engaño.
Gracioso	Yo voy bien despachado.
Hombre	Con esto tendréis danza de contado. 45
	Vase.
Gracioso	¡Ay Dios, qué linda treta!
	Si será bueno echarla en la estafeta…
	A este que sale preguntarle quiero.
	Sale el italiano.

---

v. 31 Verso inicialmente hipométrico reconstruido con el adverbio «ahora».

v. 33 *me han de hacer entre lenguas pepitoria*; 'una pepitoria de lenguas', o sea, 'un revuelto de lenguas'. No es frase hecha.

v. 34 *no hagáis estremos*: 'no exageréis'.

v. 37 *ayuda*: también 'lavativa'.

v. 40 *desempeño*: la 'satisfacción de lo que buscáis'.

v. 43 *sobrescrito*: la dirección o el destinatario que se escriben en un sobre.

v. 45 *de contado*: 'al instante, seguro'.

v. 47 *estafeta*: el lugar 'donde llegan los correos' (*Aut*).

v. 48+ *italiano*: parodia de la figura de los banqueros genoveses, tan famosos en aquel tiempo.

ITALIANO	*Qui va a trovar dinaro*	
	ante todo giorno ha de tagiar lo leto,	50
	qui el poltrono mai fache bon efeto.	
GRACIOSO	Yo voy.	
ITALIANO	*Chento por chento*	
	moderata gananchia.	
GRACIOSO	Lindo cuento.	
	¿Sabe usted a quién busco?	
ITALIANO	*¡Oh, bene mio caro!*	55
GRACIOSO	No busco el vino caro,	
	sino una danza, si esto no es pavana.	
ITALIANO	*Yo os la mostraró de bona gana.*	
	Tirate cuesta entrata neta neta,	
	trovaró a cuesta mano la escaleta.	60
GRACIOSO	¿Qué nieta ni qué trova ni qué haca?	
	Esto más me parece que es matraca.	
	¿Sabe usted el dueño deste sobrescrito?	
ITALIANO	*¡Oh, Dio benedito!*	
	Poi far santón follón, ¿qui cosa e cuesta?	65

---

v. 50 *tagiar lo leto*: 'abandonar el lecho' (madrugar). El autor juega con el idioma (italiano macarrónico) con efecto cómico. Verso hipermétrico (12 s.).

v. 51 *poltrono*: 'poltrón, perezoso'. Ver *Francés*, v. 69.

v. 52 *Chento por chento*: la avidez del italiano es recurrente en otras obras de teatro. Es frase adverbial que aparece en *Palabras y acepciones castellanas omitidas en el diccionario académico*, de José M. Aicardo (1906) con el siguiente texto del acto I de *La paloma de Toledo*, de Lope de Vega: «Si oro sale, si entra cobre, / si ganan chento por chento, / si con uno y otro asiento / tienen a su alteza pobre».

v. 57 *pavana*: «Especie de danza española que se ejecuta con mucha gravedad, seriedad y mesura y en que los movimientos son muy pausados, por lo que se le dio este nombre con alusión a los movimientos y ostentación del pavo real. Llámase también así el tañido con que se acompaña esta danza» (*Aut*). Danza señorial (Deleito, 1988, p. 65).

v. 59 *entrata*: en el lenguaje musical, la 'entrada' de la danza o las «entradas de pavana. Modo de hablar con que se moteja a alguno que viene con gran seriedad y misterio a solicitar alguna friolera o cosa sin substancia. Díjose con alusión a la entrada desta danza, que se hace con cuatro pasos muy compuestos y graves» (*Aut*); «neta» podría ser 'limpiamente'; pero también, «la parte o principio donde se entra en alguna calle, lugar, plaza, etc.» (*Aut*).

v. 61 *haca*: alusión a la frase «¿Qué haca morena? Frase jocosa y baja para despreciar alguna cosa que se dice o alguna persona de quien se habla» (*Aut*).

v. 65 *follón*: 'pícaro'.

	Bevere yo la festa.	
	Doña fulana de tal e bagatola,	
	bruta parola. ¡A mí con cantinela!	
	Avanzai avanzai lo meo fratelo,	
	qui a lo manco vos porte in Orbitelo.	70
	Vase.	
Gracioso	No le he entendido palabra;	
	mas adelante pasemos	
	que este estaría borracho.	
	Pero de aquel aposento	
	un estudiantón asoma.	75
	Voy allá.	
	Al irse encuentra al estudiante que sale ridículo.	
Estudiante	*¡Dominus tecum!*	
Gracioso	¿Quién ha estornudado aquí?	
Estudiante	*¿Quid dicus, amico meo?*	
Gracioso	Yo no soy Meco, ni mico.	
Estudiante	*Escolasticus sum ego*	80
	pauper de solemnitate,	
	qui a te limosnam impeto.	
Gracioso	De petos ni de pistolas	
	jamás entendí.	
Estudiante	*Audi precor.*	

---

v. 66 *Bevere yo la festa*: podría ser 'yo soy la fiesta'.

v. 67 *bagatola*: 'bagatela, minucia'.

v. 69 *avanzai*: 'muévase, avance'.

v. 70 *Orbitelo*: 'Orbetello', localidad de la Toscana italiana.

v. 76 *Dominus tecum*: frase del Avemaría: *Ave Maria, gratia plena, Dominus tecum* ('Dios te salve María, llena eres de gracia, el Señor es contigo'). Como se ve a continuación es fórmula que se empleaba en los estornudos, como el actual '¡Jesús!' (Puyol, 1934, pp. 35-38).

v. 79 *Meco*: aparte de la paronomasia, es posible alusión a la leyenda del Meco de O Grove (Galicia), cura déspota con derecho de pernada (siglos xv-xvi). También es población de la provincia de Madrid.

v. 81 *pauper*: 'pobre'.

v. 83 *petos*: en general prendas de vestir que cubrían el pecho; aunque aquí apunta hacia 'armadura del pecho'.

v. 84 *Audi precor*: 'escucha, te lo ruego'. Un diálogo semejante escribe Quiñones de Benavente para *El retablo de las maravillas*, de donde Cáncer pudo tomar el ejemplo: «Sacristán. *Parce*

Gracioso	Vos sois el puerco; y, por Dios, si me enfado, ¿qué es aquesto?	85
Estudiante	*Mortuus palouminus.*	
Gracioso	Bien. ¿Palominos tenéis muertos? Pues vámoslos a comer.	
Estudiante	*Comisa me pabe feo.*	90
Gracioso	Eso de ser de camisa para vos será el provecho, que para el que os acompañe es malo. Decidme, os ruego, dónde vive.	
Estudiante	*Tace, tace.*	95
Gracioso	Eso de la taza es bueno.	
Estudiante	*Ambula statim, amice.*	
	Vase.	
Gracioso	¿Qué mula ni qué jumento? ¡Dios mío! Con estas cosas perderé el entendimiento. Una mujer allí sale que estaba el portal barriendo. A ella quiero preguntarlo.	100
	Sale la gallega con una escoba.	
Gallega	«Asenteme no formigueiro, do ademo el asentadeiro».	105

---

mihi. Alcalde. ¿qué parche ni qué mico? / Sacristán. *Audi precor.* / Alcalde. Vois solo sois el puerco» (vv. 58-60, *Jocoseria*).

v. 90 *Comisa me pabe feo*: parece corrupción de «*Commissa mea pavesco, et ante te erubesco*», palabras del oficio de difuntos: 'Mis pecados me llenan de temor, y delante de Vos cubierto estoy de vergüenza y confusión'.

v. 91 *de camisa*: no se ha podido ajustar el significado de estos versos. Si es una alusión a la prenda de vestir, es como decir que va desnudo por la calle; pero si lo es al juego de naipes, indica 'ganancias' («provecho»).

v. 95 *Tace, tace*: 'calle, calle'.

v. 97 *Ambula statim, amice*: 'Camine enseguida, amigo'.

vv. 104-105 *Asenteme no formigueiro, / do ademo el asentadeiro*: versos que parecen formar parte de una canción popular gallega, como nos recuerda *La gallega Mari Hernández*, de Tirso de

(representa)	*Si as hóspedes non chamo,*	
	non saldrán. ¡Ah, cabaleiros!	
	Mirad que escrarece o dia.	
Gracioso	¡Qué es aquesto, santos cielos!	
	Esta es gallega, sin duda.	110
	¿Sabe usted si hay aquí negros?	
Gallega	Y aun *brancos* también, pues hay	
	para todo alojamiento.	
	Teim camas como una neve,	
	minos cuartos como espejos.	115
	Vinde, amigo e lo sabréis,	
	sempre cantando e decendo:	
(canta)	*Asenteme no formigueiro,*	
	do ademo el asentadeiro.	
	Vase.	
Gracioso	Pues no sería muy mala	120
	una danza de gallegos	
	si todos fueran como esta,	
	porque danzando y diciendo:	
(canta y baila)	*Asenteme no formigueiro,*	
	do ademo el asentadeiro.	125
	Todos hablan en sus lenguas,	
	señores. ¡Si acaso es cierto	
	que estoy en Babilonia!	
	Sale un valenciano.	
Valenciano	*Mol bon dia os done Deu.*	
Gracioso	Otro que bien baila, pues.	130
	Sabrame usted…	

Molina: «Ay, miña may, pasaime no río / que se levâo as agoas os lirios, / asenteime em um formigueiro / docho ao demo lo asentadeiro» (vv. 1153-1156). Existe correspondencia en castellano: «Senteme en un hormiguero; ¡oh qué mal sentadero!» (*Correas*). Aquí la gallega canta mientras barre para, a continuación, representar. El 104 es verso hipermétrico (8 s.).

vv. 114-115 *Teim camas como una neve, / minos cuartos como espejos*: es decir, 'camas limpias como la nieve y cuartos relucientes como los espejos'.

VALENCIANO ¡*Por la creu
cuberta del Rumartí!
Que si tire el meu macheto
de Chelva, os donará
un bon chiro por lo chesto,*   135
*per belitre e brut. ¡Anau
al diable, bochí!*

   Vase.

GRACIOSO ¿Qué es esto?
Para mí es aquesta lengua
como si me hablara en negro.

   Sale el negro corriendo con el gracioso.

NEGRO ¿*Neglo* dijo *vozancé*?   140
Si viene buscando *neglo*
que molamo chocolate,
aquí *za turo.* Aderezo
harina de maíz, *billota*,
almendra, *almilón tenemo*,   145
y pala que haga *glaza*.
Le echamo tierra de *muelto*.
Espelaré que yan salgo.

   Vase.

---

vv. 130-131 *Por la creu / cuberta del Rumartí*: '¡Por la Creu / cubierta del rey Martí!', así como aparece en la mojiganga *Las lenguas* de Calderón (vv. 190-191, *Mojiganga dramática*). Especie de juramento no encontrado. Es posible la alusión a alguna señal de la cruz en el atuendo del «rey Martí», quizás, Martín I de Aragón, llamado también Martín el Humano (1356-1410); pero también la 'Creu coberta' es una cruz de término en el antiguo camino real de Játiva. Dada la dificultad en encontrar relación entre ambas figuras en los documentos consultados (Villanueva, 2012, pp. 12-14), parece mejor la primera opción.

v. 133 *macheto de Chelva*: ¿machete, espada corta? originario de la población de Chelva, en la comunidad valenciana.

v. 135 *un bon chiro por lo chesto*: parece 'una buena marca (*chiro, chirlo, giro*) en la cara (*chesto, gesto*); «giro se toma también por herida en la cara o chirlo» (*Aut*).

v. 136 *belitre e brut*: 'ruin y sucio'.

v. 137 *bochí*: botxí, 'verdugo', en catalán.

v. 140 *vozancé*: 'usted'.

v. 143 *aquí za turo*: 'aquí hay uno'. «Aderezo» es 'preparo'.

v. 146 *glaza*: 'brasa'.

Gracioso	¡A Irlanda fuera primero antes que esperar aquí!	150

Sale la irlandesa con un niño de la mano.

Irlandesa	¿A Irlanda? Holgar de saberlo. Ser Irlanda, fa morir marito, querer dar vuelta al patrio, no hallar compaña. Si vos ir, en vos sirviendo, voy por mis siete fillolos, no sentir faltar dinero. Si pedir por el camino queréis, aprended diciendo:	155
(canta)	Si yo me voy a Irlanda en compaña de tú, nos donará su gracia la sopa de Chesú. ¡Lanturulú, lanturulú, lanturulú, lanturulú!	160 165
Gracioso *(canta)*	Para buscar la danza me fuera yo a Tolú,	

---

v. 152 *Ser Irlanda*: 'ser irlandesa'.

v. 153 *querer dar vuelta al patrio*: la irlandesa, viuda, quiere volver a su patria pero no encuentra compañía.

vv. 160-163 Variante de un estribillo de una canción popular, que sustituye Francia por Irlanda, muy común en otras obras de teatro. Calderón: «Si yo me vach en Fransa / la sopa de Iesú, / si yo me vach en Fransa / no tornaré ma piú» (*La franchota*, vv. 59-62. *Entremeses, jácaras y mojigangas*). Con ligeras variantes en *Los mal casados de Valencia*, de Guillén de Castro (p. 222). Quiñones de Benavente: «¡Viva la Gavasa, / la sopa de Chesú! / Si ma tornato a Francha / no volveremo a piú» (*La verdad*, vv. 112-115. *Jocoseria*).

v. 164 *Lanturulú*: expresiones de este tipo eran habituales en los estribillos de los bailes (Moreto, final de *El aguador*). Pero como se aprecia en *La franchota*, de Calderón, es un baile: «ALCALDE. ¿Qué más tenéis que hacer en esta villa? / FRANCHOTA. El *lantururú*. ALCALDE. ¿Qué es esto, tarabailla? / FRANCHOTA. Si no me avite entiso / el lantururú es aquiso (*Canta y baila*)» (vv. 132-135, *Entremeses, jácaras y mojigangas*). Cotarelo también lo registra como un tipo de baile, aunque sin muchas explicaciones (1911, p. CCXII). Hay una pieza anónima con el título *Baile de Lanturulú* que aparece en *Arcadia de entremeses*, 1691, pp. 150-153. Modernamente ha sido editada y estudiada por Olmedo Bernal, quien la atribuye a Alonso de Olmedo (2013, pp. 241-247).

v. 167 *Tolú*: posible alusión a la próspera villa caribeña de Tolú (Colombia), cerca de Cartagena, y muy conocida por su bálsamo curativo, al que aluden numerosas obras.

	que allá no me faltara	
	la sopa de Chesú.	
ÉL Y ELLA	¡Lanturulú, lanturulú,	170
	lanturulú, lanturulú!	
	Vase.	
GRACIOSO	A ti y tus siete fillolos	
	llevara antes Bercebú,	
	que yo contigo buscara	
	la sopa de Jesú.	175
(canta)	¡Lanturulú, lanturulú,	
	lanturulú, lanturulú!	
	El demonio me engañó,	
	pero ya por no ver esto	
	fuera a Argel de buena gana	180
	Sale un moro.	
MORO	¿Argel? Pues, lievar el pliego	
	Hametilio del rescate,	
	que esperando lo correo	
	ya tener escritas cuatro.	
	Voy por elias.	
GRACIOSO	Esto es hecho.	185
	Hasta Turquía he llegado	
	y hallar la danza no puedo.	
MORO	Aguarda aquí, cristianilio,	
	que darle alcuzcuz pretendo.	
	Vase.	

---

v. 169 *la sopa de Chesú*: como una sopa de convento o de caridad.

v. 180 *Argel*: conocido lugar de cautiverio.

vv. 181-185 Estrofa del rescate del moro Hametilio, tal como aparece en la mojiganga *Las lenguas*, de Calderón: 'el moro Hametilio está esperando el pliego del rescate que ya había pedido por escrito a sus cuatro esposas' (vv. 238-245, en *La mojiganga dramática*, ed. Buezo).

v. 182 *Hametilio*: o Hametillo, nombre usual de moro en el teatro breve (Buezo, 2005, p. 151). Al estilo del Hamete de Cervantes.

v. 188 *cristianilio*: 'cristinanillo'. El término podía ser un insulto, ya que cristianillo es «el cristiano nuevo recién bautizado, siendo ya de edad» (*Aut*); «Puerco fresco y vino nuevo, cristianillo al cementerio» (*Correas*).

v. 189 *alcuzcuz*: 'cuscús' («grano de pasta de harina cruda»), típica comida árabe.

GRACIOSO	El alma tengo pendiente	190
	de un…	

Sale un francés con caja y vara.

FRANCÉS	¡Hilo de Flandes, Ruán,	
	Holanda!, etc.	
GRACIOSO	¿Qué espero?	
	Ya solo para matarme	
	falta.	

Sale un amolador con su carretón.

AMOLADOR	¡Amolar tijeros	
	e cuchillos!	
GRACIOSO	¡Ay Dios mío!	195
	Cierto es que me voy cayendo	
	de mi estado.	

Sale un sillero y dale al gracioso un golpe, y cae.

SILLERO	¡Adobar sillas!	
GRACIOSO	Ya yo no tengo remedio.	
	¿No hay nadie que me secorra?	
	¡Muerto soy!	
SALEN TODOS	¿Qué ha sido esto?	200
GRACIOSO	Yo os lo diré brevemente.	
	Hacerme perder el seso	

---

v. 190+ *francés*: conocidos vendedores ambulantes frecuentes en los entremeses (Cotarelo, 1911, p. CL). En el *Baile famoso del Hilo de Flandes*, de Lanini Sagredo, el protagonista es un pregonero francés que vende también hilo de Flandes (*Ociosidad entretenida*, 1668, fols. 34-36). La «caja y vara» alusiva es de medir telas, uno de sus varios oficios.

v. 191 *¡Hilo de Flandes, Ruán, Holanda!*: era el reclamo que empleaban estos conocidos vendedores callejeros.

v. 194 *¡Amolar tijeros e cuchillos!*: el reclamo característico de los amoladores. Así, en *El amolador* de Quiñones de Benavente (v. 41. *Entremeses nuevos*); y en el final de *El Aguador*, de Moreto, mucho más explícito: «Salen dos gabachos de los que tocan rabel por la calle, y con ellos uno con dos cántaros, otro con caja de hilo de Flandes, otro con randas y otro con carretón de amolar tijeras y cuchillos, y bailan» (acotación, v. 256+. *Loas, entremeses y bailes*).

v. 197 *me voy cayendo de mi estado*: 'me voy confundiendo', pero como se verá a continuación, también 'perder el equilibrio'.

	Babilonia de poquito, o matarme, que es lo mesmo.	
Todos	¿Pues qué buscáis?	
Gracioso	Una danza para mi tierra, y pues viendo la estoy en todos vosotros, daréis a mí mal remedio. Si queréis venir conmigo hoy desde aquí…	205
Todos	¡Sí queremos!	210
Gracioso	Pues veamos si es que sabéis bailar, porque no lo erremos; y comience la gallega.	
Gallega	Bailaré, que sea contento. Toca, Gil, lo que convenga porque bailemos *galegos* repitiendo *a cantina* de *Asenteme no formigueiro*.	215
	Todos con ella.	
Todos	Y pues por serviros se hace diligencia en todos reinos, de buscar con qué agradaros, no lo asentéis en silencio. *Asenteme no formigueiro, docho a demo asentadeiro.*	220
Gracioso	Y volved a repetir otra vez con los gallegos: *Asenteme no formigueiro, docho a demo asentadeiro.*	225

---

   v. 203 *Babilonia*: el carnaval de personajes que han ido apareciendo. Además de recordar la frase «Es una Babilonia; era una Babilonia. Por cosa de gran confusión» (*Correas*). Ver v. 25.
   v. 206-207 *y pues viendo / la estoy*: en realidad, 'y pues viéndola estoy', hiato por cuestiones métricas.
   v. 214 *sea*: 'esté'. Ver *Paga*, v. 111.
   v. 222 *asentéis*: 'hagáis'.

ENTREMÉS
DEL LIBRO DE QUÉ QUIERES, BOCA.

DE CÁNCER

PERSONAS QUE HABLAN EN ÉL.

Maridura. *Mariblanda.**
Un alcalde. *Un escribano.*
Dos mozos. *Músicos.*

Sale Maridura y Mariblanda.

BLANDA ¿Señora Maridura?

DURA   ¿Qué me manda,
señora Mariblanda?

BLANDA Vizcaíno está el tiempo.

DURA   ¿En qué?

BLANDA   En lo corto.

---

* Texto base: *Autos sacramentales y al Nacimiento de Cristo* (1675).

* *Maridura, Mariblanda*: se ha optado por juntar los dos componentes del nombre, que se encuentran por separado en los impresos. Aunque no es exactamente este caso, la unión del nombre 'Mari' más nombre común es rasgo del teatro benaventino: Mariembeleco, Mariflores, Marisabidilla… (Madroñal, 2004, p. 78).

v. 3 *tiempo*: no es referencia al clima sino a la época o coyuntura económica en que viven los personajes. Que esté «corto como los vizcaínos» es alusión a un tópico muy extendido en la literatura de la época sobre la rudeza, cortedad o brutalidad de estos habitantes (Herrero García, 1966, pp. 249-274). Dilogía por 'escaso de bienes'.

Dura	También está gallego en lo pobrete,	
	olla sin añadir en lo apurado	5
	y autor de la comedia en lo acabado.	
Blanda	Miren cuál está el tiempo que, sin soga,	
	siendo él el apretado, nos ahoga.	
Dura	Esto de no tener va tan de veras,	
	que ya no usan los hombres faltriqueras.	10
Blanda	Como ha tanto que no hay qué echar en ellas,	
	los sastres socarrones	
	las echan sobre sano en los calzones.	
Dura	¿Dónde traen los pañuelos?	
Blanda	En las mangas,	
	que, como es vicio ya el subirse todo,	15
	cuando más los bolsillos no han podido,	
	desde el muslo hasta el brazo se han subido.	
Dura	Más subidos están gallos y pollos,	
	que un rústico patán con mano basta	
	los solía sacar de una canasta	20
	para vendellos; y hoy, por más alteza,	
	los traen las damas sobre su cabeza,	
	que se usa en el tocado; y por usallo	
	no hay mujer que no traiga pollo o gallo.	

---

v. 4 *gallego en lo pobrete*: otro tópico de la literatura áurea. Ver *Paga*, v. 101. Insistencia en lo económico o en lo «de no tener», como expresan más abajo.

v. 6 *autor de la comedia*: el responsable de la situación; o 'víctima de la miseria y de las dificultades' («lo acabado»).

v. 7 *cuál*: 'cómo'.

v. 10 *faltriqueras*: 'bolsillos exteriores'.

v. 12 *sastres socarrones*: la mala fama de los sastres era recurrente en la literatura y en la época. Los delitos de los que más se les acusaban eran de ladrones y mentirosos. Quevedo: «¿Pues sastres? ¿A quién no matarán las mentiras y largas de los sastres, y los hurtos?» (*Sueños*, p. 335).

v. 13 *sobre sano*: 'pegado', 'sobre el tejido sin romper'. Mateo Alemán: «y en los vestidos echa remiendos, aunque sea sobre sano, y de color diferente, que importa mucho ver a un pobre más remendado que limpio, pero no asqueroso» (*Guzmán de Alfarache*, p. 374).

v. 16 *bolsillos*: entiéndase, 'como los bolsillos, el dinero no sube, al menos sí lo pueden hacer los pañuelos: desde la faltriquera hasta la manga'; «cuando más» puede interpretarse por 'ya que'. En estos versos y en los siguientes hay una ridiculización de las modas masculinas y femeninas.

v. 24 *pollo o gallo*: alusión a la moda femenina de las pelucas, signo de distinción social, pero también de crítica o quizás, 'plumaje', característico de las damas de alta alcurnia.

Blanda	¿Pollo y gallo? Notables invenciones.	25
	Otro día querrán traer capones.	
Dura	No fuera lo peor, ya que lo apuras,	
	que en efeto son aves más seguras.	
Blanda	¿Y es mejor lo que usan los galanes?	
	¿Tantos agigotados tafetanes,	30
	manga, valón, por cuyas cuchilladas	
	traen las del jubón siempre asomadas?	
Dura	Desdichados vestidos,	
	antes hechos pedazos que cosidos.	
Blanda	En este tiempo vano,	35
	dizque es gala romper lo que está sano.	
Dura	Pues lleguen a un mancebo destos talles	
	a pedille dos reales,	
	a pérdida o ganancia.	
Blanda	Esos, amiga, son pueblos en Francia,	40
	porque responden luego	
	que se ha hecho el dinero invisible	
	y nadie está obligado a lo imposible.	
Dura	Por eso bien que yo nunca les pido.	
Blanda	¿Pues qué haces?	
Dura	Los agarro buenamente.	45
Blanda	¿Cómo?	
Dura	¡Válgate Dios por inocente!	
	A una tienda me llego	
	y doile dos pellizcos a un talego;	
	a donde, si el tendero es descuidado,	
	le pongo lo que topo a buen recado.	50

---

    v. 30 *agigotados*: 'despedazados' (s.v. 'hacer gigote alguna cosa'). Ver v. 34.
    v. 31 *cuchilladas*: aberturas en las mangas por las que se podía ver la ropa interior, el jubón; el «valón» era una especie de 'calzón ancho hasta las rodillas'.
    v. 32 *jubón*: era un vestido masculino de medio cuerpo, ajustado, en este caso con mangas.
    v. 36 *es gala romper*: además del sentido literal, manipulación de la frase «rompe galas. Apodo irónico con que se nota al que anda mal vestido» (*Aut*).
    v. 40 *son pueblos en Francia*: «cosa no cierta y no conocida» (*Correas*).
    v. 41 *luego*: 'enseguida'.

	Y si hace lodos porque limpio venda,	
	le arremango las piezas de la tienda.	
	Pero en las apreturas que me veo,	
	joyas atufo y mantos redondeo.	
	Y si alguno me coge en ratonera,	55
	duro tanto en negar que desespera	
	el que el delito averiguar procura.	
	Y por eso me llaman Maridura.	
Blanda	De lo que has dicho arguyo	
	que este mi oficio se parece al tuyo.	60
	Entro a servir alguna viuda rica,	
	y si a fregar la plata sola quedo	
	la procuro limpiar lo más que puedo,	
	dejándola tan bella	
	que hasta mi ama queda limpia de ella.	65
	Luego salgo a barrer, mas de manera	
	que de la casa soy red barredera.	
	Desolillo también –esto te alabo–,	
	porque aun para colgar no dejo un clavo.	
	Si sospechan de mí o alguien me siente,	70
	no doy voces, mas lloro tiernamente.	
	Digo que quiero irme y, condolida	
	mi ama, contemplándome afligida,	
	en lugar de reñir, quedar me manda.	
	Y por eso me llaman Mariblanda.	75

---

v. 51 *lodos*: 'barro, suciedad', por el mal tiempo.

v. 52 *arremango*: 'arremangar' tiene aquí dos significados: el de recoger las piezas para que no se ensucien y el de robar, muy característico este de la poesía satírica. Como se verá, el concepto de 'limpieza' va unido al de 'hurto'.

v. 54 *atufo*: parece indicar 'sustraer sin rubor' ('atufarse' es enojarse sin motivo). Ahora bien, si fuera «afufo» (el único testimonio no deja dudas en cuanto a la grafía), el significado sería 'huyo', es decir, 'robo', lo que parece lección más correcta; «redondeo» es 'completo con satisfacción'.

v. 55 *coge en ratonera*: 'si me atrapa'.

v. 67 *red barredera*: nueva dilogía por 'limpieza' y 'hurto', ya que la «red barredera» era una red para pescar: «Díjose así porque barre el río, llevándose cuanto encuentra» (*Aut*).

v. 68 *Desolillo*: parece presente de 'desolillar', forma no encontrada con el sentido de 'limpieza', aunque se emparenta con desolar ('arruinar') o desollar (metafóricamente, 'robar').

v. 69 *para colgar no dejo un clavo*: manipulación de «Sin dejar clavo en pared. Expresión exagerativa de haber quitado o robado cuanto había en una casa u de haberse llevado y transportado cuanto tenía, hasta la cosa más menuda» (*Aut*).

Dura	En efeto, las dos, aunque lo abona[s],
	hablando con perdón, somos ladronas.
	Y en este pueblo que hoy hemos llegado,
	hemos de hacer un hurto seña[la]do,
	si me ayudas.
Blanda	Seré tu monaguillo, 80
	de suerte que a este pueblo cuitadillo
	no le salgan las huéspedas de balde.
Dura	Retírate, que viene aquí el alcalde.

Retíranse y sale el alcalde muy enojado.

Alcalde	¡Sal aquí, carnicero, si eres hombre!
	Gestas carnal y aqueste sea tu nombre. 85
	Sal aquí, carnicero, cosa y cosa,
	que siendo gordo con tan gran exceso,
	eres el hombre de más poco peso.
	Carnicero Nerón que, duro y fiero,
	en cada pesa que echas al carnero, 90
	hablando en jerigonza,
	pones un tigre y quitas una onza.

Sale el escribano.

Escribano	¿Qué es esto, alcalde?
Alcalde	Dije al carnicero
	que vendiese el pellejo del carnero
	y no me diese enojo, 95
	pues también se contaban por despojo;
	y al que vientre o cabeza

---

v. 76 *lo abona[s]*: 'lo das por hecho'. Se restituye la 's' de abonas por la rima de «ladronas».

v. 79 *señalado*: «señado» en el testimonio; errata evidente.

v. 81 *cuitadillo*: «se dice regularmente de los que son más débiles y flacos para resistir el trabajo que padecen» (*Aut*).

v. 85 *Gestas carnal*: alusión a Gestas, el mal ladrón; por tanto, 'ladrón de carne'.

v. 86 *cosa y cosa*: fórmula empleada para introducir adivinanzas: «¿Qué es cosa y cosa?». Benavente: «¿Qué es cosa y cosa, / que pasa por el agua y no se moja?» (*Las dueñas*, vv. 122-123, *Jocoseria*).

v. 89 *Nerón*: proverbial era la fama de cruel del emperador romano; «Es un Nerón; era un Nerón. Así llaman al muy cruel» (*Correas*).

v. 92 *onza*: aparte de la medida de peso (28,7 gramos), alusión al nombre que recibía un animal parecido al leopardo. Acusación de ladrón.

	o asadura llevase, ocho onzas de pellejo le pesase, que no sería exceso llevasen media libra en contrapeso. Respondió que era un tonto. Fuile a dar con la vara, él se atraviesa y tírame una pesa. Vuélvosela a tirar lleno de enojo, y aciértole en un ojo.	100 105
Escribano	¡Qué grande desconcierto! ¿Y sacástele el ojo?	
Alcalde	No, por cierto. Antes, con el encuentro, se le metí tres dedos más adentro.	110
Escribano	Pues tontazo, ¿los pellejos le mandastes que vendiese?	
Alcalde	Qué bien los dos lo entienden. ¿Son estos los primeros que se venden?	
	Salen dos mozos con un talego.	
Escribano	Deja desas quimeras porque espera vuestra audiencia la gente.	
Alcalde	Salga fuera.	115
	Sale un preso.	
Preso 1	Señor, los dos estamos ejecutados desde ayer por cuantía de cien ducados, y hacemos paga real.	

---

v. 99 *ocho onzas*: 229,6 gramos, o sea, un cuarto de kilo, aproximadamente.

v. 101 *media libra*: medida similar a las ocho onzas. Una libra equivale a 460 gramos.

v. 109 *encuentro*: «El golpe que se da encontrando con alguna cosa» (*Aut*).

v. 111 *pellejos*: posiblemente, 'botas de vino'; «mandastes» es antigua forma etimológica de segunda persona (latín *-stis*), no vulgar, todavía vigente en los siglos xvi y xvii. Ver v. 239.

v. 116 Verso hipermétrico (12 s.) en el único testimonio; «ejecutados» es lo mismo que 'condenados'.

v. 117 *ducados*: «Moneda imaginaria equivalente a 11 reales de vellón, aumentada en una mitad más por la pragmática de febrero de 1680» (*DRAE*). Moneda de cambio, no acuñada.

v. 118 *paga real*: paga 'seria, real a real', 'de a real' o incluso, como dice el alcalde, 'de un real'. El real era una moneda inferior al ducado.

ALCALDE	Aquestos mozos echen al punto en sendos calabozos.	
PRESO 2	¿Por qué, señor?	
ALCALDE	¡Picaños, malmirados! ¿Paga de a real debiendo cien ducados? No soy juez si en un palo no los pongo ¡Escribano!	120
ESCRIBANO	Señor.	
ALCALDE	¡Papaos ese hongo! ¡Cien ducados debían y con solo un real pagar querían!	125
ESCRIBANO	No seáis majadero, que allí traen el dinero y hacen paga real de todo junto.	
ALCALDE	Llamen la parte y vuelvan aquí al punto.	
ESCRIBANO	Los tres le llamaremos. Vamos de aquí que luego volveremos.	130

Vanse los tres.

ALCALDE	Ojo a los cien ducados, no se les pegue un par de ejecutados que, sin saber de qué arte, hagan paga real en otra parte.	135

Llegan las dos y cógenle en medio.

BLANDA	Dios le dé al señor alcalde, sin que le cueste una ardite, confitura de alquebrite

---

v. 120 *picaños, malmirados*: picaño es «pícaro, holgazán, andrajoso y de poca vergüenza» (*Aut*) y «malmirados» es 'maleducados'.

v. 122 *palo*: instrumentos de madera para la tormento: horca o garrote.

v. 123 *¡Papaos ese hongo!*: exclamación del tipo 'pápate esa' o 'qué poca vergüenza!, «hongo» es el efecto risible de la rima con «pongo».

v. 129 *la parte*: 'los presos', es decir, estos deben salir de escena para luego volver. Ver v. 217.

v. 133 *ejecutados*: 'deudores, morosos, truhanes'.

v. 137 *una ardite*: 'moneda de poco valor'. Era voz masculina.

v. 138 *alquebrite*: lo mismo que 'alcrebite, azufre'. Voz árabe.

           y natillas de albayalde,
           que de balde   140
           dos mozas le cantarán
           para quitarle de pena.

            Canta Dura.

DURA   Ya está metido en la trena
           tu querido Escarramán.

            Baila el alcalde con ellas.

ALCALDE   ¡Jesús! ¿Quién es esta gente?   145
DURA   Suegra y nuera de Amurates,
           y somos dos disparates,
           como coplas de repente.
           Por inocente
           te habemos de dar carena.   150

            Canta Blanda.

BLANDA   ¡Ay, cómo gime!

---

    v. 139 *albayalde*: afeite, compuesto de plomo, para blanquear la cara: «es un género de polvo o pastilla blanca con que las mujeres suelen aderezar sus rostros» (*Cov*).

    vv. 143-144 *Ya está metido en la trena / tu querido Escarramán*: conocida jácara de Quevedo (*POC* 849); «trena» es cárcel y Escarramán uno de los más famosos jaques de la época, en sí casi un género, como ha estudiado Elena de Pinto en *La tradición escarramanesca en el teatro del Siglo de Oro*, con inclusión de varios textos. Personaje muy conocido del público del corral, por sus continuas apariciones, como en el *Entremés del rufián viudo llamado Trampagos*, de Cervantes.

    v. 146 *Amurates*: traducción de 'Murat', nombre propio de varios sultanes turcos. Uno de ellos, el gran turco, es personaje de *La gran sultana* de Cervantes. Lope de Vega, *La Arcadia*: «Y al gran conquistador del fuerte Epiro, / Amurates soberbio y animoso» (f. 255v, *Arcadia, prosas y versos*, 1612).

    v. 148 *coplas de repente*: 'improvisadas'. Era un concepto que se aplicaba sobre todo en las academias poéticas, que tan bien conocía Cáncer. Los 'repentistas' eran los improvisadores, no solo de poemas sino también de entremeses. Vélez de Guevara: «Sal aquí, viejecillo impertinente, / más desigual que copla de repente» (*Los atarantados*, vv. 1-2, *Teatro breve*). Rodrigo de Herrera: «A tus pies, más forzado que obediente, / me tienes, como copla de repente» (*Castigar por defender*, vv. 1234-1235, *Comedias burlescas* III). Pantaleón de Ribera: *Escribiendo de repente a una dama* (*Poesía satírica y burlesca*).

    v. 150 *dar carena*: «dar que padecer y ejercitarse en obras de penitencia» (*Aut*).

    vv. 151-153 *¡Ay, cómo gime! / ¡Mas ay, cómo suena / el remo a que nos condena!*: estos versos más la continuación de Dura (vv. 155-156) son una adaptación de un estribillo tradicional que recoge Góngora en un romance lírico amoroso, completo: «¡Ay, cómo gime, mas ay, cómo suena! / Gime y suena / el remo a que nos condena / el niño Amor: / clarín que rompe el albor / no suena mejor» («Contando estaban sus rayos», *Romances*, 70, ed. A. Carreira). Se puede consultar

	¡Mas ay, cómo suena el remo a que nos condena!	
	Danle.	
ALCALDE	¡Jesús, y qué gran dolor!	
	Canta Dura.	
DURA	Clarín que rompe al albor no suena mejor.	155
	Baila con ellas.	
ALCALDE	Esta gente me procura.	
BLANDA	Comprad, alcalde, a una dama este libro que se llama *Libro de qué quieres, boca.* Quien le lee y quien le toca luego comerá a millares pavos, perdices a pares.	160
ALCALDE	Venga, que todos leeremos.	
	Canta Dura.	
DURA	¡Cómo retumban los remos, madre, en las olas	165

---

la edición de Carreira para la transmisión de este estribillo (*Romances* II, p. 307). Ver también, Frenk, 1987, nº 496.

v. 153 *remo*: en este contexto, además del estribillo de Góngora, es alusión al golpe que le dan con un palo al alcalde y a la pena de remar en galeras.

vv. 155-156 *Clarín que rompe al albor / no suena mejor*: este fragmento del estribillo tradicional reaparece también en otros autores como Calderón, en *La vida es sueño*, vv. 1218-1219 o completo en *En esta vida todo es verdad y todo mentira* del mismo autor (2ª jornada, ed. Jorge Keil, 1827, p. 590). Es continuación de los vv. 151-153.

v. 157 *me procura*: 'me solicita'.

v. 160 *Libro de qué quieres, boca*: era también expresión conocida. Cubillo de Aragón la recogió en *Las muñecas de Marcela*: «¡Oh, casa, que me provoca / a decir en conclusión, / que eres en esta ocasión / libro de qué quieres, boca!» (vv. 545-548, ed. Valbuena Prat). «Qué quieres, boca» como frase hecha abunda en numerosos textos de la época (*Lazarillo*, Cervantes, Alemán, Lope de Vega…): «Al que se quiere contentar» (*Correas*). No encontrado, sin embargo, en el corpus de M. Frenk.

v. 162 *luego*: 'al momento'.

vv. 165-166 *¡Cómo retumban los remos, / madre, en las olas*: «¡Cómo retumban los remos, / madre, en el agua, / con el fresco viento / de la mañana!» (Frenk, 1987, 2349A-2349B), cancioncilla popular que recoge Lope de Vega en *Las flores de don Juan y rico y pobre trocados* (jornada I,

                    con el libro llamado
                    Qué quieres, boca!

                    Baila con ellas.

ALCALDE   ¿Y qué contiene este libro?

DURA   Cuanto pidiere el deseo   170
                    de comidas y bebidas.

ALCALDE   Si un capítulo no leo,
                    no lo creo.

BLANDA   Pues leed.

ALCALDE   De vino es este primero.

(lee)   Vino de seis mil maneras.   175
                    Venga vino. Vino es esto.

                    Pónenle por detrás una limeta de vino en un hombro.
                    ¿Hay libro tan bien mandado? Otro capítulo leo.

(lee)   Este es de pan. Venga pan.

                    Pónenle un panecillo en el otro hombro.

                    Pan a estotro lado tengo.   180
                    En mí dio de pan y vino.
                    Parezco ofrenda de entierro.
                    Bendito tal libro sea.
                    Muchachas, ¿cuánto es su precio?

BLANDA   Cien ducados.

ALCALDE   ¿Cien ducados?   185
                    (Conocido me han el resto).

---

fol. 170r, *Docena parte*), y que posiblemente tomó del *Cancionero musical de Turín*, manuscrito de obras polifónicas españolas de finales del siglo XVI, donde aparece en el lugar 15. M. Frenk recoge en su *Corpus* varios testimonios más. Cáncer la vuelve a emplear en el baile *La fábula de Orfeo* en la misma colección donde se publicó este entremés, *Autos sacramentales y al nacimiento de Cristo*, 1675, p. 211.

    v. 176+ *limeta*: 'vasija sin asa de cuello largo'.

    v. 177 *mandado*: 'obediente'.

    v. 182 *ofrenda de entierro*: era costumbre habitual en los entierros ofrendar pan, vino y cera a la parroquia por un tiempo determinado, entre otras disposiciones, y así se especificaba muchas veces en los testamentos (Domínguez Ortiz, 1992, pp. 56-57).

    v. 186 *el resto*: alusión a los cien ducados que debían los presos. En los juegos de naipes es la cantidad que separaba el jugador para poder seguir apostando.

	Tomaldos, que bien contados	
	están en aquel talego.	
	Y si su dueño viniere,	
	¿hay más que dalle a su dueño	190
	pavos, capones, gallinas	
	y faisanes como heno	
	que, según lo que ahora valen,	
	podré doblar el dinero?	
Dura	¡Adiós, alcalde de pro!	195
Blanda	¡Adiós, alcalde mostrenco!	
	Vanse con el dinero.	
Alcalde	¡Qué contentas van! Mas yo	
	a mi buen libro me atengo.	
	Ahora bien, ya estamos solos,	
	señor libro, merendemos.	200
	Va ojeando y pasando el libro.	
	Capítulo de empanadas,	
	de pichones, de conejos	
	–la boca se me hace agua–,	
	de tordadas, de buñuelos.	
	No puedo pasar de aquí.	205
	¿Qué pediré de todo esto?	
	Pido un menudo de vaca.	
	Maldita sea lengua y cuerpo	
	que tal pide donde hay	
	sopas doradas, rellenos	210
	y tanta volatería.	
	¡Juro a Dios que soy un puerco!	
	Ahora bien, yo pido gansos.	
	Echa la mano para alcanzarlos.	
	¡Gansos, gansos! No los veo.	
	¡Sean capones!	

---

v. 207 *menudo de vaca*: «vientre, manos y sangre de las reses que se matan» (*Aut*).

v. 210 *sopas doradas*: «La que se hace tostando el pan en rebanadas, a las que se le echa el caldo más sustancioso de la olla y una porción de azúcar y chochos de granada» (*Aut*). El relleno «es cierto guiso de carne picada, huevos y otros ingredientes; y después se echa en una tripa muy limpia pepino o calabaza redonda u otras cosas semejantes» (*Aut*).

Salen los mozos y el escribano.

Escribano	¡Alcalde!	215
Alcalde	¡Pavos, pavos!	
Escribano	¿Qué es aquesto? Mirad, que está aquí la parte, que viene por su dinero.	
Alcalde	¡Palominos, palominos! ¿No vienen o leo muy quedo? ¿O como es cosa de pluma se han volado?	220
Preso 1	¿Hay tal suceso? ¡Dad acá mis cien ducados!	
Alcalde	Eso será lo de menos, que os he de dar este libro donde hay figones enteros, pasteleros por docenas y cocineros por cientos.	225
Preso 2	¡Qué libro ni qué embeleco! ¡Venga mi dinero, digo!	230
Alcalde	Borracho, tened respeto al *Libro qué quieres boca,* que hará que venga al momento una región de perdices, y de ánades un ejército que os pongan…	235
Preso 1	¡Mi hacienda pido!	
Alcalde	¿No quieres callar? ¡Pues leo!	

---

v. 217 *la parte*: 'los presos'. Ver v. 129.

v. 220 *quedo*: 'en voz baja'.

v. 225 *he*: 'ha', error del impreso.

v. 226 *figones*: «Tienda donde se guisan y venden diferentes manjares, proprios para la gente acomodada» (*Aut*, s.v. 'figón').

v. 227 *pasteleros*: entonces no eran fabricantes de dulces sino de 'pasteles', unas empanadas de carne.

(lee)	¡Damas, venid a valerme, pues os llevastes los ciento!	
	Salen cantando ellas, los músicos y quien baile.	
Cantan	Socorramos al alcalde,	240
	que, liberal de lo ajeno,	
	quedó al umbral de la gula	
	tentado y no satisfecho.	
	Libro de qué quieres boca,	
	por la virtud que en ti ha puesto	245
	el gremio bodegonil	
	y el bucólico comercio,	
	que al alcalde le agradezcas	
	el haberte puesto en precio,	
	pues ya que no se lo pagas	250
	le deberás mucho menos.	
Dura	¿Qué le parece del libro? Responda, señor alcalde.	
Alcalde	Que él es de qué quieres boca,	
	mas no de qué quieres hambre.	255
	Representando.	
Blanda	¿Qué dice de las perdices, los pavos y los faisanes?	
Alcalde	Que la paga fue mortal y ellos fueron veniales.	
	Representando.	

---

v. 239 *llevastes*: aquí 'llevasteis', a diferencia de la nota 111. Forma etimológica, entonces correcta para el tratamiento de *tú* y de *vos*. Las formas «ciento» y 'cien' eran intercambiables.

v. 241 *liberal*: 'generoso'. «Todos son liberales de lo ajeno»; «Al liberal nunca le falta qué dar» (*Correas*).

v. 246 *bodegonil*: «establecimientos de comidas que en algunos lugares se denominaron, expresivamente, "casa de la gula"». Eran numerosos (Herrero, 1977, p. 118).

v. 247 *bucólico*: 'lo referente a la comida', a la 'boca' («aunque más comúnmente dicen bocólica», *Aut.* s.v. 'bucólica').

v. 258 *la paga*: los cien ducados que pagó por el libro.

Dura	A buen bocado, buen grito, dice un refrán admirable.	260
Alcalde	El bocado no le he visto, y el grito he dado bien grande.	
	Representando.	
	Este libro parece viejo liviano, mucho en el prometer y nada al dallo.	265
	Representando.	

---

v. 260 *A buen bocado, buen grito*: «Refrán que da a entender que las cosas de honor y conveniencia suelen costar mucho afán y trabajo para su logro. Es tomado de los golosos, que por haber comido desordenadamente lo que les daña, se sigue el tener acerbos dolores» (*Aut*); «Contra la golosina y gula, que trae dolor y gemido» (*Correas*). Benavente: «Ni ¿qué hombre de mucho o de poquito / no perdona el bocado por el grito?» (*La Maya*, vv. 12-13, *Jocoseria*).

v. 267 *dallo*: «tallo» en el testimonio; probable errata.

ENTREMÉS DE LA MARIONA.*
De D. Jerónimo Cáncer.

Con licencia, en Madrid por Andrés García de la Iglesia. Año de 1659.

Véndese en casa de Juan de San Vicente, frontero de las Gradas de San Felipe

Personas.

Madalena.   Escribano.   Presos.
Alcalde.   Mariona.

Sale el alcalde, Madalena, su mujer, y el escribano.

MADALENA ¡Oh, traidor! ¡A mí engaños y cautelas!
A la vejez viruelas.
¿Ahora enamorado
después de veinte años de casado?

ALCALDE Pues, ¿quién hay que lo vede?   5
Cada uno se enamora cuando puede.

MADALENA ¿Y es buena cuenta esta?

---

* Texto base: *Once entremeses* (1659). Del repertorio faltan un bailarín y un caballero.

ALCALDE   Madalena,
también pasa la vuesa, y no es muy buena.
No hay son callar y callemos.

MADALENA   ¿Yo? ¿Por qué?

ALCALDE   Porque sendas nos tenemos.   10

MADALENA   Decid, ¿quién es la dama?

ALCALDE   No sé cómo se llama,
que en esta guerra los soldados hombres
entran en el real sin dar los nombres.

MADALENA   ¡Gran letrado os han hecho los amores!   15

ALCALDE   Tal he estodiado en vuesos borradores.

MADALENA   Pues yo me vengaré de vos y della
sin que nadie lo impida.

ALCALDE   ¡Harto os habéis vengado en esta vida!

MADALENA   Marido, tiempo es ya de declararme: 20
yo no os puedo sufrir.

ALCALDE   ¿No?, ¡pues soltadme!

MADALENA   Con esta flema ha dado en consumirme.
Sois un menguado.

ALCALDE   ¿Soy?, pues añadidme.

MADALENA   Luego habrá quien le venza.
¡Sois un puerco!

ALCALDE   ¡Vos, limpia de vergüenza!   25

---

v. 8 *también para la vuesa*: 'igual que la vuestra'.

v. 9 *No hay son*: 'no hay más que…' Tirso de Molina: «Estese quedo, le digo. / ¿No hay son pegar y correr?» (*Las quinas de Portugal*, ed. C. C. García Valdés, vv. 765-766).

v. 10 *sendas nos tenemos*: es continuación del refrán iniciado en el verso anterior: 'Calla y callemos, que sendas nos tenemos' (*Correas*). En *Autoridades*: «Callad y callemos, que cada senda tenemos. Refr. que enseña que cuando tenemos que nos encubran, no hemos de dar motivo para que nos echen en la cara nuestros defectos».

v. 14 *el real*: 'campamento del ejército'; «nombres» es 'contraseña'.

v. 22 *flema*: 'pereza, lentitud'.

v. 23 *menguado*: «cobarde, pusilánime y de poco ánimo y espíritu» (*Aut*); «añadidme» es como si le pidiera que le continuara insultando.

v. 24 *Luego habrá quien le venza*: 'cualquiera le puede vencer'.

MADALENA	¡Que aquesto oíros quiera! Sois un pesado.	
ALCALDE	Vos, una ligera.	
MADALENA	Sois hombre de la muerte.	
ALCALDE	Relamida; vos, mujer de la vida.	
MADALENA	No es burla, que me caigo de mi estado mareada de oír tantas simplezas.	30
ALCALDE	Sí, cairéis, que tenéis muchas flaquezas.	
ESCRIBANO	¡Dejaldo, alcalde, ya! Y vos, Madalena, escusad al alcalde tanto ruido.	
MADALENA	Yo lo haré, pero sepa mi marido que aunque lo disimulo, me pica mucho lo que ahora escucho.	35
ALCALDE	Pues hermana, espulgaos si os pica mucho. ¿Quítooslo yo?	
MADALENA	Sois tonto impertinente.	
ESCRIBANO	Callen, por Dios, que allegaremos gente infinita con eso que hablan solo.	40
ALCALDE	Pues ¿qué mal le estará al autor, Bartolo?	

---

v. 27 *ligera*: «inconstante y que fácilmente muda de opinión» (*Aut*). Crítica misógina.

v. 28 *hombre de la muerte*: puede ser alusión a su oficio de alcalde, por el poder ejecutivo, o simplemente 'que da miedo'.

v. 29 *mujer de la vida*: 'prostituta', así como el propio Cáncer escribió para su *Jácara A santa Catalina de Sena*: «Resucitaba los muertos, / y fuese cosa peregrina / que siendo siempre tan casta, / fuese mujer de la vida» (*Poesía completa*, 10: 37-40).

v. 30 *me caigo de mi estado*: 'me desmayo' (s.v. 'caerse de su estado').

v. 32 *flaquezas*: fácil dilogía.

v. 37 *pica*: 'enoja, provoca'.

v. 40 *llegaremos gente infinita*: 'llamaremos la atención'; que «hablan solo» es 'con lo que están hablando o insultando', no tiene matiz de soledad.

v. 42 *Bartolo*: es alusión a la figura del célebre jurisconsulto italiano Bartolo (o Bártulo) de Sasoferrato (1313-1357), el letrado por antonomasia, con múltiples referencias en la literatura áurea: Góngora (*Antología*, ed. A. Carreira, 35: 10), Quevedo (*POC*, 646: 18), Cervantes (*La elección de los alcaldes de Daganzo*, v. 182, *Entremeses*, ed. E. Asensio)... Rodrigo de Herrera: «Con esto, sin decir nada, / pienso que lo he dicho todo, / y así diré con Bartolo y Bartolo / que ve mejor el que le falta un ojo» (*Castigar por defender*, vv. 141-144, *Comedias burlescas III*). Ver más abajo «Baldo» (v. 77).

Madalena	Haceos gracioso ahora, don babera.	
Alcalde	Si estuviera en mi mano, yo lo hiciera.	
Escribano	Sentaos, que es tarde para hacer visita.	45
Alcalde	Pues, háganla, escribano. ¿Quién lo quita? Idos de aquí, mujer.	
Madalena	¡Qué impertinencia!	
Alcalde	Que si no os vais, no puedo dar audiencia.	
Madalena	Voyme, mas pues me das tantos desvelos, yo os daré, tonto, celos y más celos.	50

Vase.

Alcalde	¡Josticia, aquí del Rey!	
Escribano	¿Qué ha sucedido?	
Alcalde	Que me da mi mojer lo que no pido.	
Escribano	Sentaos ahora, alcalde, y dejaos de eso. ¡Hola, suelten un preso aprisa y no se paren!	55
Alcalde	Y será para vos si lo soltaren.	

Sale un preso.

Escribano	Este hizo escritura de servicio a un sastre, de aprendiz para el oficio; y con un aguador el mismo día otra escritura el cual hecha tenía. Pídenle agora entrambos.	60
Alcalde	Mas matallo. Eso bien fácil es de sentenciallo. Mando, pues de otra cosa no hay remedio, que asierren a este hombre por en medio. Y la mitad de la cintura arriba,	65

---

v. 43 *babera*: 'bobo y tonto' (*Aut*).

v. 54 *Hola*: ver *Francés*, v. 110.

v. 56 *soltaren*: 'soltar un preso', 'ventosidad'. Chiste escatológico con posible acompañamiento de gestos. Velázquez del Puerco: «que en un rey de mi fama y mis progresos / es indecencia andar soltando presos» (*El rey Perico*, vv. 2019-2020, *Comedias burlescas*, tomo VI).

v. 57 *escritura de servicio*: documento acreditativo de 'estar al servicio de...'

	que con el sastre este se le aperciba,	
	pues con lo que le he dado,	
	lleva para coser todo recado.	
	Y con el aguador, que es más trabajo,	
	mando que esté de la cintura abajo,	70
	que esta parte le aplico	
	para que pueda andar con el borrico.	
PRESO	¡Buena sentencia es esta!	
ALCALDE	Y que siendo domingo, o día de fiesta,	
	le hilvanen y le den, sin enojarse,	75
	licencia para ir a pasearse.	
ESCRIBANO	No diera esta sentencia el mismo Baldo.	
ALCALDE	¡No digáis desatinos!	
	¿Qué es Baldo? ¿No la diera Valdovinos?	

Sale la Mariona.

ESCRIBANO	Esta moza, señor...	
ALCALDE	Hola, Escribano.	80
ESCRIBANO	¿Qué queréis?	
ALCALDE	Dios me tenga de su mano.	
	Mirad esa mujer.	
ESCRIBANO	Ya la he mirado.	
ALCALDE	Pues esa es de quien ando enamorado.	
	Tengo muchos favores	

---

v. 66 *aperciba*: 'avise'.

v. 68 *todo recado*: «todo lo necesario» (*Aut*).

v. 75 *hilvanen*: de hilvanar en su acepción de 'coser superficialmente', o sea, las dos partes.

v. 77 *Baldo*: otro celebérrimo jurista italiano, discípulo de Bartolo (v. 42): Pedro Baldo de Ubaldis (1327-1406). Calderón: «En el alma me bulle la chicota / turbar hiciera a Bartolo y Baldo» (*La franchota*, vv. 83-84, *Entremeses, jácaras y mojigangas*). Moreto: «Señor mío, único Apolo / de la gran jurisprudencia; / oráculo misterioso / del laberinto de Baldo / y de Bártulo un asombro» (*La burla de Pantoja y el doctor*, vv. 14-18, *Loas, entremeses y bailes*).

v. 79 *Valdovinos*: uno de los doce pares de Francia, compañero de Roldán en Roncesvalles, prototipo del caballero valiente y conocido personaje del romancero sobre la materia de Francia. Una de las tres comedias burlescas de Cáncer lleva por título *La muerte de Valdovinos*.

       y estoy muy adelante en sus amores,   85
       sino que hay cierto estorbo, camarada.

ESCRIBANO ¿Qué es el estorbo?

ALCALDE   No es casi nada.
       Algo me ha de costar moza tan bella.

ESCRIBANO ¿Qué es el estorbo, en fin?

ALCALDE   Que no quiere ella.

ESCRIBANO No es cosa de cuidado.   90

ALCALDE ¿Por qué está presa?

ESCRIBANO   Es caso muy pesado,
       mas si queréis hablalda que os da pena…

ALCALDE Pues acechad no venga Madalena.

ESCRIBANO Ea, llegad, decilda mil ternezas.

ALCALDE ¿Mil ternezas no más a esta carilla?   95
       Más de cuarenta mil pienso decilla.
       Señora, de oílla habrar me da tiricia.
       Señora…

MARIONA   ¿Qué hay?

ALCALDE   Teneos a la josticia.

MARIONA ¿Presa no me tenéis, alcalde honrado?

ALCALDE Escribano, por Dios, que me he enturbiado.   100
       No acierto a requebrar a mi querida.
       Sopradme por detrás, por vuestra vida.

ESCRIBANO Decilde como yo os fuere diciendo:
       mi amor…

ALCALDE   Mi humor.

MARIONA   ¿Qué es eso que no entiendo?

---

  v. 86 *sino que*: 'pero'. Cervantes: «y córtolas tan bien que en verdad que me podría examinar de maestro, sino que la corta suerte me tiene arrinconado» (*Rinconete y Cortadillo*, *Novelas ejemplares*, p. 165).

  v. 97 *tiricia*: 'ictericia'.

  v. 98 *Teneos*: aféresis de 'deteneos'.

  v. 101 *requebrar*: 'galantear'. Da comienzo aquí la parodia de la literatura amorosa, en fórmula que más tarde inmortalizaría E. Rostand con su *Cyrano de Bergerac* (1897).

Escribano	No me miréis con ojos engañosos.	105
Alcalde	No me miréis con ojos legañosos.	
Escribano	¿Qué decís?	
Alcalde	¿Qué decís?	
Mariona	Locura estraña.	
Escribano	Tigre de Hircania.	
Alcalde	Títere de Ocaña.	
Escribano	Anajarte preciada de tirana.	
Alcalde	Ana Juárez, pescado de Triana.	110
Escribano	Dios me es testigo.	
Alcalde	Dios me es postigo.	
Mariona	Alcalde, ¿qué decís?	
Alcalde	¿Hola, qué digo!	
Escribano	Que os lleven treinta diablos y aun es poco.	
Alcalde	Que os lleven treinta diablos y aun es poco.	
Mariona	¿Estáis loco?	
Escribano	¿Estáis loco?	115
Alcalde	Mentís, y salí acá.	

    Sale Madalena.

Madalena	Aquí, señor de mi alma, vengo yo como nacida.
Alcalde	Por Dios, que he dado en la trampa.

---

    v. 108 *Tigre de Hircania*: tópico de las fieras de Hircania, antigua región persa, conocidas por su crueldad y fiereza. Lo menciona Plinio en su *Historia Natural*: «Tigrim Hyrcani et Indi ferunt» (lib. VIII: XXV) y Shakespeare en *Macbeth*, entre otros muchos. Cervantes también jugó con los parónimos Hircania-Ocaña en *Rinconete y Cortadillo*: «y cuando Cariharta dijo que era Repolido como un marinero de Tarpeya, y un tigre de Ocaña, por decir Hircania, con otras mil impertinencias…» (*Novelas ejemplares*, p. 215).

    v. 109 *Anajarte*: o Anajárate, símbolo de la resistencia amorosa. Dama que prefirió suicidarse antes que ceder ante Ifis. En castigo Afrodita la convirtió en estatua de piedra (Ovidio, *Metamorfosis*, XIV). Moreto: «Sólo adornan sus paredes / de las ninfas fugitivas / pinturas que persuaden / al desdén: allí se mira / a Dafne huyendo de Apolo; / Anajarte, convertida / en piedra por no querer» (*El desdén, con el desdén*, vv. 199-205).

    v. 110 *Ana Juárez, pescado de Triana*: disparate.

    v. 118 *como nacida*: 'con naturalidad'.

Madalena	¿Todo ha de ser requebrar, marido?	120
Alcalde	¿Qué queréis caga, mujer, si en todo lo cago dicen que no cago nada?	
Madalena	Por mi vida, que he de haceros perpetuar esa vara.	125
Alcalde	No la hagáis de perpetuán, que andan las cosas muy caras.	
Madalena	No muy caras, que yo sé cara que anda muy barata.	
Mariona	Oye, señora alcaldesa, tenga tiento en lo que habla, si no quiere que de un susto sea menester sangrarla; que aunque hay quien sangre de balde no tan de balde la sangran. Que si con toda su hacienda al barberito regala todas las sangrías que hace, son de la vena del arca.	130

135 |
| Alcalde | Mojer, bien podéis habrar que ya os conoce esta dama. | 140 |

---

vv. 121-122 *¿Qué queréis caga, / mujer, si en todo lo cago...*: recuerda la expresión: «¿Qué queréis caga, si en todo lo cago soy desgraciada? Cortado por qué haga» (*Correas*); calambur que recoge una conocida letrilla juvenil de Góngora: «Si en todo lo qu'hago / soy desgraciada, / ¿qué queréis qu'haga?» (ed. Jammes, 1981, XXVI; también en 2006, pp. 519-520).

v. 126 *perpetuán*: 'tela de larga duración': «Cierto género de tela de lana a quien se le da este nombre por ser muy fuerte y de mucha duración» (*Aut*).

v. 133 *sangrarla*: 'sangrar' (incisión en las venas para sacar sangre) venía a ser casi la panacea de las curas de aquel tiempo. Eran tantas las que se hacían, que muchas eran «de balde», como critica el siguiente verso. Aquí debe tomarse como castigo, pena.

v. 137 *barberito*: 'barbero', eran los que entonces practicaban las sangrías. La literatura de la época, en especial Quevedo, está repleta de sátiras y acusaciones a este colectivo, como en estos versos. El regalo aquí es la compensación por sus servicios. Cáncer escribió un romance dedicado a este asunto: *Enviando de sangría a una dama unas naranjas, unos barros y unos ramilletes* (*Poesía completa*, nº 65).

v. 139 *vena del arca*: además de su sentido literal ('vena cava o principal') es también frase hecha: 'sangrarle a uno la vena del arca' es «frase vulgar y jocosa, que significa usurparle y consumirle el dinero» (*Aut*).

Madalena	Yo estoy buena y no me sangro,	
	que solo usted es la mala	
	pues trae en el frontispicio,	
	cuando nos vende arrogancias,	145
	la blancura de Turquía	
	y la salud de Granada,	
	los excesos de la Corte	
	y los achaques de Francia.	
Escribano	Madalena, reportaos,	150
	que esta moza no es culpada	
	en vuestros celos, que es presa	
	y agora sale su causa.	
Madalena	¿Ah… sí? Pues yo me perdono.	
Escribano	A esta mujer se le achaca	155
	que a todos los sones viejos	
	tiene presos en su casa,	
	y que los mata de hambre.	
Alcalde	Buena pieza. ¿Cómo os llaman?	
Mariona	Llámanme la Mariona.	160
Alcalde	¿La Mariona que bailan?	
Mariona	La misma, señor.	
Alcalde	No en balde	
	érades mi enamorada.	
	¿Por qué encerrasteis los sones?	
Mariona	Por moneda que no pasa.	165
	¿De qué sirven las folías,	
	matachines, zarabandas?	
	¿El caballero, el villano,	
	el canario y la encorvada?	

---

v. 144 *frontispicio*: «En estilo festivo se toma por la cara» (*Aut*).

v. 146 *blancura de Turquía*: 'solimán', el conocido cosmético a base de mercurio. Muy tóxico.

v. 147 *salud de Granada*: 'con la cara llena de granos'.

v. 149 *achaques de Francia*: posible alusión al 'mal francés; o sea, la moteja de sifilítica.

v. 152 *no es culpada en*: 'no tiene culpa de'.

v. 160 *la Mariona*: baile popular, ver nota inicial.

v. 165 *Por moneda que no pasa*: 'por moneda antigua, que ya no vale nada'.

vv. 166-169 *folías, matachines, zarabandas, caballero, villano, canario, encorvada*: todos conocidos bailes de la época. Ver Cotarelo, pp. LXXXII Y CCXXXIII-CCLXXIII.

	Ya son sus gracias mohosas	170
	y sus invenciones rancias.	
	No es el bailar para viejos.	
Alcalde	Soltaldos.	
Escribano	Mirad que os manda	
	que los soltéis, Mariona.	
Mariona	Si aquesta memoria pasas,	175
	como los fueres leyendo,	
	vendrán todos a esta casa.	

Dale un papel.

| Alcalde | Mostrad. Veré este milagro. |

Lee.

Las folías…

Sale un bailarín, y canta y baila.

| Bailarín | ¿Qué nos mandas? |

Canta.

	¡Que no me las ame nadie,	180
	a las mis folías, ¡eh!;	
	que no me las ame nadie	
	que yo me las amaré!	
Alcalde	Por Jesucristo que son	
	las folías bien mandadas,	185
	mas volvamos a leer.	

Lee.

El caballero…

---

v. 175 *memoria*: 'inventario'.

v. 179 *folías*: «Usado regularmente en plural. Cierta danza portuguesa en que entran varias figuras con sonajas y otros instrumentos que tocan con tanto ruido y el son tan apresurado, que parece están fuera de juicio» (*Aut*).

v. 180 *Que no me las ame nadie*: el cantarcillo original se inicia con un 'Ay': «Ay, que no me las ame nadie» en los vv. 180 y 182 de los dos manuscritos, de donde se toma la letra; no obstante, se ha suprimido la interjección inicial para conseguir el octosílabo. El estribillo ya aparece en el *Cancionero de Florencia*, de principios del siglo XVII. Para variantes y testimonios, consultar Frenk, *Nuevo corpus de la antigua lírica popular hispánica, siglos XV a XVII*, nº 262.

v. 187 *caballero*: según Cotarelo, danza mencionada por Diego Pisador en su *Libro de música de vihuela* (1552), con el nombre de *Dejalde al Caballero* (p. CCXXXV). Además, recoge también

Sale otro vestido a lo antiguo, y danza y canta.

CABALLERO ¿Quién llama?

Cantan.

Que de noche le mataron
al caballero,
a la gala de Medina,   190
la flor de Olmedo.

ALCALDE ¡Que hubo tiempo en que bailasen
con la capa, gorra y bragas!
Paso adelante: el villano.

Sale uno de villano y zapatea.

VILLANO Aquí estoy.

ALCALDE ¡Qué listo que anda!   195

Zapatea el alcalde con el villano.

CANTAN Al villano se lo dan,
la cebolla con el pan.

ALCALDE Sin saber cómo ni cuándo,
me han metido a mí en la danza.
Vaya, pues ya me ha picado,   200
un baile entre todos.

---

el *Baile famoso del Caballero de Olmedo*, compuesto por Lope de Vega (*Parte VII*, 1617, p. 491), del que se canta su estribillo más famoso.

vv. 188-191 Conocido estribillo de origen popular (ver nota anterior) que Lope de Vega inmortalizó en *El caballero de Olmedo*. Para la larga lista de testimonios, consultar Frenk, *Nuevo corpus*, nº 883A. Para las fuentes literarias también F. Rico en su introducción a la obra de Lope (Cátedra 1981, pp. 43-60).

v. 193 *bragas*: 'calzones hasta las rodillas'.

v. 194 *el villano*: «Tañido de la danza española, llamado así porque sus movimientos son a semejanza de los bailes de los aldeanos» (*Aut*). Baile muy citado por escritores de la época: Agustín de Rojas, Cervantes, Lope de Vega, Quiñones de Benavente, Matos Fragoso... (ver Cotarelo, 1911, pp. CCLXIII-CCLXXIV).

vv. 196-197 *Al villano se lo dan, / la cebolla con el pan*: M. Frenk señala como primera manifestación impresa del estribillo la comedia *San Isidro labrador I*, de Lope de Vega: «Al villano se lo dan, / la cebolla con el pan. / Para que el tosco villano, / cuando quiera alborear, / salga con su par de bueyes / y su arado, otro que tal. / Le dan pan, le dan cebolla, / y vino también le dan» (vv. 616-623, *Séptima parte*, 1617). También en el entremés *La socarrona Olalla y Lanzas* de Quiñones de Benavente (Cotarelo, 1911, p. 732). Para otros testimonios y variantes, ver Frenk, *Nuevo corpus*, nº 1540A.

Todos   Vaya.

Cantan   Hoy se ha vengado a su salvo
de amor un hombre de bien.
Albricias hay quien engañe
las mujeres una vez.   205
Toda moza agarrativa
alerta en el mundo esté,
que ya no deja engañarse
el amante más novel.

---

v. 202 *a su salvo*: 'a su satisfacción'.

v. 206 *agarrativa*: 'codiciosa, pidona'. Castillo Solórzano: «Casémonos con él, pero estoy cierto / que no os pueda sufrir con estar muerto. / ¡Ah de la gente agarrativa!» (*El casamentero*, Cotarelo, 1911, p. 307).

ENTREMÉS FAMOSO DE
LA REGAÑONA Y FIESTA DE TOROS.
De Cáncer

Doña Tomasa　　*Don Blas (Escamilla)**
Doña Quiteria　　*Don Gil*
Doña Teresa　　　*Dos vecinos*
Barbulilla　　　　*Músicos*

　　　　　　　Salen don Blas y don Gil.

Don Gil　　　Don Blas, ¿tan triste, tan desesperado?

Don Blas　　¿No lo he de estar si estoy enamorado?
　　　　　　Y enamorado de tan insufrible
　　　　　　mujer, tan temeraria, tan terrible
　　　　　　que no hay día, no hay hora, no hay instante　　5
　　　　　　que riñendo no esté sin ser bastante
　　　　　　mi fineza, mi amor, mi rendimiento,
　　　　　　a tenella contenta ni un momento.
　　　　　　Si temprano de casa a verla salgo,
　　　　　　«a fe que usted que madrugó por algo».　　　10
　　　　　　Si tarde voy a verla me recibe
　　　　　　con «bien ve usted cuán descuidado vive».
　　　　　　Si alegre estoy, «contento la inviado

---

* Texto base: BNE: Mss/ 14515/2.
* *Escamilla*: el nombre del actor que representó ese papel, el famoso Antonio Escamilla.
v. 13 *la inviado*: 'le ha enviado'.

aquesa mi señora». Si callado,
«tan ingrata belleza   15
adora, que le trae con tal tristeza».
Si amores no la hago no la quiero
y por otra me muero,
diciéndome que ya sabe mis mañas.
Si los hago, «¡ah, traidor, ahora me engañas!»   20
Si pido celos soy un atrevido,
un hombre sin amor si no los pido.
Si digo que no salga algunos días,
porque no vea sus bellaquerías;
y si que salgo digo,   25
«forzado el rato está que está conmigo».
Si hablo recio, «qué dueño está de casa»;
si quedo, «teme que su dama pasa».
Si riño a sus criadas,
no le basta tenerlas mal pagadas.   30
Por eso unas se van y otras se vienen.
Si no las riño, que callar le tienen.
A fe, pues, que las sufre, que es por algo.
En efeto, si salgo si no salgo.
Si estoy triste si no.   35
Si envío si no envío.
Si habla mi labio o si mi labio calla.
Todo el año no es más que una batalla
de cristianos y moros.
Pues ved qué será hoy que es día de toros   40
y ni tengo ventana ni la espero,

---

v. 24 *porque*: 'para que'.

v. 27 *hablo recio*: 'hablo alto' (s. v. hablar recio).

v. 28 *quedo*: 'bajo' ('hablar quedo'); «dama» es aquí 'criada principal'.

v. 36 *envío*: 'enviar regalos' o 'despedir': «Frase con que se despide a alguno u por desprecio o por no querer atender en lo que dice o pide» (s.v. 'enviar o irse al rollo').

v. 40 *día de toros*: al igual que los paseos en coche, los toros eran uno de los obsequios favoritos que los galanes podían ofrecer a las damas, agasajándolas con balcones, ventanas o regalos. Lope de Vega: «Prometiles ventana y merienda, / vieron los toros y esa noche tuve / puerta en su casa» (*Los ramilletes de Madrid*, fol. 53v, *Oncena parte de comedias*).

v. 41 *ventana*: en aquel tiempo no existían las plazas de toros, los espectáculos se celebraban en las plazas públicas, previamente acondicionadas. Por las referencias a las ventanas de varios pisos que se mencionarán a lo largo del entremés y las dificultades en conseguir entradas, nos encontramos ante la plaza Mayor de Madrid habilitada como coso taurino. Según Deleito y Piñuela

	porque aun para terrado no hay dinero,	
	después que aquesto de los cien rejones	
	puso a cien mil ducados los balcones.	
Don Gil	¿Veis todo eso? Pues si yo me hallara	45
	con dama hoy de condición tan rara,	
	hoy haría de manera	
	que los toros no viera	
	sin llegar a entender que no tenía	
	balcón y que la culpa fuese mía	50
	sino suya, achacándola a tan fuerte	
	condición.	
Don Blas	¿De qué suerte?	
Don Gil	Desta suerte:	
	que hagamos los dos quiero	
	una boleta de balcón primero,	
	poniendo en ella lo que en otras pasa:	55
	la [a]cera, el nombre, el número y la casa.	
	Y vamos a la suya, en ella entrando,	
	encareciendo mucho y ponderando	
	los pasos que os costó la diligencia.	

---

los precios de las ventanas eran los siguientes: las de primer piso, 12 ducados; las de segundo, 8; de tercero, 6; de cuarto, 4; y de quinto, 3 (1988, p. 137).

v. 42 *terrado*: eran las localidades más modestas. Quiñones de Benavente: «Ya se van acomodando / en tablados y ventanas, / y los muchachos pregonan / terrados como castañas. / 2ª DAMA. Suban al terrado, / que está fresco y regado, / que está fresco y regado. / La chusma de los terrados, / que frita en el sol aguarda, / del calor se desentiende / con pañuelos y palmadas» (*Baile de los toros*, Cotarelo, *Colección de entremeses*, p. 650). En un auto del 24 de mayo de 1648, que recoge Rodríguez Villa, se expone la prohibición de los terrados debido a los escándalos que suscitaba: «...que ninguna persona sea osada a subir en los terrados de la dicha plaza para ver las fiestas de toros [...] pena de vergüenza pública y cuatro años de destierro desta Corte y veinte leguas; y los dueños de los terrados no los arrienden ni consientan que en ellos suba ninguna persona para ver las dichas fiestas, pena de ducientos ducados para la Cámara de S.M.» (1886, pp. 292-93).

v. 43 *los cien rejones*: algún exitoso espectáculo de rejoneadores que hizo subir el precio de las localidades. Ver nota anterior.

v. 50 *fuese mía*: se entiende 'no fuese mía'.

v. 54 *boleta*: 'entrada'. Las localidades de balcones eran las más caras. Según Deleito y Piñuela costaban entre 20 y 25 escudos (1988, p. 105). Un «balcón primero» sería, pues, como una primera fila. La pretensión de don Gil, lógicamente, es falsificar una entrada para los toros.

v. 56 *la acera, el nombre, el número y la casa*: excelente noticia para saber los datos de una entrada a los toros.

v. 57 *la suya*: la casa de la dama, con la boleta falsa.

	Y dejalda que trabe una pendencia,	60
	que fácil vendrá a ser con quien de todo	
	se disgusta. De modo	
	que a la primera voz, muy enojado,	
	digáis: «¿esto merece el que se ha estado	
	sin comer hasta agora	65
	desde el primer encierro de la aurora,	
	haciéndole una y otra cortesía?	
	Al quedarme ofrecía	
	este balcón. Y no hablo en que cabales	
	por él llevase novecientos reales	70
	sino en que sea mal agradecido».	
	Y dándoos por quejoso y ofendido,	
	romped la cedulilla y arrojalla.	
	Y llevando adelante la batalla,	
	saliros luego por la puerta afuera,	75
	yendo por la escalera	
	echando votos, juros y reniegos,	
	sin que basten sus ruegos	
	por más que la veáis tierna y humana,	
	a que os desenojéis hasta mañana,	80
	que ella lo hará pues es fuerza que arguya	
	no ser la culpa vuestra sino suya.	
Don Blas	Lindamente, don Gil, lo habéis pensado.	
	Venid, veréis cómo hago un enojado	
	de su esquivez, vengando las injurias	85
	con mil bravatas, cóleras y furias.	

Vanse y salen doña Tomasa y doña Quiteria y doña Teresa y Barbulilla y dos vecinas.

Tomasa	¡Quiteria de mi vida!	
	Una y mil veces seas bienvenida,	
	que a fe que me has quitado	
	el cuidado de haber por ti enviado	90

---

v. 66 *encierro de la aurora*: se entiende desde el matutino encierro de los toros. En el verso 174 se especifica que es una hora antes de que amanezca.

v. 69 *cabales*: 'cabalmente', con el dinero adecuado para la ocasión.

v. 71 *mal agradecido*: 'no recompensado'. En el texto base, *RF*, los versos 67-72 están tachados. Si se han mantenido es porque explican mejor el v. 73, el primero no tachado.

| | y por tus dos amigas, doña Juana
y doña Ciprïana. | |
|------------|---|-----|
| Vecina 1 | Tanto favor, indigna, no merezco. | |
| Vecina 2 | Amiga mía, yo te lo agradesco. | |
| Quiteria | ¿Pues qué es, Tomasa, lo que nos querías,
que tan cuidado de enviar tenías? | 95 |
| Tomasa | Si la verdad te digo
que a los toros las tres hoy vais conmigo
y con doña Teresa. | |
| Quiteria | Ya son dos fiestas para mí con esa. | 100 |
| Teresa | Guárdete Dios, que para mí lo ha sido
el verte con salud. | |
| Quiteria | ¿Cómo has tenido
balcón? Que dicen que andan por los cielos. | |
| Tomasa | Como tengo galán y le doy celos,
con eso y ser mal acondicionada,
me sirve en todo y no me falta nada.
Porque mujer rendida
no tendrá cuatro reales en su vida. | 105 |
| Quiteria | Triste de mí, que por amar callando
se me pasan los días bostezando. | 110 |
| Teresa | Triste de mí, que por mostrar contento
ni aun para respirar no tengo aliento. | |
| Vecina 1 | Ni yo para vengarme de un celoso. | |
| Vecina 2 | Ni yo para estafar a un codicioso. | |
| Barbulilla | Aquestas cuatro ninfas de la villa
del amor no han leído en la cartilla. | 115 |
| Tomasa | A los hombres, amigas, engañallos,
mentillos, no querellos, maltratallos,
y al fin para tenellos, no tenellos. | |

---

v. 105 *mal acondicionada*: «de genio e inclinación áspera y bronca». El otro título por el que fue conocida la obra. En algunas ocasiones se ha relacionado a esta prototípica figura de la época con la brujería, como en la relación *Suceso atroz y espantoso que ha acontecido a una mala acondicionada mujer que, maldiciendo a sus hijos, los ofrecía al Diablo, y lo que sobre esto aconteció* (Barcelona, Sebastián Matevad y Jaime Matevad, 1625).

v. 115 *ninfas*: «cualquier mujer moza y, particularmente, la que se tiene por dama» (*Aut*).

Todas	Y cómo que es verdad. ¡Mal hayan ellos!	120
Quiteria	¿Mas, dónde es el balcón?	
Tomasa	No lo sé agora.	
Teresa	Luego…	
Tomasa	¡Qué!	
Teresa	¿Aún no lo tienes?	
Tomasa	¿Quién ignora que le tendré muy bueno? En verdad fuera que una galán y no balcón tuviera. Pues ¿con qué cara había de ponerse don Blas a vista mía sin balcón y primero y a la sombra?	125
Teresa	¡Eso pido!	
Quiteria	¡Aqueso quiero!	
Teresa	Porque si no es que sea en primer cuarto yo no iré, que no veo si me aparto. Y en el segundo es tanta mi flaqueza que se me desvanece la cabeza.	130
Quiteria	Yo tampoco si no es, amiga mía, a la sombra aunque haga fresco el día, sintiera que en la [a]cera que da en verano el sol nadie me viera, porque ella solamente en esta vida por darla el sol es cosa deslucida.	135
Vecina 1	Yo a el sol, amiga, son muy malos ratos.	
Vecina 2	A mí me dan jaquecas.	
Vecina 1	Y a mí flatos.	140
Barbulilla	Miren, pues, qué deidades para vivir con tantas vanidades.	
Tomasa	¿Qué es eso, Barbulilla, que mormuras?	

---

    v. 123 *En verdad fuera que*: 'Solo faltaría que…'
    v. 127 *balcón y primero*: el 'balcón primero, y a la sombra' era la localidad más cara, reservada normalmente a las autoridades y gente adinerada. Ver nota 54.
    v. 129 *cuarto*: 'aposento'. Aquí, el primer piso del v. 127.

Barbulilla	Si digo la verdad, vuestras locuras.	
	Si quiero, si no quiero,	145
	si a la sombra no es, si no es primero…	
	No haya miedo que vaya	
	sin que le haya hasta agora y aunque le haya.	
	Será como otro día	
	que, habiendo de ir a el río en la porfía	150
	de no sé qué contienda,	
	arrojó cantimploras y merienda,	
	y nos venimos a quedar en casa.	
Las dos	¡Ay, amiga, eso pasa!	
	Pues, por Dios, si el balcón se nos aliña,	155
	que hasta que no haya fiesta no haya riña.	
Tomasa	Que lo haré doy a todas por respuesta,	
	mas si no hay riña para mí no hay fiesta.	

Salen los dos.

Don Blas	¡Jesús, Jesús, qué enfado!	
	¡En mi vida he venido más cansado!	160
Tomasa	Don Blas, amigo, señor,	
	¿qué traes?	
Don Blas	No sé cierto.	
Tomasa	Mira,	
	que Teresa y que Quiteria,	
	y estas señoras vecinas,	
	han venido a visitarme.	165
Don Blas	Cierto que no las había	
	visto. Perdonad, señoras,	
	aquesta descortesía,	
	que no vengo en mí, Jesús.	
Tomasa	¡Qué disgusto!	
Teresa	¡Qué mohína!	170

---

v. 148 *le haya*: … el miedo.

vv. 149-153 La metáfora es clara. Barbulilla advierte del peligro de quedarse sin toros con sus obstinaciones o caprichos.

v. 155 *aliña*: 'arregla, prepara'.

v. 162 *¿qué traes?*: lo mismo que '¿qué tienes?'.

Quiteria	¿Qué sentimiento traéis?	
Don Blas	No sé, por Dios, lo que os diga.	
Don Gil	¿Qué ha de decir si se ha estado	
	desde un hora antes del día	
	hasta [a]gora sin comer,	175
	en pie, arrimado a una esquina,	
	esperando a si un señor	
	iba a la fiesta o no iba	
	para traer esa boleta?	
Tomasa	¡Amigas, boleta, albricias!	180
Don Blas	Esto me tuvo enfadado,	
	mas ya el enojo me quita	
	el haberlo conseguido.	
Teresa	No en vano está agradecida	
	Tomasa a vuestra fineza.	185
Quiteria	No en vano es lo que os estima.	
Tomasa	¿Para qué era ese cuidado?	
	Ya cumplido no tenías	
	conmigo. ¡Ay Dios, cómo vienes!	
	¡Qué lástima! El rostro limpia	190
	mientras te echo aire.	
Don Blas	Jamás	
	la he visto con tal caricia.	
Don Gil	Que fuera que hoy no riñera…	
Don Blas	No hayas miedo que no riña.	
Tomasa	¿Y en qué cuarto es el balcón?	195
Don Blas	Esa es pregunta muy linda.	
	Había yo de traerle	
	a no ser…	
Tomasa	¿Qué, te amohínas?	
Don Blas	…En primero y a la sombra.	

---

v. 188 *cuidado*: 'desvelo amoroso, detalle'.
v. 195 *cuarto*: aquí, 'piso'.

Tomasa	De otra manera podías decirlo, por ver siquiera que están aquí mis amigas.	200

        Riñendo.

Don Blas	Ya empieza, don Gil.	
Teresa	Por Dios, que no alces el grito.	
Quiteria	Mira que hasta que no haya fiesta no haya riña.	205
Tomasa	¡Harto el callar me cuesta! Que si no hay riña para mí no hay fiesta.	
Don Blas	Bueno es preguntalle a un hombre de las atenciones mías en qué cuarto es el balcón.	210
Tomasa	Soy una tonta, una simple. No te hablaré una palabra.	
Don Gil	¡Vive Dios que se apacigua!	
Don Blas	(Yo la daré otra ocasión). Harás muy bien, pues sería mejor ver que ir a unos toros. No es ir una dama a vistas para ir con ese tocado lleno de encarnadas cintas, ocasionando a que todos pongan en ella la mira.	215 220
(a don Gil)	Ahora veréis cómo salta.	
Tomasa	¡Ay, amigo de mi vida! ¿No te agrada este tocado? No me le pondré otro día y aun hoy me le quitaré, porque yo a nadie quería parecer bien sino a ti.	 225

---

    v. 211 *simple*: se mantiene la forma encontrada, aunque por la rima correspondería 'simpla'.
    v. 217 *a vistas*: «a ser vista» (*Aut*).
    v. 221 *la mira*: el componente social del espectáculo, al igual que en los coches, era muy importante, como recuerda Quiteria en el v. 136.

	Quita, Barbulilla, quita,	
	volando, rosas lacadas.	230
Las dos vecinas	¡Por un solo Dios, que finjas!	
	Y hasta que no haya fiesta no haya riña.	
Tomasa	¿Estoy a tu gusto agora?	
Don Gil	Hola, por Dios, que adivina	
	que no la está bien reñir.	235
Don Blas	Jamás la he visto tan fina,	
	pero de esta vez revienta.	
Don Gil	Holgareme ver un día	
	una mujer reventada.	
Don Blas	Aunque con eso me obligas,	240
	¿qué importa el ir destocada	
	si llevas una basquiña?	
	Que sin duda que te importa	
	el ser de alguien conocida.	
	Miren qué vestido hoy	245
	se puso.	
Tomasa	¿Eso te fatiga?	
	Quita esta basquiña, presto.	
	Dame otra, Barbulilla;	
	y la peor que haya en casa.	
	Guardainfante y caderilla	250
	he de quitarme también.	

---

v. 230 *rosas lacadas*: «Se llama también el lazo de cintas o cosa semejante que se forma en hojas con la figura de la rosa, especialmente el que tiene su color» (*Aut*). Las «encarnadas cintas» a las que aludía don Blas en el v. 219.

v. 231 *por un solo Dios*: igual que 'Por Dios' o 'Por quien Dios es', otras acepciones sinónimas que recoge *Autoridades*.

v. 241 *destocada*: 'sin tocado'.

v. 242 *basquiña*: una falda exterior que utilizaban las mujeres para las ceremonias o para salir a la calle; podía ir con guardainfante, como se señala más abajo. Cáncer, en el romance *A una dama*: «Lo que encubren las basquiñas / con misterio encarecido, / me han dicho a mí que es lo más, / y que es lo menos me han dicho» (nº 17, vv. 49-52).

v. 246 *fatiga*: 'molesta'.

v. 250 *Guardainfante y caderilla*: el guardainfante era un entramado de aros para ahuecar las faldas y la caderilla era otro nombre que recibía el guardainfante, con la salvedad de que ahuecaba por la parte de las caderas. Cabe decir que las faldas exageradamente amplias fueron blanco de los moralistas durante bastante tiempo, piezas estas introducidas en la moda española en la década de

Teresa	¡Bien haces!	
Quiteria	¡Bien solicitas!	
Las dos	Que hasta que no haya fiesta no haya riña.	
Tomasa	¿Paréscote bien agora, desaseada y estantigua de nuestros primeros padres?	255
Don Gil	¡Hola, por Dios, que la mina que reventó hacia nosotros!	
Don Blas	¡No sé, vive Dios, que diga si no hay pendencia!	
Don Gil	Yo haré que la haya. Una vecina vive aquí y tengo… mas luego lo sabréis. Yo vendré aprisa.	260

Vase.

Tomasa	¿Estás contento agora?	
Don Blas	Yo siempre lo estoy, mas quería saber, ya que convidadas aquestas damas tenías, ¿qué tienes que darlas?	265
Tomasa	Ya tengo hecha una garapiña de aloja. Suplicaciones llevaremos y tablillas,	270

---

los 30, llegando estas a prohibirse en 1639 (Bergman, 1965, pp. 176 y 179). Es posible, por tanto, que el entremés se escribiera durante la moda del guardainfante, en los años 30.

    v. 255 *estantigua*: su primera acepción es 'fantasma', pero también «persona que es de figura deforme o anda vestida en traje ridículo semejante a la fantasma» (*Aut*).

    v. 257 *mina*: 'artificio explosivo'.

    v. 259 *vive Dios*: es fórmula de juramento. Estos versos vienen a expresar que no hay pendencia sin juramento.

    v. 269 *garapiña de aloja*: una bebida fría, parecida al sorbete, de aloja. Y este era un líquido compuesto de agua, miel y especias.

    v. 270 *Suplicaciones*: una especie de 'barquillos'.

    v. 271 *tablillas*: «género de masa mezclada con algún dulce y extendida como las tabletas, que venden los barquilleros en los paseos» (*Aut*). Cáncer ya jugó con ambos términos en un romance que presentó al Certamen de la Virgen de la Aurora: «Ya no os podréis rebullir / de

	que no es menester con ellas	
	cumplimiento.	
Don Blas	Cosa linda,	
	por cierto, y lindo festejo	
	es con un dolor de tripas.	275
	¿No había dineros en casa?	
	La reputación me quitas.	
	Enfurecida.	
Tomasa	¿Qué dineros ha de haber	
	si tú no me los envías?	
Quiteria	¡Ah, mujer, que te despeñas!	280
Teresa	¡Mujer, que te precipitas!	
Las dos vecinas	¡Memento! Boleta y calla.	
	Que te destruyes si gritas.	
	Y hasta que no haya fiesta no haya riña.	
Tomasa	No habrá porque me vaya por apuesta,	285
	aunque sin riña para mí no hay fiesta.	
Don Blas	De suerte que no hay dineros…	
Tomasa	Sí hay, amigo; pero mira	
	que está cumplido con ellas.	
	Mayor ofensa sería	290
	el tratarlas como a estrañas.	
	¡No te enojes, no me riñas,	
	mi bien, mi señor, mi dueño!	
Don Blas	¡Voto a Cristo que es desdicha	
	que quien riñe todo el año	295
	hoy solamente no riña!	
	Sale don Gil vestido de mujer.	
Don Gil	¡Aquí había yo de hallaros,	
	pícaro infame, aquí había	

---

piadosas rogativas, / que son hoy suplicaciones / y mañana son tablillas» (*Romance A lo mismo, Poesía completa*, 29:53-56).

v. 282 *¡Memento!*: '¡Recuerda!'. De la frase «hacer sus mementos. Frase que significa detenerse a discurrir, con particular atención y estudio lo que a uno importa para algún fin» (*Aut*).

v. 285 *me vaya por apuesta*: 'me empeñe'.

v. 289 *cumplido*: 'comprometido, gastado'.

	de ser, de día y de noche.	
	Claro está vuestra guarida.	300
	Algún día había de dar	
	con ella, y vos algún día	
	me habías de pagar, traidor,	
	todas vuestras picardías.	
Don Blas	No me tires las guedejas,	305
	pues basta hacer que las tiras.	
Tomasa	Razón tiene esta señora.	
	¡Qué lástima quien no estima	
	este garbo, talle y brío!	
Don Gil	Aún no es esa la lastima,	310
	sino que tengo en mi casa,	
	suyas, cinco criaturitas	
	como los dedos, que todas	
	se cubren con una criba.	
Tomasa	Ya yo no puedo sufrir	315
	tan celosas osadías.	

Embisten las tres con don Gil, y él da voces.

Don Gil	¡Don Blas, don Blas, que me matan!	
Don Blas	Maten, que para mi vista	
	qué más toros y más cañas	
	que ver cuál te martirizan.	320
Teresa	¡Vil!	
Quiteria	¡Pícara!	
Tomasa	¡Infame!	
Todas	¡Aleve!	
Don Gil	¡Que me mesan, me pelliscan	
	y me pelan! ¡Voto a Cristo!	
(descúbrese)	¡Infames, que son mentiras	
	mis celos!	

---

v. 305 *las guedejas*: 'de las guedejas', omisión de la preposición por el cómputo métrico.
v. 310 *lastima*: pronunciada como llana por efecto de la rima.
v. 314 *criba*: 'que caben en una criba'. De tamaño ínfimo, pues.
v. 320 *cuál*: con el valor de 'cómo'.
v. 321 *aleve*: 'traidor'.

Las tres	Pues, ¿qué es aquesto?	325
Don Blas	Fuerza es que la verdad diga. Mi Tomasa, en primer cuarto no hay balcón; temí tus iras diciéndote que es segundo.	
Tomasa	Pésame por mis amigas, que queriendo festejarlas no quisiera deslucirlas.	330
Quiteria	Por nosotras no te pese.	
Teresa	Contigo, cosa es sabida, que en cualquier parte estaremos airosas.	335
Don Gil	Pues tan benignas suplís mis yerros, licencia me daréis para que os diga que no es sino tercero... Y de verdad, reinas mías, no es sino cuarto y a el sol. Y no me apuren que diga que es terrado, porque no hallé otro más arriba.	340
	Riñendo.	
Tomasa	¿Terrado se da a mujeres de mi esfera?	345
Las dos	No le riñas, que aun sin él nos quedaremos, y será mayor desdicha estarnos en casa.	
Don Gil	Eso dirá aquesta siguidilla.	350
Tomasa	Damas hay, que estos días todo su garbo	

---

v. 346 *esfera*: «calidad, estado y condición» (*Aut*).

se piensan que está vivo
y está enterrado.
Finis.

Visto y aprobado
Juan de Vera y Tassis

---

v. 354 *enterrado*: calambur: enterrado / en terrado.

v. 354+ *Juan de Vera y Tassis*: figura muy relacionada con Calderón de la Barca, de importante labor editorial (Rodríguez-Gallego, 2013). También ejerció de censor, como en este caso. Su mano se nota en la tachadura de algunos versos sin proponer alternativas (ver "Aparato crítico").

ENTREMÉS FAMOSO DEL SÍ.

DE D. JERÓNIMO CÁNCER

Personas que hablan en él.

Dos ladrones.   *Un almonedero.*
Un vejete.   *Cosme, gracioso.*
Una mujer.   *Músicos.*

Salen los dos ladrones.

LADRÓN 1   Amigo, ya el noble oficio
              de ladrón no tiene medra,
              pues no se halla ocasión
              en que las uñas se metan.
              Ya de moho, sin curarse,   5
              no abren las llaves maestras;
              y como no están trilladas
              las ganzúas crían yerba.

---

* Texto base: *Autos sacramentales con cuatro comedias nuevas* (1655).

v. 4 *uñas*: «Destreza, facilidad o inclinación a defraudar y robar» (*Léxico*). Es voz de germanía.

v. 5 *moho*: también «desidia u dificultad de trabajar, ocasionada del demasiado ocio y descanso» (*Aut*).

v. 6 *llaves maestras*: 'ganzúas', como se expresa más abajo.

v. 7 *trilladas*: 'usadas'.

	En fin, perecemos todos	
	sin remedio.	
Ladrón 2	¿Esto te altera	10
	cuando en el ingenio hay trazas	
	conque todo se remedia?	
Ladrón 1	Es imposible encontrarse.	
Ladrón 2	Mire, si hallarse pudiera	
	un hombre tan majadero	15
	que con nosotros riñera,	
	y metiéndole en un coche	
	bien vestido, a una almoneda	
	le lleváramos; y todos,	
	con muy grandes reverencias,	20
	fingiéndonos criados suyos,	
	con disimulo y cautela,	
	dijéramos al tratante	
	que era un señor de suprema	
	calidad, que por alhajas	25
	venía desde su tierra;	
	y después de haber tomado	
	fuentes, braseros y telas,	
	diciendo que íbamos todos	
	por dinero, a él en la tienda	30
	le dejáramos. Yo sé	
	que pudiera aquesta treta	
	valernos más que pensamos.	
Ladrón 1	Sí, pero en vano lo ordenas,	
	porque ¿dónde ha de haber hombre	35
	de tan sencilla rudeza,	
	que así se deje engañar?	
Ladrón 2	No es posible que le hubiera.	
Ladrón 1	No, pero no ha de quedar	
	jamás por mi diligencia.	40

---

v. 13 *encontrarse*: 'enemistarse, llevarte la contraria'.

v. 18 *almoneda*: 'tienda de complementos del hogar'.

v. 25 *alhajas*: «todo aquello que está destinado para el uso y adorno de una casa y de las personas: como son colgaduras, camas, escritorios, etc., o vestidos, joyas, etc.» (*Aut*).

v. 38 *No es posible que le hubiera*: falta la doble negación: 'No es posible que no le hubiera'.

LADRÓN 2	Retirémonos a un lado, que viene gente.

Sale el vejete y Cosme.

VEJETE	Di, bestia, ¿no te he dicho que me busques a aquel hombre que en la feria me habló el otro día?	
COSME	Yo, bien le vi, mas si las señas él no me da, no es posible conocerle aunque le viera.	45
VEJETE	Será de buena estatura.	
COSME	¿Cuál es la estatura buena?	50
VEJETE	Tan alto.	

Pone la mano alta, y siempre está de aquesta suerte.

COSME	¡Estese quedito!	
VEJETE	¿Para qué?	
COSME	Para que pueda, llevando así la medida, hacer que no se me pierda; pues hasta hallar a quien viere, se la mediré a cualquiera	55

Mide al viejo.

VEJETE	¿Hay tal simple?	
COSME	No sois vos, que sois chico.	
VEJETE	¡Tente, bestia! Y vete con mil demonios, que por no verte quisiera no mandarte nunca nada y servirme yo.	60

Vase.

---

v. 44 *feria*: 'mercado', el lugar donde concurrían los mercaderes para comprar, vender o trocar todo tipo de género.

Cosme	¡Qué flema! ¿No he de buscar para hallarle a quien la medida venga?	
Ladrón 2	Aguardad, que viene un hombre. Que si no mienten las señas parece un gran majadero.	65
Ladrón 1	Pues lleguemos.	
Cosme	¡Vaya de esta!	
Ladrón 2	¡Ay que me ha muerto!	
Cosme	Este es grande. Vamos a este otro.	

Mide al primero.

Ladrón 1	¿Qué intentas?	70
Cosme	Este es chico.	

Mide al segundo.

Ladrón 2	Majadero, baja este brazo.	

Baja el brazo.

Cosme	¡Ay águila, que se me ha ido aquí! ¡Ay San Antonio! ¡Ay mi muestra!	

Hace que la busca.

Ladrón 1	¿Qué buscas?	
Cosme	Aquí cayó.	75
Ladrón 2	¿Qué se ha caído?	
Cosme	La mesma medida que tiene un hombre que busco.	
Ladrón 2	Cumpliose apriesa nuestro deseo, que es simple.	

---

v. 72 *águila*: 'ladrón', en germanía; pero también es alusión a la rapidez en que ha perdido la medida o muestra, comparada a la velocidad del águila. Término que rompe la rima 'e-a' del romance, aunque es posible que el actor pronunciara la 'i' como 'e'.

v. 73 *que se me ha ido aquí*: 'que se me ha perdido'.

Cosme	¡Ay mi medida!	
Ladrón 1	Esto deja.	80
Cosme	Ayúdenmela a buscar, que si no llevo respuesta me matará mi amo a coces.	
Ladrón 1	Pues para que no le temas, puedes venir con nosotros.	85
Cosme	¿Y habrá que comer siquiera una ternera cocida?	
Ladrón 2	Mira, te pondré una mesa con pavos, pollas, perdices, capones, tortas rellenas de guindas y manjar blanco.	90
Cosme	¿Para mí solo?	
Ladrón 2	Sí.	
Cosme	Venga, que me estoy muriendo de hambre. Vamos, no se enfríe.	
Ladrón 2	Espera, que todo esto te daré si haces lo que yo te advierta.	95
Cosme	¿Y qué he de hacer?	
Ladrón 2	Que vestido de gala y plumas diversas has de venir con nosotros, y entrar en una almoneda;	100

---

v. 86 *habrá que*: 'habrá de'.

v. 91 *manjar blanco*: una popular crema espesa compuesta de «leche, azúcar y pechugas de gallinas, plato de españoles; antiguamente se guisaba en casas de los príncipes o señores, agora se vende públicamente con la tablilla a la puerta que dice: aquí se venden tortas y manjar blanco» (*Cov*), como en estos versos. Con el tiempo se eliminaron las pechugas y se sustituyeron por harina de arroz, sirviéndose en forma de pastelillos, de los que era muy aficionado Sancho Panza (*Quijote*, p. 1133).

v. 98 *plumas*: era adorno aparatoso y típico de soldados: «tarde la otra noche, vi / en la puerta y conocí / en las plumas al soldado» (Atribuido a Lope, *El alcalde de Zalamea*, vv. 18-20). Denotaba gallardía, aquí lógicamente a lo ridículo.

v. 100 *almoneda*: ver v. 18.

	y a cuanto te preguntaren, solo has de dar por respuesta sí; mas por diferenciar, tal vez, cuando se te ofrezca, di también: es mucha cosa.	105
COSME	Como yo coma sin pena, haré lo que me mandaren.	
LADRÓN 1	Cumpliose la estratagema.	
LADRÓN 2	Qué, ¿en fin lo harás?	
COSME	Sí.	
LADRÓN 2	¡Qué lindo!	
LADRÓN 1	¿Cómo te llamas?	
COSME	Sí.	
LADRÓN 1	Apriesa ha tomado la lición.	110
LADRÓN 2	Mas pregunto, ¿tu simpleza nos ha de echar a perder?	
COSME	Sí.	
LADRÓN 2	¡A mil diablos si esto hicieras te daría!	
COSME	Es mucha cosa.	115
LADRÓN 2	Vamos, que aún en la idea imaginado, ninguno más a propósito fuera.	

Éntranse y sale el almonedero con su mujer.

ALMONEDERO	Cuelga aquesas polleras, ponlas enfrente de las vidrieras para que más reluzga la esterilla. Alcanza ese vestido y más le ensancha,	120

---

v. 105 *es mucha cosa*: disparate sin sentido preciso.

v. 111 *lición*: forma popular y común de 'lección', también 'leción'. Según Lapesa, era forma entonces abundante (1998, p. 368). *ES* (1816) ya corrige por 'lección'.

vv. 116-117 *que aún en la idea / imaginado*: 'nunca podría imaginarme que'.

v. 119 *polleras*: un tipo de falda. Ver *Ranilla* 93.

v. 121 *esterilla*: trencilla de oro o plata, «de un dedo de ancho» (*Aut*).

	porque al resol famosamente brilla,	
	y mete entre el doblez aquesta mancha.	
	Y cuidado os encargo, y ojo alerta	125
	con todos los que entraren por la puerta.	
	Y lo que más encargo es la vajilla,	
	porque hay dama de aquestas de la villa	
	que entrando buena y sana en la almoneda,	
	sin que impedirse ni estorbarse pueda,	130
	le da un achaque allí tan de repente,	
	que en un brazo sacar suele una fuente.	
Mujer	Todo está prevenido. Cosa es rara.	
Criada	Con cuidado estaremos.	
Dentro	¡Para, para!	

Sale Cosme de gala, con pluma y banda, y los dos hombres con él como sus criados.

Ladrón 1	Aquí puede comprar vueseñoría,	135
	que esta es casa, señor, de gran valía.	
Almonedero	Usted me hace merced.	
Ladrón 1	Servirle espero.	
Almonedero	Pregunto. ¿Quién es este caballero?	
Ladrón 1	Es el barón de Grandi.	
Almonedero	¿Es de gran casa?	
Ladrón 1	Ya se conoce. Miren lo que pasa.	140

---

v. 128 *dama de la villa*: podría ser una prostituta, pero no lo parece por el contexto; más bien se alude al tópico de las damas-ladronas. Además, el sintagma «de la villa» es muy habitual en la expresión de Cáncer: «carro de la villa» (57: 60), «gigantes de la villa» (39: 75), «voto de la villa» (6: 4), ejemplos tomados de la edición de G. Maya para la *Poesía completa*.

v. 130 Este es un verso de trece sílabas en *AS* y *ES*: «sin que estorbarse ni impedirse aquesto pueda». Se ha corregido la lectura.

v. 132 *en un brazo sacar suele una fuente*: en una primera lectura, 'con poco esfuerzo puede birlar una fuente'; pero también es alusión a la sangría o corte ('fuente') que se hacía en el brazo para evacuar los malos humores. Cervantes: «Pues sepa vuesa merced que lo puede agradecer primero a Dios y luego, a dos fuentes que tiene en las dos piernas, por donde se desagua todo el mal humor de quien dicen los médicos que está llena» (*Don Quijote*, p. 1022).

v. 140 *conoce*: con el sentido de 'reconoce', término que utilizan *AS* y *ES*, pero que se ha omitido por el cómputo silábico.

ALMONEDERO	¿Quiere vueseñoría sentarse?
COSME	Sí.
LADRÓN 2	Ya empieza.
MUJER	Qué propio es de señores la llaneza.
LADRÓN 1	Comprar quiere preseas diferentes.
ALMONEDERO	¿Gusta vusía destas cuatro fuentes? 145
COSME	Sí.
LADRÓN 1	Vaya usté apartando.
ALMONEDERO	¿Quiere vueseñoría este aguamanil y esta bacía?
COSME	Sí.
MUJER	¿Quiere vueseñoría dos terlices labrados de hermosísimos matices? 150
COSME	Sí.
LADRÓN 2	Allí hay un buen brasero, ¿quiérele usía?
COSME	Sí.
ALMONEDERO	Gran caballero.
LADRÓN 1	Pues vamos despachando, y la cuenta usted vaya ajustando.
ALMONEDERO	Todo tiene su tasa.
LADRÓN 2	Eso queremos; 155 y en ajustando por dinero iremos, si gusta usiría.
COSME	Sí.

---

v. 144 *preseas*: 'alhajas'.

v. 146 *usté*: se ha eliminado la 'd' del pronombre para conseguir el verso heptasílabo.

v. 148 *aguamanil*: jarro terminado en pico para echar agua en una palangana o lavarse las manos.

v. 149 Verso hipermétrico (12 s.) con posible solución en 'vueseñoría → señoría'; no obstante, se ha preferido mantener la forma de los testimonios porque es la predominante en este fragmento; *terlices*: «Tela de lino u algodón de colores y tres lizos» (*Aut*).

v. 150 *matices*: 'colores mezclados en el tejido'.

v. 155 *tasa*: el precio que la justicia ponía a las mercaderías.

ALMONEDERO	Eso me place.
MUJER	Muy buena venta has hecho.
ALMONEDERO	Dios lo hace.
MUJER	Qué poquitas razones gasta el señor.
LADRÓN 1	Son melancolicones, 160 y el barón de Grandi trae un cuidado que está de un imposible enamorado.
MUJER	Su gran silencio admira.
LADRÓN 1	Como discreto al fin calla y suspira.
ALMONEDERO	Dos mil y cien ducados ha montado 165 lo que se lleva.
COSME	Sí.
MUJER	Miren qué agrado.
LADRÓN 1	¿Gusta vuseñoría de quedarse mientras este dinero va a contarse?
COSME	Sí.
LADRÓN 1	Pues seor mayordomo, cargue con todo aqueso.
LADRÓN 2	Lindo como. 170
ALMONEDERO	Está bien acordado, porque halle el coche desembarazado el barón, mi señor, para volverse.

---

v. 160 *melancolicones*: forma no atestiguada, posible neologismo de Cáncer a partir de 'melancolías' y el sufijo gracioso -cones. Relacionado con los estados de ánimo, hoy se identificaría con tristeza o depresión. No obstante, era frecuente en el teatro asociar este estado con la pasión amorosa, como en este pasaje de *Peribáñez y el comendador de Ocaña,* de Lope: «Cuando se siente mejor, / tiene más melancolía / y se queja sin dolor; / sospiros al aire envía: / mátenme si no es amor» (vv. 517-521). Sobre el asunto, resulta aconsejable la consulta de la monumental *Anatomía de la melancolía*, del clérigo inglés Robert Burton (1621), hoy con varias ediciones al alcance.

v. 161 *cuidado*: 'cuidado amoroso'.

v. 165 *ducados*: al cambio de fines del siglo XVI, 23 100 reales. Una cantidad considerable. Ver *Libro*, v. 117.

v. 170 *como*: 'burla, chanza'.

v. 172 *porque*: 'para que'; «desembarazado» es 'despejado', libre de los objetos comprados.

Ladrón 1	Aquí puede vusía entretenerse	
	en ver algunas joyas mientras vamos.	175
Cosme	Sí.	
Ladrón 2	¡Linda burla!	
Almonedero	No es malo que comamos	
	para tener desocupado el día.	
Mujer	¿Delante del señor?	
Almonedero	Su señoría	
	nos dará licencia.	
Cosme	Sí.	
Almonedero	¡Hola, Teresa!	
	Luego al instante pon aquí la mesa.	180

Saca la mesa con una polla asada y una garrafa de vino.

Criada	Ya está aquí prevenida.	
Almonedero	Trae el asado y saquen la comida.	
Criada	Ya tienes en la mesa la vianda…	
Almonedero	Gracias a Dios que hallé una polla blanda.	
	¿Quiere vuseñoría un bocado?	185
Cosme	Sí.	
Mujer	Gran cosa es, señor, ser soldado.	

Llega la silla a la mesa Cosme, y pónese a comer.

Almonedero	Sírvase de beber vuseñoría.	
Mujer	Pues beba en la garrafa, que está fría.	
Almonedero	Digo, aquestos crïados	
	no quisiera que fueran redomados	190
	y se llevasen lo que os he vendido.	
	¿Paréceos que con todo se habrán ido?	
Cosme	Sí.	

---

v. 176 Verso hipermétrico en los testimonios.

v. 180 *Luego*: 'Enseguida'.

v. 181 *prevenida*: 'preparada'.

v. 186 *soldado*: alusión por el traje estrafalario que llevaba, al igual que los soldados que iban con atuendos muy vistosos.

ALMONEDERO	¿Sí decís con flema tan melosa? ¡Gran tonto parecéis!
COSME	Es mucha cosa.

Sale el vejete.

VEJETE	¡Ha de casa!	
MUJER	¿Quién es?	
VEJETE	¿Qué hace la gente?	195
ALMONEDERO	Solamente comer. ¿Si sois servido?	
VEJETE	Bartolillo está acá. ¿Quién le ha traído?	
ALMONEDERO	¿Qué Bartolillo? ¿Estáis desalumbrado? Que es el señor barón.	
VEJETE	¡Os la han pegado! Algunos le vistieron deste traje, y os han robado.	200
COSME	Sí.	
VEJETE	¡Sois un salvaje!	
ALMONEDERO	¿Es verdad que has venido disfrazado?	
COSME	Sí.	
ALMONEDERO	¿Luego es verdad también que me han robado?	
COSME	Sí.	
VEJETE	A todo dice sí. ¡Gentil despacho!	
ALMONEDERO	¿Estáis borracho?	
COSME	Sí.	
VEJETE	Vos sois borracho, pues que os han hecho ahora tal pandilla.	205

---

v. 193 *flema tan melosa*: primer insulto al falso barón, por su melindrosa actitud.

v. 196 *¿Si sois servido?*: '¿Si gustáis?'

v. 198 *desalumbrado*: lo mismo que 'ciego'.

v. 201 *salvaje*: «Se usa también por desprecio [...] sumamente necio, terco, zafio o tonto» (*Aut*).

v. 203 Verso hipermétrico en los testimonios (12 s.).

v. 204 *Gentil despacho*: «Frase adverbial con que se significa la queja y sentimiento que causa una respuesta áspera o frívola resolución, en caso que merecía lo contrario» (*Aut*). *El sí y la almoneda* propone «lindo despacho», lo cual reforzaría lo apuntado en la nota 186.

v. 205 *borracho*: dilogía, por «el hombre disparatado, que hace o emprende cosas fuera de razón y ajenas de la cordura y madurez» (*Aut*).

MUJER	¡Desdichada de mí! ¡Ay mi vajilla!	
ALMONEDERO	Darele a este animal, que hablar no osa, cuarenta puntapiés.	
COSME	Es mucha cosa.	
MUJER	Al aire esparzo quejas. ¡Ay de mí! ¿Parecerá mi plata?	210

Salen todos y cantando dicen...

CANTAN	Sí, sí, sí.	
LADRÓN 1	Porque yo, mis señores, he jugado, y de cuanto perdí me he desquitado; y su hacienda le vuelvo y buen barato. Y si le pareciere al mentecato de Bartolo el bailar, festejaremos la burla.	215
COSME	Sí, sí, sí.	
TODOS	Vaya y bailemos. Muy mal jugó a las damas almonedero, sí, sí, sí, sí, pues le soplan las piezas. No sabe el juego, no, no, no, no, que cuantos entendidos opinión cobran. Sí, sí, sí, sí con un sí solamente y un mucha cosa, no, no, no, no.	220 225

---

v. 211 *Parecerá*: 'Aparecerá'. Aféresis muy habitual en el lenguaje de la época.

v. 214 *vuelvo*: 'devuelvo'. Nuevo caso de aféresis; «barato» era una 'propina' que se daba en el juego (ver *Francés*, v. 158).

v. 222 *soplan*: «En el juego de las damas y otros, vale quitar la pieza del contrario por no haber comido a su tiempo la que le correspondía» (*Aut*). Además, hay dilogía por 'hurtar las piezas de su tienda'.

v. 226 *opinión cobran*: es decir, que los entendidos 'ponen en duda su fama'.

ENTREMÉS DEL TAMBORILERO.*

De D. Jerónimo Cáncer.

Con licencia, en Madrid por Andrés García de la Iglesia. Año de 1659.

Véndese en casa de Juan de San Vicente, frontero de las Gradas de San Felipe.

Personas.

Mortero.   *Un vejete.*
Ana.   *Jusepa.*
Carpeta.   *Un alguacil.*

Sale Jusepa huyendo y Mortero tras ella, y Carpeta deteniéndole.

JUSEPA   ¡Ay que se ha vuelto loco, ay qué gran plaga,
             ay que me quiere dar, ay que me [plaga]!

CARPETA   ¡Mortero, reportaos!

---

* Texto base: *Once entremeses* (1659).

v. 1 *plaga*: lo mismo que 'calamidad', pero también 'infortunio, contratiempo'.

v. 2 *[plaga]*: se ha reconstruido esta forma, que aparece en blanco en el impreso. Del verbo 'plagar', «Llenar o cubrir a alguna persona o cosa de algo generalmente nocivo o no conveniente» (*DRAE*). 'Me hace daño'.

Mortero	¡Quitaos, Carpeta,	
	le esconderé en la sien esta baqueta!	
Jusepa	Y qué más escondida, mal marido,	5
	si me quiebra los cascos su ruido.	
	No quiero tamboril.	
Mortero	¡Yo sí le quiero!	
Carpeta	¡Teneos!	
Mortero	Mirá que so el tangorilero…	
Jusepa	Seldo, mas no perpetuo.	
Mortero	El preito es ese.	
Jusepa	¡No heis de tañer jamás!	
Mortero	¡No, y aunque os pese!	10
Carpeta	¿Por qué es esta pendencia y pelotero?	
Mortero	No más de porque so el tangorilero.	
Jusepa	Antes de amanecer tañe un poquito,	
	almuerza y tañe y bebe otro poquito.	
Mortero	La causa desto es…	
Carpeta	Saberlo espero.	15
Mortero	No más de que yo so el tangorilero.	
Carpeta	Pasa adelante.	
Mortero	Mi mujer ha dado	
	en que no he de tañer. Y es escusado	

---

v. 4 *esconderé en la sien*: 'se la meteré en la sien', 'se la clavaré. La «baqueta» a la que se alude es lógicamente el 'palillo' o utensilio del marido-tamborilero.

v. 8 *Teneos*: 'Deteneos'.

v. 10 *heis*: forma anticuada y rústica de 'habéis'. Aunque el verbo haber conservó durante el Siglo de Oro la duplicidad de las formas *hemos* y *habemos*, aquí tiene que interpretarse como una forma vulgar de hablar, al igual que *tangorilero, mirá, so, preito*…, que ayudan a dibujar ese aire de rusticidad de los personajes; «aunque os pese», lo mismo que 'mal que le pese'.

v. 17 *Pasa adelante*: 'sigue hablando, continúa'. Cervantes: «Pues yo te aseguro —dijo don Quijote— que, ahechado por sus manos, hizo pan candeal, sin duda alguna. Pero pasa adelante: cuando le diste mi carta, ¿besóla? ¿Púsosela sobre la cabeza? ¿Hizo alguna ceremonia digna de tal carta, o qué hizo? (*Quijote*, p. 358). Lope de Vega: «Casilda. ¿Tú me habías de decir / desatino semejante? / Inés. Deja que pase adelante. / Casilda. ¿Ya cómo te puedo oír? (*Peribáñez*, vv. 1944-1947).

	que si ella es porfiada yo so entero.	
	Ansí, os he dicho que so el tangorilero.	20
Carpeta	Ya lo habéis dicho.	
Mortero	Y como con mi oficio.	
	Que yo, Carpeta, no tango de vicio.	
	¿Oís, mujer?	
Jusepa	¡Qué me queréis, Mortero!	
Mortero	¡Os he dicho que so el tangorilero!	
Carpeta	Sí. Lo habéis dicho, amigo, y que las danzas	25
	se componen de sones y mudanzas;	
	pero la causa del disgusto espero.	
Mortero	¡Ansí os he dicho que so el tangorilero!	
Jusepa	Ya lo heis dicho, bestión, pasa adelante.	
Mortero	Está sujeto a mí todo lanzante.	30
	Por todo cascabel gordo me muero.	
	Ansí, ¿os he dicho que so el tangorilero?	
Carpeta	Ya lo sé, proseguid con vuestra historia.	

---

v. 19 *entero*: «recio, riguroso, inflexible y tenaz de condición» (*Aut*).

v. 22 *tango*: corrupción de 'taño'. Del verbo tañer.

v. 25 *danzas*: porque el tamborilero tocaba el tamboril, y este era un instrumento característico de las danzas.

v. 29 *bestión*: aumentativo de 'bestia', «en castellano por esta palabra solamente se entiende el animal corpulento y cuadrúpedo y especialmente domésticos, como caballos, mulos, asnos» (*Aut*); «pasa adelante» es pedir que continúe hablando (ver nota 17).

v. 30 *lanzante*: 'danzante'.

v. 31 *cascabel gordo*: tipo de danza o baile popular descocado y truhanesco, según Deleito y Piñuela (...*También se divierte el pueblo*, capítulo *Las danzas «de cascabel»*, pp. 68-72); «las *danzas de cascabel* se acompañaban de romances, jácaras, coplas y seguidillas, compuestos *ad hoc* por poetas populares, y cantados con música de guitarras, bandurrias, panderos y demás instrumentos de uso vulgar. Los bailarines, y especialmente las bailarinas, zapateaban sobre el tablado de la escena o del mesón frenéticamente, moviéndose, girando y retorciéndose de modo violento» (p. 72). Querol Gavaldá: «Los danzantes llevaban muchas veces sartas de *cascabeles* sujetos a sus pantalones en un trozo de cuero. Entonces la danza se llamaba *cascabelada* y según fuese el tamaño de los cascabeles se denominaba *danza de cascabel gordo* o de *cascabel menudo* (2005, p. 198). *Autoridades* acuña como expresión «de cascabel gordo. Apodo que se da y dice de las personas que son ordinarias y parecen rústicas en su trato, chanzas y gracejos». Cotarelo, en su capítulo de 'Danzas populares', expresa: «otra clase eran las llamadas *de cascabel gordo o menudo*, muy antiguas, pero que duraron hasta fines del siglo XVII. Se usaban en las fiestas del *Corpus*» (p. CLXX).

Mortero	Tengo de mi mujer queja notoria,
	que de tañer me quita la esperanza. 35
	¿Pues quién ha de tañer si hay una lanza?
	Yo, que so y seré, si no me muero,
	por la gracia de Dios, tangorilero.
Carpeta	Acabad con el cuento, camarada.
Mortero	¿Pues ser tangorilero es ser casi nada? 40
	Mas tomallo de atrás un poco quiero.
	¿Os he dicho que so el tangorilero?
	Pues viene mi mujer, toma y qué hace.
	Pare en un cuarto de hora, el niño nace,
	es blanco el sacristán, mi mujer negra, 45
	da el muchacho de coces a mi suegra,
	préndenle.
Carpeta	¿Al niño?
Mortero	Al niño, al niño, al niño.
	Que la josticia
	porfía que lo hizo con malicia.
	El cura rabia, endiáblase el barbero 50
	y, en efeto, yo so el tangorilero.
Carpeta	Vos lo habéis dicho como se esperaba.
Mortero	Pues lo mejor del cuento me faltaba.
Jusepa	El diablo que os espere, yo me entro.

Vase.

---

v. 36 *lanza*: corrupción de 'danza'; al igual que 'lanzante-danzante' del v. 30.

v. 41 *tomallo de atrás*: 'volver a atrás, recordar'.

v. 43 *toma y qué hace*: muletilla ponderativa muy ridiculizada que utilizan otros autores de la época con diferentes variantes. Cervantes: «Vengo, pues, y tomo ¿y qué hago?» (*Don Quijote*, p. 965). Quevedo: «Y viene, y toma, y ¿qué hace?, / y ¿qué hace?, ¿viene y toma?, / sino aguarda que se atieste / de gente la sinagoga» (*POC*, 682, vv. 57-60).

v. 45 *sacristán*: disparate, sugiere que es hijo de un sacristán. Este era un tipo social de larga tradición lasciva en los entremeses.

v. 46 *da de coces*: 'maltrata'.

v. 50 *barbero*: sacristán, cura, barbero... personajes popularmente satirizados, habituales en el refranero: «El cura y el sacristán, el barbero y su vecino, todos muelen en un molino; ¡y qué buena harina harán! El sacristán es el barbero; el cura, el vecino; con que, pareciendo cuatro, no son más de dos» (*Correas*).

MORTERO	Había de ser más presto y en el centro. ¿Fuese?	55
CARPETA	Ya se fue.	
MORTERO	Carpeta, miraldo muy bien.	
CARPETA	Ya pasa el trascorral.	
MORTERO	¿Cierto?	
CARPETA	Y muy cierto.	
MORTERO	Volveldo a mirar.	
CARPETA	Ya escampa. ¿Es lo del tamborilero?	60
MORTERO	Pues Carpeta de mi alma, amores míos...	
CARPETA	¡Qué es esto! ¡Aún peor está que estaba!	
MORTERO	Mi querido...	
CARPETA	¡Hágase allá!	
MORTERO	Dame la mano y palabra...	65
CARPETA	¡Qué palabra ni qué mano, hombre! ¿No ves estas barbas?	
MORTERO	...De ayudarme a resquebrar.	
CARPETA	¿A quien, Mortero?	
MORTERO	A la hermana del doctor.	

---

v. 55 *Había de ser más presto y en el centro*: como si dijera 'tendría que ser muy rápido para cogerme' (el diablo).

v. 58 *trascorral*: 'cercado detrás del corral'. Como si dijera 'ya se aleja'.

v. 59 *Ya escampa*: es alusión a la frase «Ya escampa y llovían guijarros. Modo de hablar con que se da a entender la pena que ocasiona el que es pesado y demasiadamente molesto en su conversación» (*Aut*).

v. 65 *Dame la mano y palabra*: «Dar mano y palabra. Frase que se usa para explicar mayor fuerza en la promesa con que uno se obliga a alguna cosa. Es tomada del uso con que se celebra el matrimonio» (*Aut*).

v. 68 *resquebrar*: 'requebrar, galantear'.

Carpeta	¡Cuerpo de Dios!	70
	Hablara para mañana.	
Mortero	La vo a dar una musquina.	
Carpeta	¿Con laúd o con guitarra?	
Mortero	No, son con el tangoril.	
	Y si sale a hablarme Ana	75
	para decirla resquiebros,	
	sopradme vos por de zaga,	
	porque so un tonto, por Dios.	
Carpeta	Yo lo haré de buena gana.	
	Cantad, que a la puerta espero.	80
Mortero	Va una lletra dedicada.	
	Vide la burra y no vide a vos,	
	y el corazón se me hizo dos.	

Sale Ana a la ventana.

Ana	¿Es Mortero?	
Mortero	Y almirez.	
	Hola, soprad, camarada.	85
Carpeta	Decilda, mi amor…	
Mortero	Decilda, mi humor…	
Carpeta	…Si te casas…	
Mortero	…Si te cansas…	

---

v. 71 *Hablara para mañana*: «Hablara yo para mañana; hablara yo para el tercio de la casa, o para otro año. Dícese al que ya tarde acabó de decir lo que debía o quería» (*Correas*).

v. 72 *musquina*: 'musiquina'. Término vulgar utilizado en otros entremeses. Zamora: «¿Qué musquina es esta?» (*El alcalde nuevo*, v. 76). Se elimina el pronombre inicial "yo" para ajustar la métrica del verso.

v. 74 *son*: 'sino con', forma avulgarada; «tangoril» es 'tamboril', en esa jerga del tamborilero que convierte el grupo consonántico 'mb' en 'ng'.

v. 77 *por de zaga*: 'por detrás'.

vv. 82-83 *Vide la burra y no vide a vos, / y el corazón se me hizo dos*: expresión de la época encontrada también en los repertorios de Gonzalo Correas o de Julio Cejador en su *Diccionario fraseológico del Siglo de Oro*: «Cuando vi venir la burra, y non vi a vos, el corazón se me hizo en dos», insertado en el romance.

v. 84 *almirez*: 'mortero de bronce', por diferenciarlo del de piedra o madera.

Carpeta	…No tendré la falta yo.	
Mortero	…Yo no tañeré la frauta.	
Carpeta	Humilde pido el perdón…	90
Mortero	Humilde pido el pendón…	
Carpeta	…A esas manos soberanas.	
Mortero	…A esas manos segovianas.	
Carpeta	Si no es que eres tortolita.	
Mortero	Si no es que eres troglodita.	95
Carpeta	Quedo, albarda.	
Mortero	Quedo, albarda.	
Carpeta	¡Calla, bestia!	
Mortero	¡Calla, bestia!	
Ana	Mortero, discreto andas. ¿Has mirado en Tito Livio?	
Mortero	Yo soy persona muy llana, nunca miro en titolillos.	100

---

v. 88 *No tendré la falta yo*: verso un tanto ambiguo, que apunta hacia 'no tendré la culpa yo', pero sin descartar 'no pienso faltar'.

vv. 90-95 Tres pareados con rima consonante de parónimos que parecen desmarcarse de la rima asonante del romance. Si, por el juego de palabras, se considera cada pareado como un verso solo, se mantendría la rima asonante en 'a-a'.

vv. 94-95 Se ha cambiado el orden de estos versos para que se entienda mejor la prevaricación. En el único testimonio «toglodida» está en el 94 y «tortolita» en el 95. A su vez, se ha sustituido «toglodida» por «troglodita» por efectos de la rima; «tortolita» es lo mismo que 'tórtola', «Es símbolo de la mujer viuda, que muerto su marido no se vuelve a casar y guarda castidad» (*Cov*). Rodrigo de Herrera: «A estotra parte se escucha, / en la alcándara de un tronco, / la tortolilla viuda, / que del tortolillo esposo / hace las obsequias tristes / con pico suave y ronco» (*Castigar por defender*, vv. 131-136).

v. 96 *albarda*: 'aparejo para llevar la carga de las bestias', aquí con el sentido de 'burro, asno… servidor': «al que tienen por necio decimos que es un albarda, por no decir derechamente que es un asno enalbardado» (*Cov*); «Fulano es un albarda. Frase vulgar con que se denota que algún sujeto es necio y pesado en su conversación o en sus acciones para no decir expresamente que es un asno o un jumento» (*Aut*). Era término que se empleaba como insulto en las típicas pullas entremesiles.

v. 99 *Tito Livio*: reconocido historiador romano. Ana, sorprendida, le dice a su pretendiente si se ha mirado en el espejo de Tito Livio, por su elocuencia.

v. 101 *Nunca miro en titolillos*: 'titulillos'. Además del chiste, parece alusión a «andar en titulillos. Modo de hablar que vale reparar en cosas de poca importancia en materia de cortesías y otras semejantes» (*Aut*).

ANA	De cualquier suerte, me agradas;	
	mas vamos a lo que importa.	
	Mi hermano se ha ido a la plaza	
	a una visita; tú, en tanto,	105
	te arrima a aquesa ventana,	
	haciendo a los que pasaren	
	gestos y figuras varias;	
	y cuando vuelva mi hermano,	
	de miedo no entrará en casa,	110
	y nosotros hablaremos.	
	Vase.	
MORTERO	De tu pergeño es la traza.	
	¡Anda en buen hora Carpeta!	
CARPETA	¿Qué es esto?	
MORTERO	No es casi nada,	
	que me quedo aquí esta noche	115
	a espantar a cuantos pasan.	
	Idos, que os espantaré.	
CARPETA	Alguna burla le traza.	
	Voy a avisar la justicia,	
	no sea la burla pesada.	120
	Vase.	
	Pone la caja en el suelo, y él delante haciendo gestos.	
MORTERO	Oh, qué gestos he de hacer.	
	¡No ha de haber persona humana	
	que no se muera de verme!	
	Sale el vejete con una linterna.	
VEJETE	En fin, murió doña Eufrasia,	
	Dios la perdone. Que cierto	125
	que no he hecho más acertada	
	cosa después que ha que curó.	

---

v. 104 *hermano*: en la estimación de la época, a falta de marido o padre, el hermano era el guardián de la honra familiar.

v. 112 *pergeño*: 'ingenio, habilidad'.

v. 121+ *caja*: el tambor. Los «gestos» son movimientos ridículos.

v. 123+ *linterna*: 'farol portátil'. Como recuerda el v. 115, es de noche.

Háceles gestos Mortero.

Ahora ya he llegado a casa.
Éntrome dentro. ¡San Lesmes,
san Dimas, santa Leocadia! 130
¡Jesús, qué horrible visión!
¡El alma es de doña Eufrasia,
que ha venido a perseguirme!

Sale la justicia.

Justicia ¿Quién va a la justicia?

Vejete Un alma
que aquí se me ha aparecido, 135
y en la puerta de mi casa
se ha plantado.

Jusepa ¡Pues lleguemos
todos!

Mortero ¡Pues de gestos vaya!

Vejete ¡Santa Tecla!

Jusepa ¡San Panuncio!

Vejete ¡Que me engulle!

Justicia ¡Que me masca! 140

Mortero ¡Valga el diablo los borrachos!
¿No echan de ver esta cara?
¿No ven este tamboril?
¿No conocen esta gaita?

Vejete ¿Quién es?

Mortero ¡El tamborilero! 145

Vejete ¿Pues qué quieres en mi casa?

Mortero Que a roar el tamboril

---

v. 139 *San Panuncio*: es posible alusión a san Pafnucio de Egipto, discípulo de san Antonio (ca. 251-360); pero, en realidad, invocación a santos marginales (aquí ridiculizados) en exclamaciones o conjuros extravagantes (Iglesias Ovejero, 1982, pp. 75 y 293).

v. 144 *gaita*: una especie de flauta o chirimía que acompaña al tamboril en las danzas. Aunque «en el estilo familiar significa el pescuezo o la cabeza» (*Aut*).

v. 147 *roar*: no se ha podido documentar el término. Podría tratarse de una errata por 'tocar', verbo al cual se alude o simplemente una deformación más de la jerga del tamborilero.

	y que al son de las guitarras,	
	bailemos dos seguidillas	
	mi mujer, yo y vuesa hermana.	150
Todos	¡Vaya de baile y de gira!	
Mortero	De gira y de fiesta vaya.	
	Cantan.	
Jusepa	Mi marido es tamborilero,	
	Dios me lo ha dado	
	y así me lo quiero.	155
Mortero	Mi mujer es tamborilera,	
	que ruego yo a Dios	
	que presto se muera.	

---

v. 149 *seguidillas*: «... Llámase así por el tañido a que se cantan, que es consecutivo y corriente» (*Aut*).

v. 151 *gira*: «cualquier bulla o regocijo entre muchos» (*Aut*).

vv. 153-155 *Mi marido es tamborilero, / Dios me lo ha dado / y así me lo quiero*: variante de la fuente «Mi marido es cucharetero: / diómelo Dios, y así me le quiero» (Frenk, 1987, nº 1722 y el vocabulario de Gonzalo Correas). Se encuentra también como expresión paremiológica en la 5ª ed. del diccionario de la RAE (1817), s.v. 'marido' con el siguiente significado: «persuade estar contento alguno con su suerte».

V

APARATO CRÍTICO

SIGLAS: Almería (*A*), Alonso del Riego (*AR*), *Autos sacramentales con cuatro comedias nuevas* (*AS*), *Colección de entremeses y bailes* (*CB*), *Colección de entremeses* (*CE*), *Entremeses Varios* (*E*), Imprenta de Estevan (*ES*), *Flor de entremeses* (*F*), *Floresta de Entremeses* (*FE*), *Laurel de entremeses* (*L*), Luis la Marca (*LM*), *Manojito de entremeses* (*M*), *La mal acondicionada* (*MA*), *Los matachines* (*MT*), *Las mudanzas* (*MU*), *Once entremeses* (*O*), *Perico y Marina* (*P*), *Rasgos del Ocio* (*R*), *La regañona y fiesta de toros* (*RF*), manuscrito RM-6913 (*RM*), *El sí y la almoneda* (*SA*).

Se recogen en este Aparato Crítico todas las variantes de los testimonios que se han considerado más relevantes en la transmisión, partiendo siempre del texto conceptuado como de mayor autoridad. Como se aprecia en el Estudio Textual, en tres entremeses (*Francés, Golosos, Sí*) coinciden varios testimonios impresos del siglo XVIII sin la mayor relevancia para el estudio. En estos casos se ha optado, como muestra, por uno solo de ellos.

1. Este lo paga

>Texto base: *Laurel de entremeses* (1660) (*L*). Cotejado con el manuscrito de la RAE, RM-6913 (1728) (*RM*) y con *Colección de entremeses* (Mss/14089) (s. XIX) (*CE*).
>* Personas que hablan: *Hombre 1º, Sargento*] Dos hombres *L*

1 muesamo, que me han muerto] *om. RM CE*

19	es] está *CE*
31	ingüente] ingüete *CE*; y de plomo] y el de plomo *L*
38	le vi] la vi *RM CE*
39	veía] vía *RM CE*
50	mozo] *om. CE*
51	pues] *om. CE*
53	lo] *om. L*
70	¿Más que habiendo comido muy severo] ¿Hay más que, habiendo comido muy severo *RM CE*
71	decir so compadre venga el dinero?] decir so compadre venga ese dinero? *RM CE*
	so] seor *RM CE*
71+	Salen sargento y un hombre] Salen dos hombres *L*
85	¿Señor?] *om. CE*
89+	*om. L*
92+	*om. L*
98+	*om. L*
100	docientos] ducientos *RM CE*
103+	Arroja el vaso] *om. L*
110+	Arroja el vaso] *om. L*
113	pared en medio] pared por medio *CE*
127	conforme a la ley] según las leyes *CE*
143	a hacer eso] en aqueso *CE*
153	fuera] será *CE*
154+	*om. L*
157+	*om. L*; gracioso] *om. CE*
159	escusaba] acusaba *RM*
160	quijera] quisiera *RM CE*
174	Este] Esto, *err. L*
175	Quítase el paño de los ojos] *om. L*
180	milicia] malicia *RM CE*
193-209	*omisión de este final en RM CE sustituido por:* Aqueste lo paga. ¡Ah, viejo!
199	lo] los *err. L*
209+	*om. L*; le] *om. CE*

2. El francés

Texto base: *Flor de entremeses* (1676) (*F*). Cotejado con *Entremeses varios* (1677?) (*E*) y con "Alonso del Riego" (s. XVIII) (*AR*).

6	Vuélvela] Vuélvala *E AR*	
19+	Vanse] Vase *E AR*	
62	Besi] beso *E AR*	
83	sun] sus *E AR*	
83	soletado] suletado *E AR*	
87	peltrechón] pultrechón *E AR*	
89	gatupera] garupera *E AR*	
93	Duca… tilín] Ducatilin *F E AR*	
98	señor] señora *err. E AR*	
104	tabaqui… rico] tabaquirico *F E AR*	
106	entendió] entiendió *err. F*	
108	Yo] No *E AR*	
114	patatón] paratón *err. E AR*	
167	de uno por ciento] uno por ciento *F E AR*	

3. El gigante

Texto base: *Flor de entremeses* (1676) (*F*). Cotejado con *Colección de entremeses y bailes* (Mss/15403) (s. XVII) (*CB*).

* Personajes] Personas que hablan en él *CB*. Desaparecen del elenco de *CB*: Palomeque, Casilda, María y Músicos.

Acot. inicial] Salen el sacristán y Burguillos *CB*

5	¡No me dirá que es esto que le ha dado!] No me dirá que es lo que se ha dado *F*
29	mas] y *CB*
34	no le digas din dan] no digáis dan din don *CB*
38	Yo me muero] Ya me muero *CB*
46	lo honesto] todo lo honesto *F*
49	la ven] la ve *F*
50	de todos] a todos *CB*
55	los dos de sus hijas] los da a sus hijas *CB*
66	se lo retoque] se le retoque *CB*
80	mientras a Marica] mientras yo a Marica *CB*
104+	Salen el pintor con recado de pintar y el vecino] Vanse y sale el pintor y un vecino. El pintor con recado de pintar en las manos *CB*

115	es muy barato, que hay pocas] no se hallan porque hay pocas *CB*
149	Salen las dos] *om. F*
150	haciendo algo] cosiendo *CB*
153+	*om. CB*
164	mandado] mando *err. F*
174	que ese es un hombre] que aquese es hombre *CB*
184+	Sale Palomeque con Burguillos vestido de gigante *CB*
203+	*om. CB*
206	verás] veréis *CB*
206+	Vanse y queda el pintor y Burguillos *CB*
218+	*om. CB*
220+	*Acotación en CB*: Ahora comienza a pintarle la cara
222	me da el viejo su retrato] me da el suegro su recado *CB*
231	me quieres bien] te quiero bien *CB*
240+	*om. CB*
261	y esta al jarro] y a esta el jarro *CB*
269+	Salen las dos] Salen todos *CB*
273	más de] más que *CB*
274	paguéis] pague *CB*
275	están casadas] ya están casadas *CB*
278	manoseado] manoteado *CB*
277-282	*Versos tachados en CB*
281	que aquesto] porque esto *CB*
283	traidoras] traidores *CB*
286+	Cantan y bailan] Cantan todos *CB*
293	casa tus hijas] casa a tus hijas *CB*
295-298	*om. CB*

4. Los golosos de Benavente

Texto base: *Once entremeses* (1659) (*O*). Cotejado con la suelta manuscrita de Almería (*A*); y con *Entremés de Perico y Marina. Por otro titulado Los golosos* (impreso s. XVIII) (*P*).

1	con cuidados] con criados *A P*
5	un Perico, un Lorenzo, una Marina] un Lorenzo, un Perico, una Marina *A P*
6	los tres autores de la golosina] autores todos tres de golosina *P*
7	que en siendo de comer, cualquier recado] pues si hacen de comer algún bocado *P*

9	que son golosos] pues son golosos *A P*
10	y habrá para un traidor dos alevosos] y abrasará un traidor tres alevosos *P*
11	*om. A*
13	Muesamo, ¿qué me manda?] ¡Señor! *O*; Dónde] adónde *O*
13-15	Lorenzo. Muesamo. / Vejete. ¿De dónde respondistes / que del abismo la respuesta distes? / Di mozo, ¿aquesta voz dónde la sacas? *A*
15	*omisión de este verso en O*
16	urracas] burracas *P*
17	¡Cómo! Di de qué suerte] ¿De urracas? ¿Cómo? *A*; ¿De qué manera? *O*
18	*om. A O*
19	Yo tengo] tengo *O*
21	échole al prado] sácole al campo *A*
25	y él con la mano] y con la mano *P*; en la cola] de la cola *A*
26	mata de cada golpe una urraca] mata ligero una y otra urraca *P*
27	Dejad eso] Dejaos deso *A*; Deja] Dejad *P*
28	llevadle] llévale *P*
29	porque esté] porque vaya *P*
30	maniatado habéis de ir] atado tienes de ir *P*
30+	*om. A P*
31	qué imagina] en qué imagina *A*
32	cose] ata *P*
33	viejos y ingeniosos] viejos ingeniosos *P*
36	procuraré vengarme] me tengo de vengar *A*
37-39	*versos sustituidos por* ¡Marina! *en A*
37	*om. O*
38	Mándeme usted, señor] ¡Señor! *O*; gentil doncella] linda doncella *P*
41	redoncella y todo] redoncella *O*
42-44	Doncella y redoncella no es buen modo, / que doncella aforrada / o está rota o a pique de rasgada] No es buen modo, que doncella aforrada o ya está rota o cerca de rasgada *O*; muy cerca de rasgada *A*
45-46	Tomad, llevad a Inés, el dueño mío / aquestos naterones] Ve tú, y a Inés, el dueño mío, / llevarás estas natas *P*; este plato de natas *A*
47	No lleváis dellos el escote] no cobréis de ellas escote *P*; dellas *A*
48	he de ataros al cogote] llevarás en el cogote *P*; llevaréis en el cogote *A*
48+	*om. A P*
50	caduco] maldito *P*
51-52	*om. O. En A sustituidos por*: Vejete. ¡Ah, Perico! / Perico. Señor.
53	agudo] aguado *O*; viene] vienes *err. A O*
54	Ahí verá usted el mozo] Aquí verás el mozo *A O*

55	Y tanto] Tanto *P*
56	pasaré sin comer] me estaré sin comer *A*
57	¿De qué modo tu pecho a tal se atreve?] Tu pecho a tal se atreve. ¿De qué manera? *A O*
59-60	y otras veces más tarde, / y cenaré a las cinco de la tarde] y sin hacer alarde, / comeré a las cinco de la tarde *P*
61	y desta suerte, con la virtud mía] y con aquesto y con la virtud mía *A*; con esto, pues, y aquesta virtud mía, *P*
63	Linda abstinencia] Grande abstinencia *A*
66	llevarás este brazo en esta arquilla] el brazo llevarás en esta horquilla *O P*
67	om. *O*
67+	om. *A P*
68	Pareceré soldado] Pareceré soldado estropeado *P*
69	estropeado] derrotado *A*
69-71	om. *P*
70-73	om. *A*
72-73	Con esto iré seguro, / y así vengarme de los tres procuro] Así vengarme de los tres procuro, / y mi regalo llegará seguro *P*
73+	con el pastel] con un plato *P*
74	¡Oh, cómo huele mi pastel hermoso!] No me hagas del ojo pastel hermoso *A*
75	¡Qué limpio me parece y qué sabroso!] ¡Qué lindo me pareces y sabroso *A*; y sabroso *O*
76	¡Ay, Dios, quién te alcanzara] así yo te alcanzara *P*
77	la lengua] la boca *A*
78	mas si en vano peleo] Mas en vano peleo *P*
79	recibe, pastel mío, el buen deseo] recíbeme, pastel, mi buen deseo *P*
79+	Sale Marina con el plato al cogote] Sale Marina con los naterones *O*
80	¡Ay, naterones! ¿Quién os causó enojos?] ¡Ay, natas! ¿Quién os dio tantos enojos? *P*; causa enojos *A*
81	que ni aún miraros puedo de mis ojos] que aún miraros no puedo con los ojos *P*; que aún no puedo miraros con los ojos *A*
82	Quién para aqueste viejo matalote] Ay si por este viejo mazacote *A*; para aqueste] por aqueste *P*
84-85	om. *A P*
89	quién te pudiera] quién os pudiera *P*; que no os pudiera *O*
90	modo tirano] modos tiranos *P*
91	teniéndole en la mano] llevándole en las manos *P*
97	que todos tres] que entre los tres *P*. *A continuación se añade este verso en A*: ¿De qué suerte? Decid.

98-99	Marina y yo en el plato de Lorenzo, / Lorenzo el de Marina] Marina y yo comamos / de Lorenzo en el plato, y pues estamos / conformes sin mohína, / coma en el plato Lorenzo de Marina *P*
99	Lorenzo el de Marina] Tú, Lorenzo, en el plato de Marina *A*
99+	*om. A P. En P sustituido por* «Comen».
100-101	*om. P*
101	*Verso de Perico en A*
103	Periquito] Periquillo *A P*
104	Espérate] Aguárdate *A*
105	pues traigo] pues tengo *A P*
105+	*om. A P*
107	para este pobre] para el pesebre *O*
108	Lorenzo, aparta, tente] Llega, Lorenzo, tente *A*; aparta] espera *P*
109	como en fuente] como fuente *P*
110	vino lindo] vino santo *A*
111+	Sale el vejete *A P*
112	aquestos] aquesto *P*
115	Pagará si puedo *om. A*; Marina. Señor, Lorenzo. / Perico. Señor, Marina. / Lorenzo. Perico fue, señor *ad. A*
116+	*om. A P*
117	Aqueso es darle abrazos] ¿Qué haces, tonto? ¡Que esos son abrazos! *A*
118-121	*Final diferente en A y P. A*: Lorenzo. Pues diga de qué modo. / Vejete. De aquesta suerte. / Perico. Tente, Lorenzo, agárrale bien fuerte. / Vejete. ¡Ah, traidores! ¡Ah, perros! / Lorenzo. Dalde todos, y pagará sus yerros. *P*: Perico. ¿Pues cómo ha de ser? Di. ¡Oh, lance fuerte! / Vejete. ¿No has andado a la escuela? Desta suerte. / Perico. Tenle, Lorenzo, asido. / Y lleve con un palo / porque sepa a quién fía su regalo. // Le dan al viejo con los matapecados y se meten dentro. *Desaparecen las acotaciones explicativas intercaladas.*

5. *Juan Rana mujer*

Solo se conoce un testimonio, *Flor de Entremeses* (1676).

6. *Juan Ranilla*

Texto base: *Rasgos del ocio* (1664) (*R*). Cotejado con *Flor de entremeses* (1676) (*F*). Hay cambios en la identificación de los personajes: Ranilla corresponde al Alcalde en *F*. Así como el Escribano es el Barbero y

Rana es Juan. Se ha sustituido Mujer 2 por Hermana (*F*) por ser más explicativo.

* Interlocutores: Juan Ranilla alcalde, Un escribano, Un barbero, Juan Rana alcalde, Su mujer de Juan Rana, Una hermana del barbero *F*

* Acotación inicial: Salen el alcaldillo y el escribano y el barbero *F*

5	Préndemele] Prendédmele *F*
8	mas] pero *F*
14	alcalde] alcaide *F*
19	trae] tray
23	habelidad] habilidad
26	Juan Ranilla] Escamillilla
28	deminotivo] diminutivo
37	Juan Rana] Escamilla
38	Y así es vengarme dél toda mi gana] Y así vengarme dél es mi rencilla
43	heria] feria
45	¿Qué me darás si a ese Juan Rana entero] ¿Qué me dará si a este Escamilla entero / entero, *ad. R*
47	os le pongo en las manos] se le pongo en la mano
48	hagas] haga
52	galeras] galaras *err. F*
53	haceldo] hacedlo; que os prometo] que yo os prometo
54	vueso] vuestro
58	Veníos] Venid
60	¡He Dios!] ¡Par Dios!
61	el verme dél vengado] vengarme dél
63	cuál el Juan Rana es u el Juan Ranilla] cuál Escamilla es o es Escamillilla
63+	Vanse, y salen Juan Rana con todo de lo que dicen los versos y la mujer] Vanse, y sale Juan Rana y su mujer, y él cargado de lo que dicen los versos.
67	pretendes] pretendéis
68	ves] veis
70	Pues] *om. F*
72	fueran] hicieran; uno] unn *err. R*
74	Perico] Juanico
76	Y ese Perico y esa Marica] Y aquese Toribico, ese Marica
77	Toribico] Juanico
78	habrá] hay
82	Es] *om. F*
83	aventaros] avenraros *R*

85	deslumbrarme] desalumbrarme
86	ella] leña
89	talego] talegón
94	y lo digo] yo lo digo
94+	admirándose de ver a Rana] mirando a Juan Rana
95	No es él] Yo no so
96	primo, señor] primo y señor
97	su venida] la venida
98	veáis] váis *R*; que os amo] si os amo
99	amo] año
106	¡Jesús, Jesús!] ¡Jesús!; toco] os toco
109	suceso] soceso
111	afenidad] afanidad *R*
116	y ya] y yo
118	Esta noche cenar quiero] Esta noche he de cenar *R*
120	deciros lo que habéis de hacer] decir lo que ha de hacer conmigo
121	conmigo el que es mi amigo] el hombre que es mi amigo
124	había] ha; es llano] *om. F*
125	el que es mi amigo más que hermano] el hombre que es mi hermano más que amigo
127	pueblo] puebro
128	porque no quiero] porque quiero *R*
130	a él] allá
131	tengo de ausentarme] vos he de ausentarme
132	diez] cien
133	diez] cien
135	he de cenar con vos] cenar tengo con vos
137-138	Tanto en mi amor labra el deudo y amistad, que ha de ser cierto] *este parlamento es pronunciado por Rana en R*
138+	Sale el escribano y dale al barbero con un matapecados y cae en el suelo] Sale el escribano y da una puñada al barbero.
140	pantuflazo] plantufazo *F*
141	camarada] convidado
147-148	sin amigo y sin mi deudo? / ¿Quién cenará ya conmigo?] *ad. F*
148+	Salen Ranilla y gente y la hermana y el escribano] Salen el alcalde, el escribano y la hermana / la hermana] una mujer
151	cae] cai
152-153	que por la gracia de Dios / ahora en mi pie me tengo] no a mí, que yo por la gracia / de Dios en mis pies me tengo
157	Juan Rana] Escamilla

158	difuntillo] infuntillo *R*	
170	¡Aquí del Rey!] *expresión pronunciada por Juan en F*	
171	Yo le añadiré el proceso] Yo la añadiré al proceso	
171+	*omisión de la acotación en F*	
175	agora] ahora	
176-177	lo sabréis. Venid conmigo / para que sepáis mi intento] la sabréis. Vamos de aquí, / que allá lo dirá / el suceso	
177+	Vanse y dicen dentro] Vanse y sale el alcalde y Juan Rana	
178	¡Hola, hao, del calabozo!] ¡Hola hao, ha de la cárcel!	
179	hau] hao	
180+	*adición de esta acotación en R*	
183	que esta] aquesta	
184	Juan Rana] Escamilla	
187	que aquí] porque aquí	
190	Bien os podéis confesar, / pues, ya dicen en la villa] *ad. F*	
190-222	*omisión de estos versos en F*	
214	ajusticiar] a justiciar	
218	puebro] pueblo	
222+	Sale la mujer de Juan Rana con una cesta con merienda y el alcaide de la cárcel] Sale su mujer	
223	alcaide] alcalde; Por Dios] Por vida suya	
228	Ya podéis ver estar preso] ¿Qué ha de haber? ¡Ya podéis verlo!	
229	todos conozcan] conozcan todos	
234-247	*omisión de estos versos en F*	
245	os tuve] estuve *err. R*	
253-260	*omisión de estos versos en F*	
263+	Sale el barbero con una sábana envuelto] Sale el barbero	
267	pare] parece	
277-284	*omisión de estos versos en F*	
289	Pues yo sí] ¿Vos no? Pues yo sí	
289+	Tómale el pastel] *om. R*	
293	cualquiera] cualquier	
295+	Tómale la taza] *om. R*	
296	decir] deciros	
298	o] u	
299-308	*omisión de estos versos en F*	
314	non vi, sed saepe cadendo] nombiset le pecadendo *F*	
315-322	*omisión de estos versos en F*	
315	Que es decir quien con sed bebe] Que quiere decir, / que quien con sed bebe	

APARATO CRÍTICO 295

323+ Salen todos] *om. F*
324 A qué] En qué
325 Yo] Ya
328 todos bailando y tañendo] *om. F*
328+ Canta: Tocando y tañendo] Sale el alcalde
331 Si es patente de ahorcado] Si hay patente de ahorcados
333-336 *omisión de estos versos en F*

7. Las lenguas

Texto base: *Floresta de entremeses* (1691) (*FE*). Cotejado con *Manojito de entremeses* (1700) (*M*), *Entremeses varios* (s. XVII) (*E*) y con "Luis la Marca" (s.a.) (*LM*), estos dos últimos a nombre de Calderón.
* Un alcalde] el alcaide *LM*

8 alcanzarla] alanzarla *LM*
17 si encontrase] si yo encontrase *LM*
31 y [ahora] me hallo dentro de Babilonia] y me hallo dentro de Babilonia *FE M E LM*
41 busquéis] buscáis *LM*
58 bona] buena *M*
64 benedito] bendito *err. LM*
66 vedere] bebere *err. M*
69 avançay avançay] avanza y avanzay *LM*
70 Orbitelo] Oorbitelo *err. LM*
75 asoma] se asoma *LM*
76 dominus] domiuus *err. FE*
78 dicus] dicis *LM*
105 ademo el asentadeiro] adeimo asentadeiro *LM*
112 y aun brancos] y un brancos *err. FE E*; y un branco *LM*
117 sempre] semper *err. LM*
130 otro] otra *FE E M LM*
150+ la irlandesa] el irlandés *err. FE M*; de la mano] en la mano *M*
161 en compaña] en compañía *LM*
176 Lanturulú, lanturulú] Lanturulú, lanturutú *FE E LM*
181 lievar] llevar *LM*
182 Hametilio] Ametilio *FE E LM*
185 por elias] por ellas *FE M*
188 cristianilio] crestianilio *LM*
189 alcuzcuz] alcucuz *LM*

199	secorra] socorra *LM*	
219	se hace] hace *M*	

8. El libro de qué quieres, boca

Solo se conoce un testimonio, *Autos Sacramentales y al Nacimiento de Cristo* (1675).

9. La mariona

Texto base: *Once entremeses* (1659) (*O*). Cotejado con *Los matachines* (Mss/17008) (s. xvii) (*MT*) y con *Las mudanzas* (Mss/16958) (s. xvii) (*MU*).

* Personajes: *MU* sustituye «presos» por «un mozo».
* Acotación inicial: Sale el alcalde, Madalena, su mujer, y el escribano] Salen Madalena, alcalde y escribano *O MT*

1	¡Oh, traidor!] ¡Ah, traidor! *MU*
3	ahora] agora *MT MU*
7	esta] esa *MT MU*
10	¿Yo? ¿Por qué?] ¿Por qué? *O MU*
13	soldados hombres] señores hombres *MU*
15	gran] grande *MU*
32	cairéis] caeréis *MT MU*
39	sois tonto] sois un tonto *MU*
40	llegaremos] allegaremos *MU*
43	gracioso ahora] agora gracioso *MT*
46	quien lo quita] *om. MT*
48	no puedo] no pienso *MT MU*
52	mojer] mujer *O MT*
53	Sentaos ahora, alcalde, y dejaos de eso] Sentaos, alcalde, y dejaos de aqueso *MU*; y dejad eso *MT*
55	y] *om. MT MU*
56	y] *om. MT*; lo soltaren] le soltaren *MU*
58	aprendiz] anprendiz *MU*
60	el cual] el tal *MT MU*
62	sentenciallo] sentenciarlo *MT*
66	aperciba] perciba *MT*
67	le he dado] le ha dado *MT*

APARATO CRÍTICO

72	con el borrico] tras el borrico *MU*
73	Preso] Escribano *O*; esta] esa *MT*
77	esta] esa *MT*
78	digáis] digas *MT*
79	Valdovinos] Balduinos *MT*
87	¿Qué es el estorbo?] ¿Y el estorbo qué es? *MU*
92	hablalda] habladla *MT*; que os da pena] y no os da pena *MT MU*
93	acechad] escuchad *MT*, mirad *MU*
97	habrar] hablar *O MU*
98	josticia] justicia *O MU*
101	requebrar] resquebrar *MU*
102	por detrás] por atrás *MT*; vuestra] vuesa *MU*
103	decilde] decidle *MT*, decilda *MU*
106	miréis] mires *MU*
110	Ana Juárez] Anajarte *O*
111	postigo] testigo *MU*
112	Hola, qué digo] la que digo *MT*
115	*Omisión del «¿Estáis loco?» del Escribano en MT*
116	Mentís, y salí acá] Mentís. Salid acá *O*
121	queréis] quies *O*
123	que no cago nada] que nunca hago nada *O*
126	No la hagáis] No hagáis *MU*
127	que andan las cosas muy caras] que valen las cosas caras *MU*
140	Mojer] mujer *MT*; habrar] hablar *O MT*
141	que ya os conoce] pues os conoce *MU*
143	usted] vusted *MT*, vusté *MU*
151	moza] dama *MU*
152	presa] moza *MT*
153	sale su causa] sale a su casa *O*, se ve su causa *MT*
154	Ah… sí] Ansí *MU*
155	mujer] dama *MU*
169	y] *om. MT*
172	bailar] hablar *O*
173	manda] mandan *MT*
175	pasas] pasa *MU*
176	fueres] fuere *MU*, fuereis *MT*
177	a esta casa] a su casa *MU*
177+	*om. O MT*
178+	*om. O MT*

180	Que no] Ay, que no *MT MU* (*también en v. 182*); me las] me los *O*; nadie] naide *MU*
184	Jesucristo] Jesocristo *MT*
186+	Sale otro vestido a lo antiguo, y danza y canta] Sale el caballero *O MT*
193	con la capa, gorra y bragas] con gorra y bragas *MT*, gorra y griguiescos *O*
194+	Sale uno de villano y zapatea] Sale un villano *O*, Dale con la vara *MT*
195+	Zapatea el alcalde con el villano] *om. O MU*
196	se lo dan] se le dan *MT*, que le dan *MU*
199	me han metido a mí] me han enserido *MT MU*
202-209	*omisión de este final en MT por la acotación*: «Aquí bailan la Mariona y luego los matachines, y dan fin». *En MU*: «Bailan y da fin el entremés».

10. La regañona y fiesta de toros

Texto base: BNE: Mss/14515/2 (s. xvii) (*RF*). Cotejado con *La mal acondicionada* (Mss/16919) (s. xvii) (*MA*).

9-36	*om. MA*
37	o si mi labio] si mi labio *om. MA*
40	hoy que es día de toros] hoy día de toros *MA*
41	y ni] y no *MA*
43-44	*om. MA*
47	haría] hiciera *MA*
52	condición] ocasión *MA*
56	cera] acera *MA*
66	primer encierro de la aurora] primero encierro del aurora *MA*
67-72	*versos tachados en RF*
73-74	*om. MA*
76	yendo por] tomando *MA*
86	*om. MA*
86+	dos vecinas] *om. MA*
91-94	*om. MA*
95	nos querías] me querías *MA*
96	que tan cuidado de enviar tenías] que cuidado de enviar por mí tenías *MA*
98	que a los toros las tres hoy vais conmigo] que vayas a los toros hoy conmigo *MA*

100	Ya son dos fiestas para mí con esa] Ya son dos si estás para mí con esa *MA*
105	mal acondicionada] mala acondicionada *RF*
106	falta nada] falta en nada *MA*
112	ni aun para respirar] aún para vos tocar *RF*
113-116	*om. MA*
128	aqueso] Esotro *MA*
131-132	*versos tachados en RF*
134	haga] hace *MA*
135	cera] acera *MA*
135-138	*versos tachados en RF*
141	Miren, pues, qué deidades] Miren qué tres deidades *MA*
144	verás] vuestras *RF*
147	haya] hayan *MA*
150	en la porfía] en porfía *MA*
157	Que lo haré doy a todas por respuesta] Que yo lo haré a las dos doy por respuesta *MA*
164-165	y estas señoras vecinas / han venido a visitarme] aquí están *MA*
166	Cierto que] *om. MA*
167	señoras] por dios *MA*
169	no vengo] no estoy *MA*
196	muy] bien *MA*
203+	*om. MA*
206	Harto el callar me cuesta, / y si no hay riña para mí no hay fiesta] *om. RF*
212	una palabra] otra palabra *MA*
217	No es ir una dama a vistas] No es una dama ir a vistas *MA*
219	de encarnadas cintas] de rosas y cintas *MA*
230	volando] tirantes *RF*
231	paleto que es y jaulilla. / Teresa. Yo la quitaré. Quiteria. Y yo y todo, *adición de estos dos versos en MA*
244	el ser de alguien] ser de alguno *MA*
246	se puso. Eso te fatiga] se ha puesto. Ese te fastidia *MA*
255	desaseada] desaliñada *MA*
262	y tengo] y quiero *MA*
265	mas querría] y más querría *MA*
274	festejo] agasajo *MA*
277+	enfurecida] recio *MA*
286	aunque sin riña] mas si no hay riña *MA*
291	como estrañas] como a estrañas *MA*

302		y vos algún día] yo algún día *RF*
306		pues] que *MA*
308		y mucha, por vida mía. / Don Blas, la desenojéis, / que viene muy afligida. / Que yo no importa, pues soy / y he de ser toda mi vida / a bien y maltratar vuestra. / Don Gil. Que aún no da lumbre la ira. / Don Blas. Veamos si bastará aquesto. / Por cierto, dona Lucía, / bien escusadas pudieras / tener estas bizarrías, / pues que sabes que eres tú / primera obligación mía. / Tomasa. Desenojala bien haces. / Siéntese aquí, reina mía. / Desahóguese, por Dios. / Traila un búcaro y salvilla / de agua fría. Don Gil. Venga vino / caliente antes que agua fría / si es posible, porque estoy / muerta de celos y envidia / y el agua podría matarme] *adición de estos 22 versos en MA*
312		criaturitas] criaturas *RF*
315		Mal hacéis en no aludir / a obligación tan precisa. / Quiteria. Doña Tomasa acabemos, / revienta, que sus amigas / somos y queremos más. / Que de las tres no se diga / este desaire que de juegos / y toros, y así castiga / su atrevimiento. Teresa. Aquí estamos. / Muera quien se determina / a entrar celosa en tu casa. / Tomasa. Si yo por las dos fingía / mi enojo, ya con aquesto / castigaré esta atrevida / pícara desvergonzada] *adición de estos 15 versos en MA*
316+		Embisten las tres con don Gil, y él da voces] Danle a don Gil todas *MA*
319		y más cañas] que más cañas *MA*
320		cuál] que *MA*
322		me pellizcan] y pellizcan *MA*
323+		*omisión de la acotación en RF*
327		mi Tomasa] Tomasa om. *MA*; primer] primero *MA*
330		*A partir de este verso el final cambia en MA, salvo la última seguidilla*: y por no decir que fuera / en segundo, hice que finja / esto don Gil. Tomasa. Si es segundo / no es malo. Vamos aprisa. / Don Gil. Esperen, que hay otra cosa / que importa saber. Tomasa. ¿Qué es? Dila. / Don Gil. Que aún no es segundo, tampoco. / Tomasa. Si es tercero, vamos. Don Blas. Mira, / Tomasa, que aún no es tercero. / Don Gil. Hablemos verdades, hijas. / Ni aun cuarto, que no hay un cuarto. / Y si el caudal me averiguas / solo alcanzará a terrado. / ¿Si con él queréis que os sirva? / Consultaldo entre vosotras. / Barbulilla. ¿Qué hemos de hacer, reinas mías / en lo de no me dé el sol / y no me alcanza la vista? / Las tres. Ir, y sea donde fuere. / Quiteria. Peor es nada que algo, amigas. / Tomasa. ¡Ay, qué dolor! / ¡Ay, qué desdicha! / Quedito, pasito, / ni se hable ni diga. / No entiendan los hombres / que damas

altivas, / que cuarto primero / a la sombra querían, / con ir al terrado / contentas se miran. / Las tres. Quedito, pasito. / Don Blas. Digamos que ha salido / de la consulta. / Tomasa. Terradito, que es cosa / de grande altura. / Don Blas. Damas hay, que estos días / todo su garbo / dicen que está vivo / y está enterrado.

11. El sí

Texto base: *Autos sacramentales con cuatro comedias nuevas* (1655) (*AS*). Cotejado con *El sí y la almoneda* (Mss/15659) (s. xvii) (*SA*), a nombre de Villaviciosa, y con Imprenta de Estevan (1816) (*ES*).

*	Cosme, gracioso] El gracioso *AS ES*
5	curarse] cursarse *ES*
16	riñera] viniera *ES*
41	Retirémonos] Retiremos *ES*
42+	Sale el vejete y Cosme] Sale el vejete y el gracioso *AS*
43	que me busques] que busques *ES*
67	un gran majadero] un majadero *AS*
104	se te ofrezca] te se ofrezca *ES*
111	lición] lección *ES*
117	imaginado] imaginada *ES*
120	vidrieras] ordinarias *AS ES*
121	reluzga] reluzca *ES*
123	porque al resol famosamente brilla] porque el sol famosamente trilla *AS ES*
126	la puerta] las puertas *ES*
129	que entrando] que entra *AS ES*
130	sin que impedirse ni estorbarse pueda] sin que estorbarse ni impedirse aquesto pueda *AS ES*
131	tan de repente] más de repente *AS ES*
132	que en un] y en un *AS ES*
134+	y los dos hombres con él como sus criados *om. AS ES*
139	Grandi] Sandi *AS ES*; Gandi *SA*
140	conoce] reconoce *AS ES*
141	vueseñoría] vusía *SA*
145	¿Gusta vusía destas cuatro fuentes?] ¿Gusta vueseñoría destas cuatro fuentes? *AS ES*
146	usté] usted *AS SA ES*
147	vueseñoría] usía *SA*

148	este] aqueste *SA*	
149	¿Quiere vueseñoría dos terlices] ¿Queréis unos terlices *SA*	
152	usía] vueseñoría *SA*	
154	usted] vusted *SA*	
157	si gusta usiría] si gusta vuseñoría *AS ES*	
160	melancolicones] melanconicones *SA*	
161	Grandi] Gandi *SA*	
164	al fin] en fin *SA*	
165	montado] mensado *err. ES*	
166	Miren qué agrado] Miren qué grado *AS*	
167	¿Gusta vuseñoría] ¿Gustará vusiría *SA*	
169	seor] sor *AS ES*	
174	vusía] vuseñoría *AS ES*	
177	desocupado] desembarazado *AS ES*	
182	Trae] tray *SA*	
183	tienes] tienen *ES*	
185	vuseñoría] usía *SA*	
186	Gran cosa es, señor, ser soldado] gran cosa es ser señor y ser soldado *SA*	
188	en la garrafa] con la garrafa *AS ES*	
193	Sí decís] Que sí decís *AS SA ES*; llevasen] llevaran *SA*	
195	VEJETE. ¿Qué hace la gente?] Aquí me han dado / noticia de que ha entrado mi criado. / Bartolillo, ¿quién, dime, te ha vestido? *SA*	
198	¿Estáis desalumbrado?] Vos venís dormido *SA*	
199-201	*omisión de este parlamento del vejete sustituido por*: «Hombre sencillo, / aqueste es mi criado Bartolillo. / Algunos le han vestido de este traje, / y os la han pegado. *SA*	
204	gentil] lindo *SA*	
205	borracho] el borracho *SA*	
206	pues que os han hecho ahora] pues han hecho ahora *AS ES*	
208	hablar no osa] hablar osa *AS ES*	
212-216	*Supresión de estos versos en SA, sustituidos por estos otros*: «LADRÓN 1. Porque en el coche vivos / nos pescaron, / y porque de la burla se agradaron. / Libres nos han dejado con protesta / de que habéis de pagar merienda y fiesta. / ALMONEDERO. Vuelva mi hacienda a casa y deste modo / fiesta y merienda yo lo pago todo. / LADRÓN 1. Y tú dime, ¿querrás que festejemos / la burla?	
219	jugó] fue *SA*	
221	om. *SA*	

224-230   *omisión de estos últimos versos en SA sustituidos por una acotación*: «Repiten y da fin». *Al final se incluye la fecha del manuscrito*: «Madrid, 5 de mayo de 1692».
225   que cuantos entendidos] que antes entendidos *AS*

12. El tamborilero

Solo se conoce un testimonio, *Once entremeses* (1659).

VI

ÍNDICE DE PERSONAJES

Alcaide de la cárcel: personaje que custodia en la cárcel a Juan Rana (*Ranilla*).

Alcalde: gracioso que quiere contratar una compañía de baile para las fiestas de su pueblo (*Lenguas*); engañado por unas timadoras que le venden un libro supuestamente mágico que hace aparecer la comida (*Libro*); enamorado de una presa, riñe constantemente con su mujer y solicita el concurso de su escribano para conseguir la dama (*Mariona*).

Alguacil: vigilante nocturno (*Tamborilero*).

Almonedero: dueño de una tienda engañado por unos ladrones que hacen pasar a un simple por un noble señor que solo dice "sí" (*Sí*).

Amolador: vendedor ambulante que se anuncia (*Lenguas*).

Ana: dama que intenta ser seducida por un galán que confunde las palabras amorosas que le dicta un amigo suyo (*Tamborilero*).

Barbulilla: mujer que censura a sus amigas su ligereza ante los hombres (*Regañona*).

Bailarín: canta y baila un cantarcillo popular (*Mariona*).

Barbero: compinche que ayuda a una joven encerrada que quiere burlar a su hermano (*Rana*); autor de la traza con que Juan Ranilla espera vengarse de Juan Rana (*Ranilla*).

***Blas*, don:** enamorado de una dama de mal genio intenta zafarse de esta para ir a los toros (*Regañona*).

***Burguillos*:** sacristán enamorado que, con la ayuda de un amigo, intenta conseguir los favores de una dama disfrazado de gigante (*Gigante*).

Caballero: canta y baila un cantarcillo popular (*Mariona*).

***Carpeta*:** esposo malhumorado que quiere pegar a su mujer porque no le deja tocar el tambor, ayuda a un amigo suyo a seducir a una dama dictándole palabras que este confunde al repetirlas y se disfraza de muerto para espantar a la gente (*Tamborilero*).

***Casilda*:** hija de un pintor enamorada de un sacristán, encerrada en casa por su padre, celoso de los hombres (*Gigante*); joven encerrada travestida de hombre para engañar a su hermano y poder salir de casa (*Rana*).

Chamorro: mozo de mesón simple engañado por unos burladores (*Paga*).

***Clara*:** graciosa, dueña de una tienda de préstamos, con mala opinión de los hombres (*Francés*).

***Cosme*, gracioso:** criado simple de un vejete que utilizan unos ladrones para robar en una tienda haciéndole pasar por un noble señor que solo sabe decir "sí" (*Sí*).

Criada: dependienta de un almonedero que sirve comida (*Sí*).

Escribano: cómplice del barbero en la venganza de Juan Ranilla contra Juan Rana (*Ranilla*); ayudante de un alcalde que ejecuta sus arbitrarias sentencias (*Libro*); intermediario en las riñas entre un alcalde y su mujer, y alcahuete de este último con una presa de la que anda enamorado, soplándole palabras de amor que el acalde no sabe pronunciar (*Mariona*).

Estudiante: vestido ridículo, baila y se expresa en latín macarrónico (*Lenguas*).

Francés: vendedor ambulante de telas (*Lenguas*).

***Francisca*:** compinche de un gracioso para robar a una roñosa (*Francés*).

***Gallega*:** mujer que, barriendo y cantando, ofrece alojamiento; es la triunfadora del desfile de figuras en busca de un baile (*Lenguas*).

***Gil*, don:** amigo de don Blas, autor de la traza para que este pueda a ir a los toros sin la compañía de su malhumorada dama y amigas (*Regañona*).

Hermana del barbero: se queja de la paliza que han pegado a su hermano y pide justicia (*Ranilla*).

Herrador: cómplice que ayuda a una joven encerrada que quiere burlar a su hermano (*Rana*).

Hombre: forma dupla con un sargento con la intención de no pagar la comida en un mesón (*Paga*); personaje anónimo que se burla de un alcalde haciéndole creer que con la lectura de un papel irán apareciendo los personajes citados (*Lenguas*).

ÍNDICE DE PERSONAJES

Irlandesa: madre irlandesa que canta y baila el "Lanturulú" (*Lenguas*).

Italiano: baila y se expresa en italiano macarrónico (*Lenguas*).

Juan, don: galán engañado de una dama de la que intenta vengarse (*Francés*).

Juan Rana: alcalde perpetuo, simple, a quien su mujer hace creer que es mujer organizándole una boda (*Rana*); alcalde engañado acusado falsamente de asesino en la venganza que trama contra él Juan Ranilla (*Ranilla*).

Juan Ranilla: alcalde malhumorado acomplejado porque la gente no lo toma en serio por su nombre y sí a Juan Rana, por lo que decide vengarse (*Ranilla*).

Jusepa: mujer que riñe con su marido, un tamborilero, porque está cansada de tanto ruido (*Tamborilero*).

Ladrones: dos ladrones en paro buscan un bobo para hacerlo pasar por un señor noble y así robar en una tienda (*Sí*).

Lorenzo: criado goloso de un vejete a quien engaña (*Golosos*).

Madalena: mujer que riñe con su marido, un alcalde enamorado de una presa (*Mariona*).

Mariblanda: ladrona, vende un libro a un alcalde simple haciéndole creer que a su lectura irán apareciendo todos los alimentos citados (*Libro*).

Maridura: ladrona, compinche de Mariblanda en la burla a un alcalde (*Libro*).

María: hija de un pintor encerrada por su padre, celoso de los hombres (*Gigante*).

Marina: criada golosa de un vejete a quien engaña (*Golosos*).

Mariona: personificación del baile "la mariona" y mujer presa de la que anda enamorado un alcalde (*Mariona*).

Moro: parodia de los rescates de cautivos (*Lenguas*).

Mortero: intermediario en una discusión conyugal a causa del ruido del tambor de su amigo, y enamorado de una dama a la que no sabe requebrar porque confunde las palabras que le dicta el tamborilero (*Tamborilero*).

Mozos: presos que quieren recuperar los cien ducados pagados al alcalde por una sentencia arbitraria (*Libro*).

Mujer: murmura contra los hombres (*Paga*); canta la boda de Juan Rana (*Rana*); esposa de un almonedero engañado por unos ladrones que hacen pasar a un gracioso por un noble señor (*Sí*).

Mujer de Rana, la: madre de tres hijos, esposa del alcalde Juan Rana, pidona y caprichosa (*Ranilla*).

Músicos: coro de voces que, con la letra de su canción, resaltan alguna enseñanza (*Francés, Gigante, Libro, Regañona, Sí*).

Negro: paseante anónimo que se ofrece como criado (*Lenguas*).

Novio 1: cazador, pretendiente de Juan Rana travestido de mujer (*Rana*).

Novio 2: monaguillo, pretendiente de Juan Rana travestido de mujer (*Rana*).

Palomeque: amigo de un sacristán que inventa la traza para que su amigo consiga la dama, disfrazado de gigante (*Gigante*).

Palomino: empleado en una tienda de préstamos (*Francés*).

Perico: criado goloso de un vejete a quien engaña (*Golosos*).

Pintor: padre malhumorado que guarda celoso la honra de su hija (*Gigante*).

Preso: hombre encerrado por estafar a un aguador y a un sastre (*Mariona*).

Quiteria, **doña:** mujer con aversión a los varones, intenta aprovecharse del novio de una amiga suya para ir gratis a los toros (*Regañona*).

Sargento: burlador, fanfarrón, engaña a un gracioso para no pagar la comida (*Paga*).

Sillero: vendedor ambulante que se anuncia (*Lenguas*).

Teresa, **doña:** mujer con aversión a los varones, intenta aprovecharse del novio de una amiga suya para ir gratis a los toros (*Regañona*).

Tomasa, **doña:** mujer de mal genio que odia a los hombres y pretende ir a los toros con sus amigas a costa de su novio (*Regañona*).

Toribio: criado-gracioso de un galán que inventa la traza para que su amo se vengue de una dama, vistiéndose de francés adinerado (*Francés*).

Valenciano: bravucón que se expresa en catalán amenazando a un gracioso (*Lenguas*).

Vecino: convecino de un pintor a quien le encarga un cuadro (*Gigante*); dos vecinas que sienten aversión por los hombres y quieren ir a los toros a costa del novio de su amiga doña Tomasa (*Regañona*).

Vejete: dueño de un mesón a cuyo cargo deja un criado que es engañado por unos timadores (*Paga*); hombre viejo y rico que desconfía de sus criados (*Golosos*); padre de familia que se presta al engaño de una mujer que disfraza a su marido de dama (*Rana*); malhumorado amo que pierde los estribos con su criado simple y descubre la burla a la que es sometido por unos ladrones (*Sí*); asustado por un vecino suyo disfrazado de muerto (*Tamborilero*).

Villano: personificación de un tañido de danza española (*Mariona*).

Voz: personaje anónimo que canta un fragmento de la jácara «Zampuzado en un banasto» (*Ranilla*).

VII

ÍNDICE DE VOCES ANOTADAS

Las abreviaturas son las siguientes: **F** (*El francés*), **GI** (*El gigante*), **GO** (*Los golosos*), **L** (*Las lenguas*), **M** (*La mariona*), **P** (*Este lo paga*), **Q** (*El libro de qué quieres, boca*), **R** (*Juan Ranilla*), **RM** (*Juan Rana mujer*), **RF** (*La regañona y fiesta de toros*), **S** (*El sí*), **T** (*El tamborilero*). Las formas verbales, al igual que las expresiones, siempre que se pueda, van en infinitivo; los sustantivos, en singular.

a brazos / abrazos, GO117
A buen bocado, buen grito, Q260
a campana tañida, R217
a pique, GO44
a porfías, P66, L23
a su salvo, M202
a vos, R87
a vistas, RF217
abonarlo, Q76
acabado, lo Q6
acera, nombre, número y casa, RF56
achaque, R43
achaques de Francia, M149
aderezar, L141
afenidad, R111
aféresis, S217
aforrada, GO43
agarrativa, M206

agigotar, Q30
aguamanil, S148
agudo, GO53
águila, S72
ajuste cómputo silábico, L203, RF305, S130, 140, T72
al humo, GI213
Al villano se lo dan, la cebolla con el pan, M196
albarda, T96
albayalde, Q139
alcaldada, R32
alcalde, R1, 24
alcalde de Corinto, R221
alcalde perpetuo, RM169
alcamonías, R89
alcorzado, F34
alcuzcuz, L189

Alejandro, F116
[a]lerta, F61
aleve, RF321
algarrobillas, GI216
alhajas, R87, S25
aliñar, RF155, GI198
almirez, T84
almoneda, S18, 100
almorzar, GI194
aloja, RF269
alquebrite, Q138
Ambula statim, amice, L97
amolar tijeros e cuchillos, L194
Amurates, Q146
Ana Juárez, M110
Anajarte, M109
ancha la conciencia, GI13
andar el uso sin pollera, RM105
andar en titolillos, T101
ángel, GI18
Antón Rana, RM58
añadir, M23
añejo, GI237
apercibir, M66
aplicarse, R77
aquí za turo, L143
ardite, una Q137
Argel, L180
arquilla, GO66
arremangar, Q52
arreo, RM17
arroyo de los cedros, RM106
asentar, L222
Asenteme no formigueiro, L104
asientos, RM80
-astes, Q111, 239
atajarse, RM150
atufar, Q54
audi precor, L84
aunque fueran uno todos juntos, R72
aunque os pese, T10
autor de la comedia, Q6
avanzai, L69
¡Ay, cómo gime!, Q151

ayuda, L37
azafrán, P28
babera, M43
Babilonia, L25, 203
baco, F104
bagatola, L67
bajos, RM129
balcón primero (toros), RF54, 127
Baldo, M77
banasto, R195
baño, RM125
baqueta, T4
barato, F152, S220
barberito, M137
barbero, R6, M137, T50
Bartolo, M42
basquiña, RF242
belitre, L136
Benavente, GO*
bestión, T29
bevere yo la festa, L66
biznieto de unos cuervos, P92
blancas manos no agravian, las, P198
blancura de Turquía, M146
bocadillo, F118
bochí, L137
bodegonil, Q246
bodigos, GI15
boleta, RF54, 56
Bolonia, bolonio, L24
bolsillo, F36, Q16
borracho, S205
bragas, M193
brazo, en un S132
brut, L136
bruta, F7
bucólico, Q247
buen deseo, el, GO79
cabales, RF69
caballero, M168, 187
caballero de Olmedo, M188
cabellos encrespados y aliñados, GI198
cabeza, P4
caderilla, F50, RF250

ÍNDICE DE VOCES ANOTADAS

caer de su estado, L197, M30
caga / cago, M121-122
caja, T121+
caja y vara, L190+
calcineto, F84
calderilla, F50
calza, F84
calzones, RM38
callar y callemos que sendas nos tenemos, M9-10
callejón Noruega, R197
calletrar, R32
camisa, RM77, L91
canario, M169
canelone, F112
cansado, GI106
care millo, F64
cascabel gordo (danza), T31
cena del convidado de piedra, R273
cera, RF56
cerco (Lepanto), P91
cerros, RM99
ciégale tú Santantón, GI258
cien rejones, los, RF43
ciento, Q239
ciento por uno, F166
cillo, RM147
Clarín que rompe al albor, Q155
clavo, Q69
cobrar opinión, S226
coger en ratonera, Q55
colación, F107
comisa me pabe feo, L90
como, F4, S170
como buñuelos, RM108
como nacida, M118
Cómo retumban los remos, Q165
con cetro y corona, GI76
con tu licencia, GI203
confites, R143
confrontado, P163
conocer, S140
contrahierba, GO34
convidado de piedra, R263

coplas de repente, Q148
corpiño, RM53
correspondencias, F145
cosa y cosa, Q86
Creu coberta, L129
criados, GO2
criba, RF314
cristianilio (cristianillo), L188
crudo, P207
cruz cubierta, L129
cuadrar, GI19
cuál, Q7, RF320
cualquiera pastel lo puede comer un muerto, R293
cuando más, Q16
cuanta me cuadre, GI19
cuarto, RF129, 195
cuchilladas, Q31
cuidado, RF188, S161
cuitadillo, Q81
cumplido, RF289
cura, T50
Chamorro, P11
chasco, GI210
Chelva, L133
chento, F109
chento por chento, L52
chiro (chirlo), L135
dama, RF28
dama de la villa, S128
danza, L6, T25
dar, F4, 6, R278
dar carena, Q150
dar de coces, T46
dar la mano y palabra, T65
dásele, F122
de camisa, L91
de contado, L45
de cuanto dicho F106
de dos de queso, R159
de falso, F148
de gran secreto, R246
de la villa, S128
de mi estado, M30

de palo, GI76
de plomo, P31
de repente, Q148
del pozo, RM114
dedi de curazone, F125
desalumbrado, S198
descaminado, L15
desembarazado, S174
desempeño, L40
deshacerse, GO102
deslumbrar, R85
desnuda, RM144
desolillo, Q68
desollado, GI212
después que, P81
destocada, RF241
desvirado, GO8
deudo, R138
día de toros, RF40
diez leguas, R132
dispensación, RM63
diz que, R227
doblado, GI202
doble negación, S38
doblón, F45
docientos, P100
Dominus tecum, L76
doncella, GO39
doncella aforrada, GO43
¿dónde asistes?, GO13
dos de queso, R159
ducado, Q117, S165
duca... tilín, F93
echar a galeras, R52
ejecutado, Q116, 133
él, P196
ello (pleonástico), F162
emprestillar, F20
en, GI3
en Dios y en mi conciencia, R66
en la idea imaginado, S116
en verdad fuera que, RF123
enaguas, R93
enamorado (sacristán), GI6

encierro de la aurora, RF66
encontrarse, S13
encorvada, M169
encrespado, GI198
encuentro, Q109
enemigos no escusados, GO2
entero, T19
enterrado / en terrado, RF354
entrata, L59
entrada de pavana, L59
enviar, RF36
es mucha cosa, S105
Escamilla, R1, RF*
escampar, T59
Escarramán, Q143
esconder, T4
escote, GO47
escribano, R5
escritura de servicio, M57
escudos, F57
escusado, GO2
esfera, RF346
eso tiene por malo, F5
Esquivias (vino), P102
estado, M30, RM114
estafeta, L47
estantigua, RF255
estaño, R24
estar conmigo, P14
estar de Dios, GI281
esterilla, S121
estó, R2
estraño, F169
estremos, R18
fajar, P44
falto, GI148
faltriqueras, Q10
fatiga, RF246
feria, R65, S44
figones, Q226
figura de palo, GI76
flaqueza, M32
flema, M22
flema tan melosa, S193

folía, M166, 179
follón, L65
francés, L190+
frontispicio, M144
fuente, P34, S132
fueros, P139
fuese mía (negación), RF50
gaita, T144
gallego, P101
gallego en lo pobrete, Q4
ganapán, GI73
ganar por la mano, RM178
garapiña de aloja, RF269
gatazo, F24, 139
gato por liebre, P88
gatupera, F89
gavilán, R198
gentil despacho, S204
Gestas carnal, Q85
gestos, T108, 121+
gigantes de la villa, GI64
gigantillo, GI295
gira, T151
glaza, L146
golosina, GO6
gragea, F113
Granada (salud), M147
guardainfante, R93, RF250
guardar la cabeza, P4
guardar la calle los amigos, GI16
guedejas, F30, RF305
habemos, GI69
haber que, S86
había de ser más presto y en el centro, T55
hablar para mañana, T71
hablar recio, RF27
hablar solo, M41
haca, L61
hacer estremos, L34
hacer gestos, T108
hacer la costa, GI297
hacer la razón, P110
Hametilio, L182
hao, R178

he, R60
heis, T10
heria, R43
hermano, T104
hiato, L203
hilado, RM88
hilar, RM101, 109
hilvanar, M75
hipocondría, R30
Hircania, M108
hola, F107, M54
holgada, P19
hombre abultado, GI82
hombre de la muerte, M28
hongo, Q123
humo, GI213
hurtar la bendición, RM3
ingüente, P31
inocentes (matanza), GI22
inviado, la, RF13
ir al río en la porfía, RF150
ir por apuesta, RF285
Irlanda, L152
irse de aquí, S73
irse por pies, L7
italiano, L48+
Juan Rana, R37
Juana, Benito, RM110
jubón, Q32
jurisdición, R42
juro, F28
la sopa de Chesú, L163, 169
labrar a esotro barrio, GI172
Lanturulú, L164
lanza, T36
lanzante, T30
Lapidem gutta cavat non vi, sed saepe cadendo, R313
largo, F57
lastima, RF310
legua, R132
leísmo, F122
lengua de cochinos, F81
leño, RM13

Lepanto, P78
lerta, F61
ley del duelo, P127
liberal, P162, Q241
libra, Q101
Libro de qué quieres, boca, Q160
licencia, GI203
lición, S111
ligera, M27
limeta, Q176+
limpiar, Q65
limpiar la caca, RM74
linterna, T123+
lodo, Q51
luego, Q41, 162, S180
luego habrá quien le venza, M24
llave maestra, S6
llegar gente infinita, M40
llevar, GI68, GO47
llevar al baño, RM125
llevar el escote, GO 47
llevar la gala, R336
llevastes, Q239
macheto de Chelva, L133
mal agradecido, RF71
mal acondicionada (mujer), RF105
maletón, F87
malmirado, Q120
maltratado, GI64
mandado, Q177
mandastes, Q111
manjar blanco, S91
mano de mortero, RM157
manteo, RM53
manto, GI171
maravedí, GI111
marido, RM3
marido viejo, GI52
Maridura, Mariblanda, Q*
mariona, la (baile), M*, 160
matachines, M167
mataduras, P98
matalote, GO82
matapecados, P209+, R138+

matiz, S150
matraca, GO15
Mauregato, GI138
mazorca, RM98
me da el viejo su retrato, GI222
media de pelo, GI199
media libra, Q101
melancolicones, S160
membrarse, RM60
memento, RF282
memoria, M175
menguado, M23
mentir como un difuntillo, R158
menudo de vaca, Q207
Mi marido es tamborilero, T153
mierda helada, F114
milesimo, F93
mina, RF257
mirar (mujeres), RF221
moho, S5
mona, RM146
monacillo, GI25, RM145
moño, R93
Muera Marto y muera harto, R261
muesamo, P1
mueso, GO13
mujer de la vida, M29
musquina, T72
muy largo, F57
naterones, GO46
Nerón, Q89
neta, L59
ninfa, RF115
ninfo, F34
no dar de cenar, R202
no en mis días, GI285
no es culpada en, M152
no hay son, M9
no más, R319
no mirar en titolillos, T101
no será en vuestros días, R88
no tener la falta, T88
nombre, M14
Noruega, R197

ÍNDICE DE VOCES ANOTADAS

noviciado, GI290
nunca miro en titolillos, T101
ocho onzas, Q99
ofrenda de entierro, Q182
olla, P12, RM42
ombligo, F87
onza, Q92, 99
opinión, P138, S226
Orbitelo, L70
órganos de Cristo, GI207
paciencia, GI8
padrastro, GI288
paga real, Q118
palanquín, GI184+
palo, GI97, Q122
paloteado, GI104
Panuncio, san, T139
pañuelos de cambray y holanda, P154
papaos ese hongo, Q123
papar, Q123
para colgar no dejo un clavo, Q69
para quien se aplica, R77
para un traidor dos alevosos, GO10
parecer (aparecer), S211
pared en medio, P113
parte, la Q129, 217
pasar adelante, T17, 29
pasar, GI23
pastel, GO28, R289, Q227
pastelero, Q227
patatón, F114
patente, R329
pauper, L81
pavana, L57
pecunia, F39
pelado, F60
pelo, GI199
pellejo, Q111
pepitoria de lenguas, L33
pergeño, T112
pernil de Algarrobillas, GI216
perpetuán, M126
peto, L83

picaña, RM34
picaño, Q120
pilada, F115
plaga, T1
plagar, T2
plantufazo, R140
plata, F143
plomo, P31
pluma, F59
plumas, S98
poltrón, F69, L51
pollastra, GI147
pollera, RM105, R93, S119
pollino, GO30
pollo o gallo, Q24
ponerle las manos, R47
por de zaga, T77
por el arroyo de los cedros iba san Juan y
    Dominus Deos, RM106
por el paso en que estoy, R156
Por la creu cuberta del Rumartí, L131
por la mano le gana, RM178
por los órganos de Cristo, GI207
por moneda que no pasa, M165
por un solo Dios, RF231
por verlo, R252
porfías, P66, R15
porque, RM28, RF24, S172
potrilla, P196
potro cocinero, P60
pozo, RM114
presea, S144
preso, M56
pretina, GO30+
prevenida, S181
prevenir, RM27, L20
proceso, R171
procurar, Q157
protococinero, P60
pueblos en Francia, Q40
punto de puntos, R73
punto/s, R73
que (porque), GI115

que aún en la idea imaginado, S116
Que de noche le mataron al caballero… M188
Que no me las ame nadie, M180
qué quieres, boca, Q*, 160
que se me ha ido aquí, S73
¿Qué traes?, RF162
quedo, RM165, Q220, RF28
queso, R159
quiries (kiries), GI15
rabiar por mataduras, P98
rana de san Antón, RM58
rapa, F133
rapaverum, F134
rapio rapis, F132
real, F23, Q118, M14
red barredera, Q67
redate, F93
redondear, Q54
refrán de poco medro, el, GO93
regidor, GI185
relleno, Q210
remo, Q153
repentista, Q148
requebrar, M101
resquebrar, T68
rescate de cautivos, L181-185
restitución, F162
resto, F150, Q186
retrato, GI222
rey Martí, L129
ricadea, F73
rizar espadas, F31
roar, T147
romper gala, Q36
rosas lacadas, RF230, 336
sacristán, T45
sacristán enamorado, GI6
sacudir, RM183
saladillo, GI247
salud de Granada, M147
salvaje, S201
salvilla, F50
sangrar, M133

Santantón, GI259
sastres, Q12
seguidillas, T149
seiscientos reales, F23
sello, P205
senda, M10
sentado, GI234
sentimiento, R1
ser (estar), P111, L214, T74
ser Irlanda, L152
ser pueblos en Francia, Q40
sexto pasa sin llegar al sexto, el, F26
si puedo GO115
si sois servido, S196
si yo me voy a Irlanda, L160
simple, RF211
sin daño, GO55
sino que, M86
so (soy), RM49
sobre sano, Q13
sobrescrito, L43
soldado, S186
soletado, F84
solimán, M146
soltar un preso, M56
son pueblos en Francia, Q40
sopa de Chesú (Jesús), la, L163, 169
sopas doradas, Q210
soplar, S222
sortichón / sortichone, F121, 156
-stes, Q111, 239
suplicaciones, RF270
tabaco, F102
tabaqui… rico, F104
tablillas, RF271
tace, tace, L95
tagiar lo leto, L50
talego de alcamonías, R89
también para la vuesa, M8
tango (taño), T22
tangoril, T74
tasa, S155
tela, RM90
temerón, P206

ÍNDICE DE VOCES ANOTADAS 317

tener (aféresis), P200, GI3, R150, M98, T8
tener atención, P14
tener de, R131
tener por malo, F5
tentar, RM71
terliz, S150
terrado, RF42
tiempo, Q3
tigre de Hircania, M108
tiricia, M97
Tito Livio, T99
titolillo, T101
toda aquesta vida es tragos, GI264
todo, GO41, R123
todo recado, M68
Tolú, L167
toma y qué hace, T43
tomallo de atrás, T41
tomar a cuestas, GO116
tomar estado, RM114
tomar tabaco, F102
torcer la cara, F4
Toribio, santo, GI266
toros, RF40
tortolita, T94
traer, RF162
traidor dos alevosos, para un, GO10
trairé, F97
trama urdida, RM91
trascorral, T58
trasnoche, GI17
tray/s, F43, GI177, 235
treinta mil hombres, P78
trena, Q143
tres ánades cantando, las, L5
trillar, S123
trillada, S7
tripivacío, F69
trocar, P54

troglodita, T95
Turquía (blancura), M146
ucé, RM89
un bon chiro por lo chesto, L135
ungüento blanco, P31
uno por ciento, F167
uñas, S4
urraca, GO16
usarse, GI197
usté, S146
Valdovinos, M79
valiente, P202
valón, Q31
vara, L190+
ve aquí, GI127
vele aquí, P88
vena del arca, M139
venir de Bolonia, L24
ventana (toros), RF41
Vera y Tassis, Juan de, RF354+
¡Verbum caro! ¡Fitor Deo!, R266
villano, el, M168, 194
vírgines, GI107
Vide la burra y no vide a vos, T82
vive Dios, RF259
vizcaínos, Q3
volver (devolver), S214
vollo, F108
vozancé, L140
y + i (y ingeniosos), GO33
y todo, GO41, R123
Ya escampa, T59
Ya está metido en la trena tu querido Escarramán, Q143
yerra, RM177
zampuzado, R195
Zampuzado en un banasto, R195
zapato desvirado, GO8
zarabanda, M167